KB268945

머리에 쏙쏙 정확한 자원풀이

漢字의 뿌리 300字

문학박사 陳泰夏 지음

明文堂

머리에 쏙쏙 정확한 자원풀이

漢字의 뿌리 300字

초판 1쇄 발행 2014년 7월 21일
초판 2쇄 발행 2014년 10월 29일
초판 3쇄 발행 2015년 10월 23일
초판 4쇄 발행 2017년 3월 20일
초판 5쇄 발행 2021년 1월 15일

저   자 | 陳泰夏
기   획 | 田光培
디자인 | 이명숙 · 양철민
발행자 | 김동구
발행처 | 명문당(1923. 10. 1 창립)
주   소 | 서울시 종로구 윤보선길 61(안국동)
          우체국 010579-01-000682
전   화 | 02)733-3039, 734-4798, 733-4748(영)
팩   스 | 02)734-9209
Homepage | www.myungmundang.net
E-mail | mmdbook1@hanmail.net
등   록 | 1977. 11. 19. 제1~148호

ISBN 979-11-85704-06-7 (13710)
12,000원

* 낙장 및 파본은 교환해 드립니다.
* 불허복제
* 저자와의 협약에 의하여 인지 생략함.

"漢字의 뿌리 300字"

인류가 사용하는 문자를 크게 나누면 표의문자(表意文字)와 표음문자(表音文字)로 구별할 수 있는데, 표의문자는 학습하기 어려운 단점이 있는 반면, 활용면에 있어서는 시간적·공간적으로 표음문자에 비하여 제약을 덜 받는 장점이 있고, 표음문자는 표의문자에 비하여 시간과 공간의 제약을 많이 받는 단점이 있는 반면, 학습하기 쉬운 장점을 가지고 있다.

그러므로 세계 어떤 문자도 장점만을 갖춘 이상적(理想的)인 문자는 없다. 그러나 문자의 활용여건에 있어서 문자 활용의 이상국(理想國)은 있을 수 있다. 다시 말해서 표의문자의 장점과 표음문자의 장점을 취해서 쓰면, 곧 문자의 이상국이 될 수 있는 것이다. 우리 한국(韓國)은 세계에서 가장 발달한 표의문자인 한자와 가장 과학적인 한글을 겸비하고 있어서, 한글만을 써서 좋을 때는 한글만을 쓰고, 한글과 한자를 겸용하는 것이 좋을 때는 겸용한다면, 곧 우리 한국은 세계 어떤 나라도 따라올 수 없는 문자 활용여건의 최이상국(最理想國)이 될 수 있다.

그러므로 지금까지 잘못된 인식에 의하여 「漢字」를 남의 나라 문자로 여겨왔고, 한자는 무조건 어렵다는 선입관으로 굳어진 편견에서 벗어나서, 우선 우리나라는 「문자의 최이상국」이라는 자부심부터 가져야 한다. 그동안 한자에 대하여 철저한 교육이 없었기 때문에, 현재 우리나라는 대학을 졸업하고도 가장 일상적인 일간신문도 제대로 읽지 못하고, 초등학교만 졸업해서는 자신의 이름도 쓰지 못하는 부끄러운 현실에 처하게 되었다.

이는 학생들의 잘못이 아니라, 오로지 타협도 없이 반세기 동안 「한글전용」이냐, 「국한혼용」이냐 하는 끝없는 시비(是非)를 일삼아온 기성세대들의 아집과 편견으로 인한 잘못이었다. 필자는 이러한 시비점을 떠나서, 교육은 어려서부터 철저히 시키고, 사용하는 것은 필요에 따라 한글만을 써서 좋을 때는 한글만을 쓰고, 한자를 겸용하는 것이 좋을 때는 겸용하라는 주장을 하는 입장에서 어릴 때부터 한자를 학습할 수 있도록 이 책을 엮었다.

근래 우후죽순(雨後竹筍)격으로 한자 학습 교재가 쏟아져 나오고 있는데, 그 자원(字源) 풀이가 하나같이 차마 볼 수 없을 정도로 잘못된 것이 많아서 앞으로 우리나라 젊은이들에게 오도된 지식이 만연되는 것을 막기 위해서 한 글자, 한 글자 철저한 고증으로 풀이하여 독자들로 하여금 믿고 익힐 수 있도록 하였다. 필자가 중국(中國)에서 문자학(文字學)에 대하여 근 10년 동안 연구한 것을 바탕으로 하고, 귀국하여 40여 년간 대학에서 문자학 강의를 하면서 쌓은 연구를 종합하여 초학자는 물론 전문 지식인들도 참고할 수 있도록 엮었다.

누구나 한자를 종래의 서당식 학습방법으로 무조건 암기시켰기 때문에 한자는 어렵다고 잘못 인식하게 되었다. 비록 한자의 자수(字數)는 많지만 뿌리가 되는 기본 한자는 400여 자뿐이 안 된다. 이 책에서는 그중에서도 꼭 필요한 300자 만을 뽑아 풀이하여 놓았으나, 나머지 한자는 유추(類推)하여 스스로 익힐 수 있기 때문에, 실은 세계 문자 중에서 한자는 학습하기가 가장 쉬운 문자이고 재미있는 문자이다.

三弗聽軒에서 陳 泰 夏 謹識

1 상용한자(常用漢字) 중에서 뿌리, 곧 핵(核)이 되는 300자를 뽑아 풀이
 하였다.

2 자형(字形) 변천의 과정을 정확히 밝히기 위하여 필자가 직접 붓으로 그
 리고 썼다.

3 글자마다 다음과 같이 4단계로 나누어 배열하였다.
 ① 대상이 된 사물의 그림
 ② 은대(殷代)의 갑골문(甲骨文), 또는 주대(周代)의 금문(金文)
 ③ 진대(秦代)의 소전체(小篆體)
 ④ 진한대(秦漢代)의 예서체(隷書體)
 ⑤ 한(漢) 이후의 해서체(楷書體)

4 300자를 중심으로 부수자(部首字)와 성부자(聲符字)로 쓰인 글자를 상
 용한자 중에서 뽑아 함께 배열하여 익히도록 하였다. 성부자(聲符字)는
 합체자 중에서 그 글자의 음(音)을 나타내는 부분의 자를 말함.

5 일상적인 단어 학습을 위하여 매자(每字)마다 실제 용례를 들어 놓았다.

6 부수자(部首字)로 쓰인 글자들은 그 위치별로 분류하여 익히기 편리하
 도록 하였다.

7 혼동되기 쉬운 글자들을 뽑아 대조시켜 유의하도록 하였다.

8 300자를 뜻에 따라 20항으로 분류하여 편집하였다.

9 매자마다 일상 언어생활에 필요한 사자성어(四字成語)를 들어 풀이하여
 놓았다.

10 자원(字源)에 대한 풀이가 아직까지 불일치한 것은 가장 합리성 있는
 학설을 택하였다.

목차

人體類 인체류

22자

口, 足, 手, 目, 耳
身, 自, 牙, 齒, 舌
眉, 毛, 胃, 血, 心
亦, 骨, 面, 首, 而
凶, 乃

귀 이 [부수자]

사람의 귀 모양을 본뜬 글자이다.

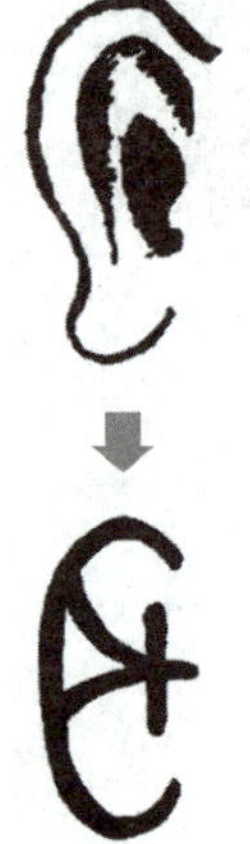

周: 금문

秦: 소전체

漢: 예서체

部首位置

「耳」가 위에　①聖(성인 성)　②聚(모일 취)　③聽(들을 청)

「耳」가 아래에　①聲(소리 성)　②聳(솟을 용)

「耳」가 안에　①聞(들을 문)

「耳」가 왼쪽에　①耶(어조사 야)　②職(벼슬 직)　③聯(잇달 연)

活用單語

- 耳鳴(이명) : 귓속에서 윙하고 소리가 울리는 느낌이 나는 현상.
- 耳目(이목) : 귀와 눈. 남의 눈.
- 耳順(이순) : 나이 예순 살의 다른 이름.
- 中耳炎(중이염) : 가운데귀에 생기는 염증. 급성과 만성이 있는데, 열이 오르고 심한 고통이 따르며 귀울음 따위가 일어난다.

聲符字(耳가 음으로 쓰이는 글자)

珥(귀고리 이), 餌(먹이 이)

四字成語

- 馬耳東風(마이동풍) : 말의 귀에 동풍이 불어도 말은 아랑곳하지 않는다는 뜻으로, 남의 말을 귀담아 듣지 않고 흘려버림을 이르는 말.

눈 목 [부수자]

사람의 눈 모양을 본뜬 것인데, 뒤에 세워 쓰게 된 것이다.

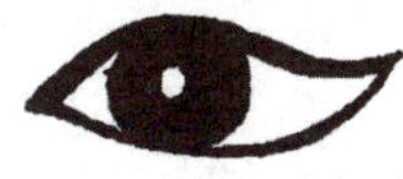

周: 금문

秦: 소전체

漢: 예서체

部首位置

「目」이 아래에 ①盲(소경 맹) ②看(볼 간) ③着(붙일 착)

「目」이 왼쪽에 ①眼(눈 안) ②睦(화목 목)

「目」이 오른쪽에 ①相(서로 상)

「目」이 가운데 ①直(곧을 직) ②眞(참 진)

活用單語

● 綱目(강목) : 대강과 세목(細目).

● 盲目(맹목) : 먼눈. 어두운 눈.

● 目禮(목례) : 눈으로 하는 인사.

● 目的(목적) : 이루려 하는 일, 또는 나아가려고 하는 방향.

四字成語

● 目不忍見(목불인견) : 눈으로 차마 더 볼 수 없음. 그런 상태.

● 刮目相對(괄목상대) : 몰라보게 발전한 데 놀라 눈을 비비고 다시 봄.

● 西施矉目(서시빈목) : 월(越)나라의 유명한 미인 서시(西施)가 눈을 찌푸린 것을 아름답게 본 못난 여자가 그 흉내를 내고 다녀 더욱 싫게 보였다는 고사에서 유래한 말로, 분수를 생각하지 않고 무조건 남을 따라하는 것을 비유하는 말.

손 수 [부수자]
손의 모양을 본뜬 글자이다.

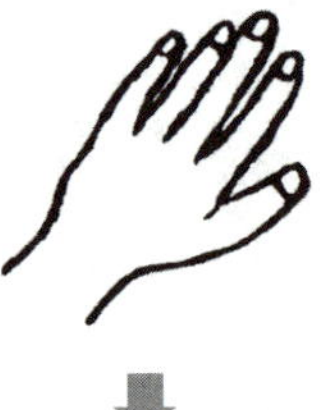

周: 금문

秦: 소전체

漢: 예서체

參考 ▶ 다른 글자의 왼쪽 부수로 쓰일 때는 'ㅊ(재방변)'의 형태로 쓰인다.

部首位置

「手」가 아래에 ①拳(주먹 권) ②擊(칠 격) ③摩(갈 마)
「手」가 왼쪽에 ①托(의지할 탁) ②投(던질 투) ③抗(항거할 항)
　　　　　　　④持(가질 지)
「手」가 가운데에 ①承(이을 승)

活用單語

●騎手(기수) : 말을 타는 사람. 용감하게 앞장서서 내닫는 사람.
●手匣(수갑) : 죄인이나 피의자의 동작이 자유롭지 못하게 두 손목에 걸쳐 채우는 형구.
●手配(수배) : 범인을 잡으려고 수사망을 폄.

四字成語

●纖纖玉手(섬섬옥수) : 여자의 가냘프고 고운 손.
●束手無策(속수무책) : 어찌할 방책이 없어 꼼짝 못하고 있는 형편.
●袖手傍觀(수수방관) : 팔짱을 끼고 보고만 있음.

발 족 [부수자]
발의 모양을 본뜬 글자이다.

殷: 갑골문

秦: 소전체

漢: 예서체

參考 ▶ 다른 글자의 왼쪽 부수로 쓰일 때는 '⻊(발족변)'의 형태로 쓰인다.

部首位置

「足」이 왼쪽에 ①路(길 로) ②距(떨어질 거) ③跡(발자취 적) ④踏(밟을 답) ⑤踐(밟을 천) ⑥躍(뛸 약)

「足」이 아래에 ①蹇(절뚝발이 건) ②蹙(쭈그러질 척, 대지를 축)

活用單語

● 過不足(과부족) : 표준에 넘거나 모자라는 것.
● 滿足(만족) : 마음에 모자람이 없어 흐뭇함.
● 自足(자족) : 스스로 넉넉함을 느낌.

聲符字(足이 음으로 쓰이는 글자)

促(재촉 촉)

四字成語

● 安分知足(안분지족) : 제 분수를 지키며 만족할 줄을 앎.
● 鳥足之血(조족지혈) : 새발의 피라는 뜻으로, 얼마 되지 않는 아주 적은 양을 이르는 말.
● 鼎足之勢(정족지세) : 솥발처럼 세 군데로 마주 서서 대립한 형세.

005

입 **구** [부수자]

입의 모양을 본뜬 글자이다.

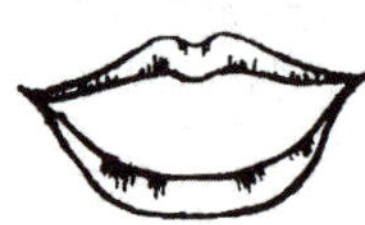

殷: 갑골문

秦: 소전체

漢: 예서체

部首位置

「口」가 위에 　①只(다만 지)

「口」가 아래에 ①古(옛 고)　②右(오른 우) ③各(각각 각)
　　　　　　　④吉(길할 길) ⑤名(이름 명) ⑥君(임금 군)

「口」가 안에 　①可(옳을 가) ②句(글귀 구) ③司(맡을 사)
　　　　　　④向(향할 향) ⑤周(두루 주)

「口」가 왼쪽에 ①吐(토할 토) ②味(맛 미)

活用單語

● 口令(구령) : 어떤 동작을 일제히 하도록 하는 간단한 명령.
● 口舌數(구설수) : 구설을 들을 운수.

聲符字(口가 음으로 쓰이는 글자)

句(구절 구), 區(지역 구)

四字成語

● 口蜜腹劍(구밀복검) : 입으로는 꿀처럼 달콤한 말을 하나 뱃속에는 칼을 품고 있다는 뜻으로, 말로는 친한체하나 속으로는 해칠 생각을 가졌다는 말.
● 口尙乳臭(구상유취) : 입에서 아직 젖내가 난다는 뜻으로, 말이나 행동이 아직 유치함이라는 말.

006

혀 **설** [부수자]
본래 뱀의 혀가 두 개로 갈라진 모양을 본뜬 글자이다.

殷: 갑골문

秦: 소전체

漢: 예서체

部首位置

「舌」이 아래에 ① 舍(집 사)
「舌」이 왼쪽에 ① 舒(펼 서) ② 舘(館의 俗字)
　　※ 話(말씀 화)는 「舌」이 쓰이나 聲符로 쓰인 것이 아니므로 「화」로 발음된다.

活用單語

● 毒舌(독설) : 악독하게 혀끝을 놀려서 남을 해치는 말.
● 辯舌(변설) : 입담 좋게 말을 잘하는 재주.
● 舌戰(설전) : 말다툼.
● 舌禍(설화) : 말로 말미암아 받는 재앙.
● 長廣舌(장광설) : 길고도 세차게 잘하는 말. 쓸데없이 장황하게 늘어놓는 말.

四字成語

● 上下脣舌(상하순설) : 남의 입에 오르내림.
● 金口閉舌(금구폐설) : 귀중한 말을 할 수 있는 입을 다물고 혀를 놀리지 않는다는 뜻으로, 침묵함을 이르는 말.
● 駟不及舌(사불급설) : 네 마리 말이 끄는 빠른 수레도 사람의 혀에는 미치지 못한다는 뜻으로, 소문은 빨리 퍼지므로 말조심하라는 말.

이 **치** [부수자]

입안에 있는 이의 모양을 본뜬 것인데, 「止」자를 더하여 글자의 음을 표시하였다.

殷: 갑골문

秦: 소전체

漢: 예서체

部首位置

「齒」가 왼쪽에 ①齡(나이 령) ②齷(악착할 악) ③齪(악착할 착)
④齬(어긋날 어) ⑤齟(어긋날 저)

「齒」가 아래에 ①齧(물 설)

活用單語

- 乳齒(유치) : 생후 5~24개월 사이에 나서 7~12세까지의 영구치(永久齒)로 가는 이. 모두 20개로 배냇니, 젖니.
- 齒石(치석) : 이의 표면, 특히 이의 안쪽 밑동 부분에 침에서 분비된 석회분이 부착해 굳어진 물질.

四字成語

- 角者無齒(각자무치) : 뿔이 있는 짐승은 이가 없다는 뜻으로, 한 사람에게 여러 가지 복이 다 갖추어지지 않음을 이르는 말.
- 脣亡齒寒(순망치한) : 입술이 없으면 이가 시리다는 뜻으로, 가까운 사이에 있는 하나가 망하면 다른 한 편도 그 영향을 받아 온전하기 어려움을 이르는 말.
- 丹脣皓齒(단순호치) : 붉은 입술과 흰 이의 뜻으로 여자의 썩 아름다운 얼굴을 일컫는 말.
- 切齒腐心(절치부심) : 몹시 분하여 이를 갈며 속을 썩임.

牙

어금니 **아** [부수자]
어금니의 모양을 본뜬 글자이다.

周: 금문

秦: 소전체

漢: 예서체

部首位置

「牙」가 아래에 ①䇒(버팀목 탱)

　　※ 「牙」자는 어금니를 뜻하고, 「齒(이 치)」자는 앞니를
　　뜻한다.

活用單語

● 象牙塔(상아탑) : 세상을 떠나 오로지 학문이나 예술에만 관심을 가지는 경지, 혹은 학자들의 현실 도피적이고 관념적인 연구 생활이나 그 연구실의 비유.

● 西班牙(서반아) : 에스파냐(스페인).

● 牙箏(아쟁) : 대쟁 비슷하나 그보다 좀 작고, 일곱 줄을 매어 활로 문질러서 소리를 내는 낮은 음부에 속한 현악기.

聲符字(牙가 음으로 쓰이는 글자)

芽(싹 아), 鴉(갈가마귀 아), 雅(우아할 아), 訝(맞을 아)

四字成語

● 伯牙絕絃(백아절현) : 백아는 거문고를 잘 타고 종자기는 그 거문고 소리를 잘 들었는데, 종자기가 죽어 그 거문고 소리를 들을 사람이 없게 되자 백아가 절망한 나머지 거문고 줄을 끊고 다시는 타지 않았다는 데서 온 말로, 참다운 벗의 죽음을 슬퍼함을 이르는 말.

스스로 **자** [부수자]
본래 어른의 코의 모양을 본뜬 글자이다.

參考 옛 중국사람들이 자기를 가리킬 때, 반드시 코를 가리키는 습관에서 「자기」의 뜻으로 변하게 되어, 「自」에 「畀(줄 비)」자를 더하여 「鼻(코 비)」자를 만들었다.

部首位置

「自」가 위에 ①臭(냄새 취) ②皋(못언덕 고)

活用單語

- 自覺(자각) : 자기의 상태나 지위, 임무, 능력 등을 스스로 깨달음.
- 自强(자강) : 스스로 몸과 마음을 가다듬음.
- 自愧(자괴) : 스스로 부끄러워하는 것.
- 自矜(자긍) : 제 스스로 하는 자랑.

四字成語

- 茫然自失(망연자실) : 정신을 잃어 어리둥절함.
- 登高自卑(등고자비) : 높은 곳에 오르려면 낮은 곳으로부터 오른다는 뜻으로, 모든 일에 차례를 밟아야 한다는 말. 지위가 높아질수록 스스로를 낮춘다는 말.
- 毛遂自薦(모수자천) : 조나라의 모수가 자신을 왕의 사자로 천거한 옛일에서 스스로를 천거함의 뜻.
- 隱忍自重(은인자중) : 마음속으로 참으며 신중하게 행동함.

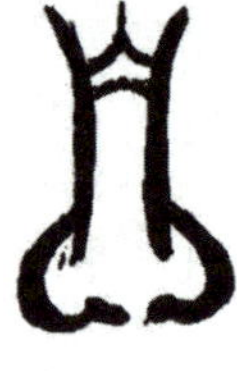

殷: 갑골문

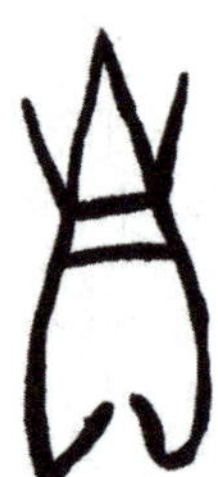

秦: 소전체

漢: 예서체

身

몸 신 [부수자]

본래 아이 밴 여인의 모습을 본뜬 글자인데, 몸의 뜻으로 쓰이게 되었다.

周: 금문

秦: 소전체

漢: 예서체

部首位置

「身」이 왼쪽에 ①躬(몸 궁) ②軀(몸 구) ③躱(비킬 타)

活用單語

- 等身佛(등신불) : 사람의 키만한 크기로 만든 불상.
- 亡身(망신) : 체면이나 명망을 망침.
- 文身(문신) : 먹물로 살 속에 글씨나 그림을 새겨 넣는 일.
- 變身(변신) : 모양을 바꾼 몸, 또는 몸의 모양을 바꿈.
- 身世(신세) : 한 몸에 관한 처지와 형편.
- 立身(입신) : 세상에서 높은 지위를 차지하거나 영달(榮達)함, 사회적으로 인정받고 지위가 높아짐.
- 處身(처신) : 몸을 가지거나 행동하는 일.

四字成語

- 粉骨碎身(분골쇄신) : 참혹하게 죽음. 목숨을 내놓고 있는 힘을 다함.
- 修身齊家(수신제가) : 몸을 닦고 집안을 정돈함.
- 身言書判(신언서판) : 과거에 인물을 고르는 표준으로 삼았던 네 가지 조건. 곧 신수, 말씨, 문필, 판단력.
- 身外無物(신외무물) : 어떤 것보다도 몸이 귀중하다는 말.

마음 **심** [부수자]
심장의 모양을 본뜬 글자이다.

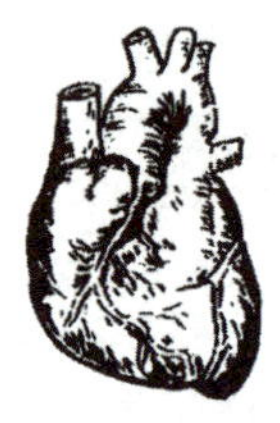

周: 금문

秦: 소전체

漢: 예서체

參考 「心」이 다른 글자의 왼쪽 부수자로 쓰일 때는 「忄(마음심변)」의 형태로 쓰인다.

部首位置

「心」이 본자로 ①必(반드시 필)

「心」이 아래에 ①忌(꺼릴 기)　②忘(잊을 망)　③忍(참을 인)
④志(뜻 지)　⑤念(생각 념)　⑥急(급할 급)
⑦戀(생각할 연)　⑧應(응할 응)　⑨憲(법 헌)
⑩慾(욕심 욕)

「心」이 왼쪽에 ①忙(바쁠 망)　②快(쾌할 쾌)　③性(성품 성)
④怪(괴이할 괴)　⑤恨(한할 한)

「心」이 가운데에 ①愛(사랑 애)　②慶(경사 경)　③憂(근심 우)

活用單語

● 苦心(고심) : 마음을 태우며 애를 씀.
● 關心(관심) : 어떤 것에 끌리는(쓰는) 마음이나 주의.

聲符字(心이 음으로 쓰이는 글자)

芯(등심초 심), 沁(스며들 심)

四字成語

● 刻骨銘心(각골명심) : 마음속 깊이 새겨 둠.
● 見物生心(견물생심) : 실물을 보면 욕심이 생김.

피 **혈** [부수자]

그릇에 핏방울이 떨어지는 모양을 본뜬 글자이다.

殷: 갑골문

秦: 소전체

漢: 예서체

部首位置

「血」이 위에   ① 衆(무리 중)
「血」이 왼쪽에   ① 峪(피 토할 객)

活用單語

- 膏血(고혈) : 기름과 피라는 뜻으로, 남을 괴롭혀 얻는 이득이라는 말.
- 冷血漢(냉혈한) : 따뜻한 인정이나 감정이 없는 냉혹한 남자.
- 多血質(다혈질) : 감정의 움직임이 빨라서 자극에 민감하고 곧 흥분하나, 오래 가지 못하고 바로 식어 버리며, 성급(性急)하고 인내력이 적은 기질.
- 鮮血(선혈) : 신선한 피.

四字成語

- 屍山血海(시산혈해) : 사람의 시체가 산처럼 쌓이고 피가 바다처럼 흐른다는 말.
- 一點血肉(일점혈육) : 자기가 낳은 단 하나의 자녀.
- 鳥足之血(조족지혈) : 새발의 피라는 뜻으로, 얼마 되지 않는 아주 적은 양을 이르는 말.
- 血氣方壯(혈기방장) : 혈기가 한창 성함.

위장 **위** [부수자]

본래 위장 속에 쌀알이 들어있는 모양을 본뜨고 「月(고기 육)」자를 더한 것이다.

周: 금문

秦: 소전체

漢: 예서체

參考 ‘胃’자는 육체의 한 부분이기 때문에 ‘月(달 월)’이나 ‘田(밭 전)’과는 관계없으므로 ‘⺼’ 곧 ‘고기 육(肉)’ 부수에 속한다.

活用單語

- 脾胃(비위) : 지라와 위. 어떤 음식물을 대하여 먹고 싶은 기분. 어떤 사물을 대하여 무엇을 하고 싶은 마음. 어떤 음식물을 먹어 삭여내는 힘. 아니꼽고 싫은 일을 대하여 견디어 내는 힘.
- 胃痙攣(위경련) : 명치의 부분에서 발작적으로 느껴지는 쓰라린 통증. 경련이 따르며, 위산통으로 불리는 증상이다.
- 胃酸(위산) : 위액(胃液) 속에 들어 있는 산성(酸性) 물질, 주로 염산(鹽酸)이나 병적인 것에는 유기산(有機酸) 특히 유산(乳酸)이 들어 있음.

聲符字(胃가 음으로 쓰이는 글자)

渭(강 이름 위), 謂(이를 위), 蝟(고슴도치 위)

四字成語

- 脾胃難定(비위난정) : 비위가 뒤집혀 아니꼬움. 밉살스러운 꼴을 보고 아니꼬움을 가리키는 말.

014

毛

털 모 [부수자]

본래 털이 빽빽이 나있는 모양을 본뜬 글자이다.

周: 금문

秦: 소전체

漢: 예서체

部首位置

「毛」가 아래에　①毫(터럭 호) ②氂(꼬리 리)

「毛」가 왼쪽에　①毬(공 구)　②毯(담요 담)

「毛」가 오른쪽에 ①氈(모전 전)

活用單語

- 多毛作(다모작) : 한 경작지에서 한 해에 세 번 이상 종류가 다른 작물을 경작·수확하는 일.
- 毛骨(모골) : 터럭과 뼈.
- 毛皮(모피) : 짐승의 털이 붙은 가죽.
- 不毛地(불모지) : 아무 식물도 자라지 못하는 메마른 땅. 문화적으로 개발되어 있지 않은 곳이나 상태.

聲符字(毛가 음으로 쓰이는 글자)

耗(감할 모), 芼(풀우거질 모), 眊(눈흐릴 모)

四字成語

- 九牛一毛(구우일모) : 아홉 마리 소 가운데 한 개의 털이라는 뜻으로 썩 많은 가운데서 가장 적은 수라는 말.
- 毛遂自薦(모수자천) : 조나라의 모수가 자신을 왕의 사자로 천거한 옛일에서 스스로를 천거함의 뜻.

눈썹 **미** [目 부수]

본래 눈과 눈썹의 모양을 본뜬 것인데, '눈썹'만을 뜻하게 된 글자이다.

周: 금문

秦: 소전체

漢: 예서체

參考 眉와 모양이 비슷한 글자로 盾(방패 순), 看(볼 간), 省(살필 성), 着(붙을 착) 등이 있다.

活用單語

● 眉間(미간) : 양미간의 준말.

● 眉壽(미수) : 눈썹이 세도록 오래 삶. 남이 오래 살기를 빌어 줄 때 쓴다.

● 白眉(백미) : 흰 눈썹. 중국 촉한(蜀漢)의 눈썹에 흰 털이 난 마량(馬良)이 다섯 형제 중 가장 재주가 뛰어났다는 데서 여럿 중에서 가장 뛰어난 사람이나 물건.

● 蛾眉(아미) : 누에나방처럼 생긴 눈썹이라는 뜻으로, 아름다운 미인의 눈썹.

聲符字(眉가 음으로 쓰이는 글자)

媚(아첨 미), 嵋(산 이름 미), 楣(처마 미), 湄(물가 미)

四字成語

● 擧案齊眉(거안제미) : 밥상을 눈썹과 가지런하도록 공손히 들어 남편 앞에 가지고 간다라는 뜻으로 남편을 깍듯이 공경함을 이르는 말.

● 焦眉之急(초미지급) : 눈썹에 불이 붙은 것과 같이 매우 위급함.

말이을 이 [부수자]

본래 사람의 수염을 본뜬 글자인데, 뒤에 '말과 말을 잇는' 뜻으로 쓰이게 되었다. 다시 수염의 뜻으로 「須(수)」자를 만들었으나, 이 자도 「모름지기」의 뜻으로 쓰이게 되어 , 또다시 「鬚(수염 수)」자를 만들었다.

殷: 갑골문

秦: 소전체

漢: 예서체

參考 「而」를 흔히 '마리 이'라고 하는데, 실은 '말 이을 이'를 잘못 말하는 것이다. '美而廉'(아름다우면서도 값이 싸다)처럼 말과 말을 이어주는 접속사의 역할을 한다.

部首位置

「而」가 위에　①耍(희롱할 사)
「而」가 왼쪽에　①耐(견딜 내)

活用單語

●似而非(사이비) : 겉으로는 비슷하나 본질은 완전히 다른 것이거나 가짜.
●形而上(형이상) : 형체를 알아 깨달을 수 없는 지경. 곧 초자연적이고 근원적인 영역.

四字成語

●困而知之(곤이지지) : 고생한 끝에 알아냄.
●三十而立(삼십이립) : 삼십 세에 학문이나 견식이 일가를 이루어 도덕적으로 움직이지 않는 것을 가르키는 말. 논어(論語)에 나오는 말임.
●博而不精(박이부정) : 널리 알고 있지만 정밀하지 못함.

머리 **수** [부수자]

사람의 얼굴에 눈과 머리털을 그려서 '머리'를 나타낸 글자이다.

周: 금문

秦: 소전체

漢: 예서체

部首位置

「首」가 오른쪽에 ①頄(광대뼈 규)
「首」가 왼쪽에　①馘(벨 괵)

活用單語

- 匕首(비수) : 날이 썩 날카롭고 짧은 칼.
- 首魁(수괴) : 우두머리.
- 首肯(수긍) : 그러하다고 고개를 끄덕임. 옳다고 긍정함.
- 首班(수반) : 반열 가운데 으뜸가는 자리. 행정부의 우두머리.
- 自首(자수) : 죄를 지은 사람이 스스로 수사기관에게 범죄 사실을 신고함.
- 斬首(참수) : 목을 벰.

四字成語

- 鳩首會議(구수회의) : 비둘기들이 머리를 모으듯이 여럿이 모여 머리를 맞대고 의논하는 회의.
- 頓首再拜(돈수재배) : 머리를 땅에 닿도록 조아려 절을 두 번 함. 편지의 첫머리나 끝에 경의를 표함이라는 뜻으로 쓰는 말.
- 首尾相應(수미상응) : 서로 응하여 도와줌. 양끝이 서로 응함.
- 鶴首苦待(학수고대) : 학의 목처럼 목을 길게 늘여 기다린다는 뜻으로, 몹시 기다림을 이르는 말.

面

얼굴 **면** [부수자]

본래 얼굴에 쓴 가면의 모양을 본뜬 글자인데, 뒤에 '얼굴'의 뜻으로 쓰이게 되었다.

殷: 갑골문

秦: 소전체

漢: 예서체

部首位置

「面」이 왼쪽에 ①䩉(뺨 보) ②靦(부끄러워할 전)

「面」이 아래에 ①靨(보조개 엽, 사마귀 염)

活用單語

- 假面(가면) : 나무, 종이 등으로 만든 얼굴의 형상, 탈. 거짓으로 꾸민 표정.
- 舊面(구면) : 안 지 오랜 얼굴. 곧 전부터 안면이 있는 사람.
- 局面(국면) : 일이 벌어진 경우나 장면. 바둑이나 장기 둘 때의 판의 형세.
- 面談(면담) : 서로 만나서 이야기를 나눔.

聲符字(面이 음으로 쓰이는 글자)

緬(가는 실 면), 麵(국수 면), 湎(빠질 면)

四字成語

- 得意滿面(득의만면) : 뜻한 바를 이루어 기쁜 표정이 얼굴에 가득함.
- 面壁九年(면벽구년) : 달마 대사가 숭산의 소림사에서 9년 동안 벽을 마주 대하고 좌선하여 오도한 고사.
- 面從腹背(면종복배) : 보는 앞에서는 순종하는 체하면서, 속으로는 다른 마음을 먹음.

뼈 **골** [부수자]

본래 사람의 관절 모양을 본뜬 것인데, 뒤에 「月(고기 육)」자를 더한 글자이다.

周: 금문

秦: 소전체

漢: 예서체

部首位置

「骨」이 왼쪽에 ①體(몸 체) ②骸(해골 해) ③髓(골수 수)
④骼(뼈 격)

※ '骨'을 중국에서는 '骨', 일본에서는 '骨'과 같이 쓴다.

活用單語

- 骨董品(골동품) : 오래되고 희귀한 물품. 낡고 쓸모없는 물품이나 시대적으로 뒤떨어지거나 무딘 사람을 비유하는 말.
- 骨髓(골수) : 뼈의 속을 채우고 있는 연한 조직. 붉은빛과 누른빛의 것이 있고, 적혈구·백혈구·혈소판 등을 만든다. 마음속의 깊은 곳.
- 骨折傷(골절상) : 뼈가 부러지는 부상, 또는 그 상처.

聲符字(骨이 음으로 쓰이는 글자)

滑〔어지러울 골(滑稽), 미끄러울 활(滑走路)〕, 鶻(송골매 골)

四字成語

- 刻骨銘心(각골명심) : 마음속 깊이 새겨 둠.
- 甲骨文字(갑골문자) : 거북의 배딱지나 짐승 뼈에 새겨진 중국 은나라 때의 글자. 은허에서 출토되었는데, 한자의 가장 오래 전의 형태로 보고 있다.
- 骨肉相爭(골육상쟁) : 가까운 혈족끼리 서로 싸움.

020

또 역 [亠 부수]

본래 사람의 겨드랑이를 표시한 글자인데, 뒤에 '또'의 뜻으로 변하여 다시 '腋(겨드랑이 액)'자를 만들었다.

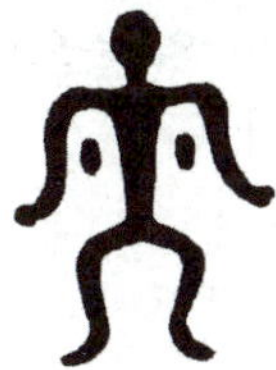

殷: 갑골문

秦: 소전체

漢: 예서체

參考 學而時習之 不亦說乎(학이시습지 불역열호) ; 배우고 때때로 익히니 또한 즐겁지 아니한가.

亦과 비슷한 글자로 赤(붉을 적), 示(보일 시), 禾(벼 화) 등이 있다.

活用單語

- 亦是(역시) : 또한.
- 此亦是(차역시) : 이것도 역시.
- 其亦是(기역시) : 그 역시.

聲符字(亦이 음으로 쓰이는 글자)

跡(자취 적), 迹(자취 적)

四字成語

- 吾亦不知(오역부지) : 나도 또한 모름.
- 盜亦有道(도역유도) : 도둑들에게도 도덕이 있다는 말.
- 亦參其中(역참기중) : 어떤 일에 또한 참여함.

021

흉할 **흉** [凵 부수]

가슴의 모양을 본뜬 것인데, 남 앞에 가슴을 드러내는 것은 흉하다는 데서 '흉하다'의 뜻으로 쓰이게 되었다. 뒤에 다시 '胸(가슴 흉)'자를 만들었다.

殷: 갑골문

秦: 소전체

漢: 예서체

參考 「凶」과 「兇」은 통용됨. 뒤에 '흉하다'의 뜻으로 쓰이게 되어 다시 '胸(가슴 흉)'자를 만들었다.

活用單語

- 凶計(흉계) : 음충맞고 모진 꾀.
- 凶年(흉년) : 곡식 따위 산물(産物)이 잘되지 아니하여 주리게 된 해.
- 凶作(흉작) : 농사(農事)가 잘 안 되어 소출(所出)이 아주 적음.
- 吉凶(길흉) : 좋은 일과 언짢은 일.
- 凶家(흉가) : 드는 사람마다 흉한 일을 당한다고 하는 불길한 집.

聲符字(凶이 음으로 쓰이는 글자)

兇(흉할 흉), 匈(흉노 흉), 胸(가슴 흉), 洶(물소리 흉)

四字成語

- 吉凶禍福(길흉화복) : 길하고 흉한 일과 화와 복.
- 凶惡無道(흉악무도) : 성질이 사납고 악하며 도리에 어그러짐.
- 吉則大凶(길즉대흉) : 점괘·사주 풀이·토정비결 따위에서, 신수가 아주 좋을 때는 오히려 아주 불길하다는 말.

이에 **내** [ノ 부수]

본래 젖의 모양을 본뜬 것인데, 뒤에 '이에' 또는 '곧'의 뜻으로 쓰이게 되어 다시 '奶(젖 내)' 자를 만들었다.

殷: 갑골문

秦: 소전체

漢: 예서체

參考 ▶ 乃와 모양이 비슷한 글자로 及(미칠 급), 反(돌이킬 반), 久(오랠 구) 등이 있다. 뒤에 '이에' 또는 '곧'의 뜻으로 쓰이게 되어, 다시 '奶(젖 내)' 자를 만들었다.

活用單語

- 乃至(내지) : 수량(數量)을 나타내는 말들 사이에 쓰이어 '얼마에서 얼마까지'의 뜻을 나타냄, 또는 혹은.
- 乃女(내녀) : 그이의 딸.
- 終乃(종내) : 끝끝내. 필경에. 마침내.
- 人乃天(인내천) : 사람이 곧 하느님이며 만물이 모두 하느님이라고 보는 천도교(天道敎)의 중심 교리.

聲符字(乃가 음으로 쓰이는 글자)

奶(젖 내)

四字成語

- 必亡乃已(필망내이) : 꼭 망하고야 맒.
- 必死乃已(필사내이) : 틀림없이 죽고야 맒.
- 乃武乃文(내무내문) : '문무(文武)를 아울러 갖춘다'는 뜻으로, 임금의 덕을 높이고 기리는 말.

一擧兩得 일거양득

　한 가지 일로 두 가지 이익을 얻을 때, 우리는 흔히 일석이조(一石二鳥)라는 말을 쓴다.

　그러나 이 말은 일본에서 만든 한자어일 뿐만 아니라, 그 의미를 따져 보면 한 개의 돌을 던져 두 마리의 새를 잡는다는 뜻이니 자연보호 차원에서도 함부로 쓸 말이 아니다. 새만 보면 돌팔매질을 하여 새들이 사람을 두려워하게 만든 것도 일석이조라는 말의 영향이 아닌가싶다.

　일석이조보다는 진서(晉書)에서부터 유래되는 일거양득(一擧兩得)이라는 좋은 말이 있으니, 앞으로는 일석이조라는 말을 삼가고 일거양득을 널리 쓰면 좋겠다. 나아가 일거삼득, 일거사득도 쓸 수 있다.

2

呼稱類

호칭류

14자

父, 母, 子, 女, 兄
弟, 夫, 妻, 老, 兒
朋, 友, 人, 我

023 父

아비 부 [부수자]

아버지가 자식의 잘못을 꾸짖기 위하여 손에 매를 들고 있는 상태를 본뜬 글자이다.

殷: 갑골문

秦: 소전체

漢: 예서체

部首位置

「父」가 위에 ①爺(아비 야) ②爹(아비 다) ③爸(아피 파)

※ 나를 중심으로 위 아래로 항렬(行列)을 따져보자.

高祖(고조)←曾祖(증조)←祖父(조부)←父母(부모)←我(아)→子(자)→孫(손)→曾孫(증손)→高孫(고손) 또는 玄孫(현손)

活用單語

- 父母(부모) : 어버이. 아버지와 어머니.
- 父子(부자) : 아버지와 아들.
- 父兄(부형) : 아버지와 형.
- 叔父(숙부) : 아버지의 아우. 작은아버지.
- 伯父(백부) : 큰아버지.

聲符字(父가 음으로 쓰이는 글자)

斧(도끼 부), 釜(가마 부)

四字成語

- 無父無君(무부무군) : 자기의 아버지도 임금도 알아 보지 못한다는 말.
- 父系血族(부계혈족) : 아버지 쪽의 겨레붙이.
- 父母俱存(부모구존) : 부모가 모두 살아 계심.

024

어미 **모** [母 부수]

여자가 어머니의 구실을 하려면 무엇보다도 젖이 필요하기 때문에, 여자의 가슴에 두 점으로 젖을 표시한 글자이다.

殷: 갑골문

秦: 소전체

漢: 예서체

參考 ▶ 母와 모양이 비슷한 글자로 毋(말 무), 毌〔貫(꿸 관)의 古字〕 등이 있다.

活用單語

- 母子(모자) : 어머니와 아들.
- 母女(모녀) : 어머니와 딸.
- 祖母(조모) : 할머니.
- 伯母(백모) : 큰어머니.

聲符字(母가 음으로 쓰이는 글자)

姆(유모 모), 每(매양 매), 梅(매화 매), 海(바다 해)

四字成語

- 孟母三遷(맹모삼천) : 맹자의 어머니가 아들 맹자를 가르치기 위하여 세 번 집을 옮긴 일.
- 母音同化(모음동화) : 소리가 서로 이어날 때 한 모음이 이웃 모음에 똑같게 또는 가깝게 닮는 현상.
- 早失父母(조실부모) : 어려서 부모를 여읨.
- 航空母艦(항공모함) : 항공기를 싣고 다니면서 뜨고 내리게 할 수 있는 설비를 갖춘 큰 군함.

아들 **자** [부수자]

포대기에 싸여서 두 팔을 흔들고 있는 '아이'의 모습을 본뜬 글자이다.

殷: 갑골문

秦: 소전체

漢: 예서체

部首位置

「子」가 위에　① 孟(맏 맹)

「子」가 아래에　① 字(글자 자)　② 存(있을 존)　③ 孝(효도 효)
　　　　　　　　④ 季(끝 계)　⑤ 學(배울 학)

「子」가 왼쪽에　① 孔(구멍 공)　② 孤(외로울 고)　③ 孫(손자 손)

活用單語

- 季子(계자) : 막내아들.
- 骨子(골자) : 내용에서 중심을 이루는 가장 요긴한 부분.
- 決明子(결명자) : 결명차의 씨, 간열(肝熱), 눈병을 고치어 코피를 멈추게 하는 데 쓰임.
- 交子床(교자상) : 네모반듯하게 크게 만든 음식상.

聲符字(子가 음으로 쓰이는 글자)

仔(자세할 자), 孜(힘쓸 자)

四字成語

- 救急箱子(구급상자) : 구급약 따위를 넣어 두는 상자.
- 父傳子傳(부전자전) : 대대로 아버지가 아들에게 전함.
- 梁上君子(양상군자) : 대들보 위에 있는 군자(君子)라는 뜻으로, 도둑을 미화(美化)하여 점잖게 부르는 말.

026

계집 **녀** [부수자]

두 손을 앞으로 모으고 얌전히 꿇어앉아 있는 '여자'의 모습을 본뜬 글자이다.

部首位置

「女」가 아래에 ①妾(첩 첩) ②妻(아내 처) ③姿(맵시 자)
④委(맡길 위) ⑤妥(평온할 타)

「女」가 왼쪽에 ①奴(종 노) ②妃(왕비 비) ③如(같을 여)
④好(좋을 호) ⑤妙(묘할 묘) ⑥姑(시어미 고)
⑦妹(누이 매) ⑧姓(성 성) ⑨始(처음 시)
⑩姉(누이 자) ⑪婦(며느리 부) ⑫姻(혼인할 인)

「女」가 거듭 ①姦(간사할 간)

活用單語

● 少女(소녀) : 완전히 성숙하지 않고 아주 어리지도 않은 여자아이.
● 長孫女(장손녀) : 맏손녀.
● 令女(영녀) : 상대방을 높이어 그의 딸을 이르는 말.

聲符字(女가 음으로 쓰이는 글자)

汝(너 여), 如(같을 여)

四字成語

● 甲男乙女(갑남을녀) : 甲(갑)이라는 남자와 乙(을)이라는 여자라는 뜻으로, 신분이나 이름이 알려지지 아니한 그저 평범한 사람들을 이르는 말.
● 女中君子(여중군자) : 덕이 높은 여자.

맏 **형** [儿 부수]

아우보다 머리가 큰 형의 모양을 본떠, '형' 의
뜻을 나타낸 글자이다.

殷: 갑골문

秦: 소전체

漢: 예서체

參考 ▶ '兄' 자는 곧 '人(사람 인)' 자의 다른 형태이다.
'元(원), 光(광), 先(선), 兒(아)' 등의 '儿' 자가 모두 '人' 자
와 관계 있는 글자이다. 부수명칭을 「어진사람 인」이라
고 하지만 옳지 않다. 「밑사람 인」이라고 해야 한다.

活用單語

- 兄夫(형부) : 언니의 남편(男便).
- 兄弟(형제) : 형과 아우.
- 長兄(장형) : 큰형, 맏형.
- 妻兄(처형) : 아내의 언니.

聲符字(兄이 음으로 쓰이는 글자)

況(하물며 황), 眖(줄 황)

四字成語

- 結義兄弟(결의형제) : 의리로써 형제 관계를 맺음,
  또는 그 형제.
- 難兄難弟(난형난제) : '누구를 형이라 아우라 하기
  어렵다' 는 뜻으로, '서로 비슷비슷하여 어느 것이
  낮고 못하고를 분간하기 어려움' 을 비유하는 말.

아우 제 [弓 부수]

본래 화살에 줄을 감은 것을 본뜬 글자인데, 줄을 감을 때는 반드시 순서가 있어야 함으로 형 다음의 '아우'라는 뜻으로 쓰인 것이다.

周: 금문

秦: 소전체

漢: 예서체

參考 ▶ 다음 글자들은 모양이 비슷하지만 뜻이 다르다.

※ 弓部 : ①弔(조상 조) ②弗(아닐 불) ③弟(아우 제)

※ 竹部 : ①第(차례 조)

※ 大部 : ①夷(큰활 이) −「夷」를 「오랑캐 이」라고 하는 것은 옳지 않다.

活用單語

- 首弟子(수제자) : 여러 제자 가운데 학문이나 기술이 가장 뛰어난 제자.
- 師弟(사제) : 스승과 제자를 아울러 이르는 말.
- 弟子(제자) : 스승의 가르침을 받는 사람.
- 妻弟(처제) : 아내의 여동생.

聲符字(弟가 음으로 쓰이는 글자)

悌(공경할 제), 梯(사다리 제)

四字成語

- 權門子弟(권문자제) : 권세가 있는 집안의 자제.
- 呼兄呼弟(호형호제) : 썩 가까운 벗의 사이에 형이니 아우니 하고 서로 부름.

지아비 부 [大 부수]

옛날에 남자가 20살이 되면 머리를 틀어 묶고 관을 썼는데, 그 모습을 본뜬 글자이다.

殷: 갑골문

秦: 소전체

漢: 예서체

參考 남편(夫)이 하늘(天) 보다 높다는 뜻으로, 「天」자의 위로 획을 솟게 했다는 속설은 근거 없는 설명이다.

活用單語

- 夫婦(부부) : 남편(男便)과 아내.
- 夫君(부군) : 남의 '남편(男便)' 의 높임말.
- 丈夫(장부) : 장성한 남자. 사나이.
- 鑛夫(광부) : 광물(鑛物)을 캐는 일꾼.

聲符字(夫가 음으로 쓰이는 글자)

扶(도울 부), 芙(부용 부), 趺(책상다리할 부)

四字成語

- 萬夫不當(만부부당) : 힘이 센 많은 사람들도 능히 당해낼 수 없음.
- 夫唱婦隨(부창부수) : 남편이 주장하고 아내가 이에 잘 따름.
- 匹夫之勇(필부지용) : 깊은 생각이 없이 냅다 치는 용기.
- 夫婦之情(부부지정) : 부부 사이의 애정.
- 夫婦有別(부부유별) : 오륜(五倫)의 하나. 남편과 아내 사이에 엄격히 지켜야 할 인륜(人倫)의 구별이 있음.

030

아내 **처** [女 부수]

여자가 머리에 손으로 비녀를 꽂은 모습을 본
뜬 글자로서 '아내'의 뜻을 나타낸 것이다.

周: 금문

秦: 소전체

漢: 예서체

参考 '妻' 자에서 「彐→ㅋ」의 필획은 손의 형태를 나
타낸 것이다.

活用單語

- 妻家(처가) : 아내의 친정. 처갓집.
- 妻子(처자) : 아내와 자식.
- 妻男(처남) : 아내의 남자 형제.
- 妻弟(처제) : 아내의 여동생.

聲符字(妻가 음으로 쓰이는 글자)

悽(슬퍼할 처), 淒(찰 처)

四字成語

- 糟糠之妻(조강지처) : 지게미와 쌀겨로 끼니를 이어
  가며 고생을 같이 해온 아내란 뜻으로, 곤궁(困窮)할
  때부터 간고(艱苦)를 함께 겪은 본처(本妻)를 흔히 일
  컬음.
- 賢母良妻(현모양처) : 어진 어머니이자 착한 아내.
- 徙家忘妻(사가망처) : 이사하면서 아내를 잊어버린다
  는 뜻으로, 건망증이 심한 사람이나 의리(義理)를 분
  별하지 못하는 어리석은 사람을 비유해 이르는 말.

031 老

늙을 로 [부수자]

긴 머리털에 허리를 굽혀 지팡이를 손에 잡은 '노인'의 모습을 본뜬 글자이다.

殷: 갑골문

秦: 소전체

漢: 예서체

參考 ▶ 부수로 쓸 때에는 「耂」의 형태로 쓴다.

部首位置 ▶

「耂」가 위에 ① 考(상고할 고) ② 耆(늙은이 기) ③ 者(놈 자)

活用單語 ▶

- 老母(노모) : 늙은 어머니.
- 敬老(경로) : 늙은 사람을 공경하는 일.
- 老少(노소) : 늙은이와 젊은이.
- 老眼(노안) : 늙어 시력이 나빠짐, 또는 그런 눈.
- 老衰(노쇠) : 늙고 쇠약함.
- 老婆心(노파심) : 남의 일에 대하여 지나치게 염려(念慮)하는 마음.

四字成語

- 一怒一老(일노일로) : 한 번 화를 내면 한 번 늙음.
- 江山不老(강산불로) : 강산은 늙지 않고 영구(永久) 불변(不變)이라는 뜻으로, 불로장생(不老長生)을 비는 말.
- 百年偕老(백년해로) : 부부가 서로 사이좋고 화락(和樂)하게 같이 늙음을 이르는 말.

아이 **아** [儿 부수]

정수리의 숨구멍이 덜 굳은 '아기'의 모습을 본뜬 글자이다.

殷: 갑골문

秦: 소전체

漢: 예서체

參考 '兒'자와 비슷한 글자로 兌(바꿀 태), 兎(토끼 토), 兇(흉할 흉), 克(이길 극) 등이 있다.

活用單語

- 兒名(아명) : 아이 때의 이름.
- 兒孩(아해) : 아이.
- 孤兒(고아) : 부모를 여의어 몸 붙일 곳이 없는 아이.
- 未熟兒(미숙아) : 달을 못 채우고 태어났거나, 태어났을 때 몸무게가 2.5kg이 못 되는 아이.
- 麒麟兒(기린아) : 재주와 지혜가 썩 뛰어난 사람.

聲符字(兒가 음으로 쓰이는 글자)

唲(선웃음칠 아)

四字成語

- 義氣男兒(의기남아) : 의기가 있는 남자.
- 黃口小兒(황구소아) : 새 새끼의 주둥이가 노랗다는 뜻에서, '어린아이'를 일컬음. 또한 철없이 미숙한 사람을 낮잡아 이르는 말.
- 襁褓幼兒(강보유아) : 아직 걷지 못하여 포대기에 싸서 기르는 어린 아기.

033

벗 붕 [月 부수]

본래 보배조개 껍데기를 끈에 꿰어 놓은 것을 본뜬 것인데, 뒤에 '벗'의 뜻으로 쓰였다.

周: 금문

秦: 소전체

漢: 예서체

參考 ▶ 옛날에는 同志로서 벗은 「友」라 하고, 同門으로서의 벗은 「朋」이라 하였는데, 오늘날은 서로 사귀는 친구를 모두 「朋友」라고 한다.

活用單語

● 朋友(붕우) : 벗. 친구(親舊).
● 高朋(고붕) : 인품과 행동거지가 뛰어난 벗.
● 朋黨(붕당) : 이해(理解)나 주의(主義) 따위를 함께 하는 사람끼리 뭉친 집단.
● 信朋(신붕) : 서로 믿는 벗.

聲符字(朋이 음으로 쓰이는 글자)

崩(무너질 붕), 硼(붕산 붕), 鵬(붕새 붕), 繃(묶을 붕)

四字成語

● 朋友責善(붕우책선) : 벗이 서로 좋은 행실을 권함.
● 同門爲朋(동문위붕) : 같은 스승 밑에서 공부한 벗.
● 朋友有信(붕우유신) : 친구 사이의 도리(道理)는 믿음에 있다는 뜻으로, 오륜(五倫)의 하나.

벗 우 [又 부수]

손과 손을 마주 잡는 모양을 본떠 '벗'의 뜻을 나타낸 글자이다.

殷: 갑골문

秦: 소전체

漢: 예서체

參考 '又(또 우)' 자는 본래 오른손을 간략히 본뜬 글자이다. 「友(벗 우)」와 비슷한 글자로 反(돌이킬 반), 及(미칠 급), 乃(이에 내) 등이 있다.

活用單語

- 友好(우호) : 벗으로 사귐. 국가나 개인의 사이가 서로 좋음.
- 友情(우정) : 친구 사이의 정.
- 學友(학우) : 학교에서 같이 공부하는 벗. 학문상의 벗.
- 友邦(우방) : 서로 우호적인 관계를 맺고 있는 나라.
- 戰友(전우) : 전장(戰場)에서 승리를 위해 생활과 전투를 함께 하는 동료.

四字成語

- 讀書尙友(독서상우) : 책을 읽음으로써 옛 현인(賢人)들과 벗이 될 수 있다는 말.
- 莫逆之友(막역지우) : 마음이 맞아 서로 거스르는 일이 없는, 생사(生死)를 같이할 수 있는 친밀한 벗.
- 兄友弟恭(형우제공) : 형은 아우를 사랑하고 동생은 형을 공경한다는 뜻으로, 형제 간에 서로 우애 깊게 지냄을 이르는 말.

사람 인 [부수자]

본래 남자 어른의 옆모습을 본뜬 글자인데, 뒤에 남녀노소를 두루 일컫는 '사람'을 뜻하는 글자가 된 것이다.

殷: 갑골문

秦: 소전체

漢: 예서체

部首位置

「人」이 위에　①令(하여금 령)　②企(꾀할 기)　③余(나 여)

「人」이 왼쪽에　①仁(어질 인)　②代(대신 대)　③付(줄 부)
　　　　　　　④仕(벼슬 사)　⑤仙(신선 선)　⑥他(남 타)
　　　　　　　⑦伐(칠 벌)　　⑧作(지을 작)　⑨信(믿을 신)

「人」이 오른쪽에　①以(써 이)

「人」이 양쪽에　　①來(올 래)

活用單語

● 小人(소인) : 나이 어린 사람. 몸집이 몹시 작은 사람. 간사(奸邪)하고 도량(度量)이 좁은 사람. 무식(無識)하고 천한 사람.

● 人家(인가) : 사람이 사는 집.

● 偉人(위인) : 뛰어나고 위대(偉大)한 사람.

● 令夫人(영부인) : 지체 높은 사람의 '아내'를 높여서 일컫는 말.

四字成語

● 佳人薄命(가인박명) : 여자의 용모가 너무 아름다우면 운명이 기박(奇薄)하고 명이 짧다는 말.

● 眼下無人(안하무인) : 눈 아래에 사람이 없다는 뜻으로, 방자하고 교만하여 다른 사람을 업신여김을 이르는 말.

036 我

나 **아** [戈 부수]

본래 톱니가 있는 무기의 모양을 본뜬 것인데, 이 무기는 반드시 자기 쪽으로 잡아 당겨야 함으로 '나'를 가리키게 된 것이다.

殷: 갑골문

秦: 소전체

漢: 예서체

參考 '戈(창 과)' 자가 붙은 다음 글자들은 본래 모두 무기와 관계있는 글자이다.

예 伐(칠 벌), 成(이룰 성), 戊(별 무), 戌(개 술)

活用單語

- 我國(아국) : 우리나라.
- 我執(아집) : 자기중심의 좁은 생각에 집착하여 다른 사람의 의견이나 입장을 고려하지 아니하고 자기만을 내세우는 것.
- 自我(자아) : 사고, 감정, 의지 등의 여러 작용의 주관자로서 이 여러 작용에 수반하고, 또한 이를 통일하는 주체. 자기, 자신.

聲符字(我가 음으로 쓰이는 글자)

俄(잠시 아), 娥(예쁠 아), 餓(주릴 아), 蛾(나방 아)

四字成語

- 我田引水(아전인수) : 자기 논에 물 대기라는 뜻으로, 자기에게만 이롭게 되도록 생각하거나 행동함을 이르는 말.
- 無我陶醉(무아도취) : 자신의 존재를 완전히 잊고 흠뻑 취함.
- 自我實現(자아실현) : 자아의 본질을 완전히 실현하는 일.

一字千金 일자천금

진시황 때 재상인 여불위(呂不韋)는 당시 대학자들을 모아 여씨춘추(呂氏春秋)를 편찬하여 함양 성문에 걸어 놓고, "有能增損一字者, 予千金(유능증손일자자, 여천금)", 곧 누구라도 한 자를 더하거나 뺄 수 있는 사람이 있으면, 천금을 주겠다고 호언장담을 했다는 이야기가 사기(史記)에 전한다.

여기에서 '일자천금(一字千金)'이라는 성어가 유래되어 쓰인다. 오늘날 이 말은 한 자도 고칠 수 없는 완벽한 문장이라는 뜻으로 쓰인다.

우리는 글을 쓸 때, 정성을 다하여 누가 보아도 조사 하나라도 고칠 수 없는 일자천금의 정신으로 써야 할 것이다. 그러기 위해서는 스스로 고치고 또 고치는 퇴고(推敲)의 과정이 절대로 필요함을 잊지 말아야 할 것이다.

3 동물류 動物類

18자

牛, 犬, 羊, 豕, 兔
馬, 虎, 魚, 鳥, 象
鹿, 龍, 龜, 貝, 蟲
燕, 鳳, 焉

037 牛

소 우 [부수자]

소를 정면에서 바라본 모양을 본뜬 글자이다.

殷: 갑골문

秦: 소전체

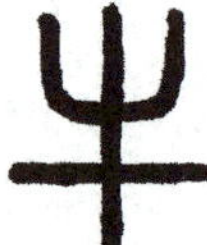

漢: 예서체

參考 ▶ 다른 글자의 변으로 쓰일 때는 「牜(소우변)」의 형태로 쓰인다.

部首位置

「牛」가 왼쪽에 ①牝(암컷 빈) ②牡(수컷 모) ③牧(칠 목) ④物(만물 물) ⑤犧(희생 희) ⑥牲(희생 생)

「牛」가 아래에 ①牢(우리 뢰) ②牽(끌 견)

活用單語

- 黃牛(황우) : 누런빛을 띤 소. 황소.
- 牛角(우각) : 소의 뿔.
- 碧昌牛(벽창우) : 평안북도 벽동(碧潼)과 창성(昌城) 지방의 크고 억센 소란 뜻으로, 미련하고 고집이 센 사람을 비유.
- 牽牛(견우) : '견우성(牽牛星)'의 준말. 나팔꽃.

聲符字(牛가 음으로 쓰이는 글자)

吽(물어뜯을 우)

四字成語

- 矯角殺牛(교각살우) : 소의 뿔을 바로잡으려다가 소를 죽인다는 뜻으로, 잘못된 점을 고치려다가 그 방법이나 정도가 지나쳐 오히려 일을 그르침을 이르는 말.

개 견 [부수자]

본래 개의 옆모양을 본뜬 글자인데, 세워서 쓴 것이다.

殷: 갑골문

秦: 소전체

漢: 예서체

參考 ▶ 다른 글자의 변으로 쓰일 때는 「犭(개사슴록변)」의 형태로 쓰인다.

部首位置

「犬」이 왼쪽에 ①犯(범할 범)　②狗(개 구)　③猛(사나울 맹)　④獨(홀로 독)　⑤獄(옥 옥)　⑥狂(미칠 광)　⑦猶(오히려 유) ⑧猪(돼지 저)

「犬」이 오른쪽에 ①狀(형상 상) ②獸(짐승 수) ③獻(드릴 헌)

活用單語

- 忠犬(충견) : 주인에게 충실(忠實)한 개. 충실한 앞잡이.
- 猛犬(맹견) : 사나운 개.
- 犬公(견공) : '개'를 의인화(擬人化)하여 일컫는 말.
- 狂犬(광견) : 미친 개.

聲符字(犬이 음으로 쓰이는 글자)

畎(밭도랑 견)

四字成語

- 犬馬之心(견마지심) : 개나 말이 주인을 위하는 마음이라는 뜻으로, 신하나 백성이 임금이나 나라에 충성하는 마음을 겸손하게 이르는 말.

羊

양 양 [부수자]

양을 정면에서 바라보고 특히 뿔을 강조하여 본뜬 글자이다.

↓

周: 금문

↓

秦: 소전체

↓

漢: 예서체

部首位置

「羊」이 위에 ①美(아름다울 미) ②義(옳을 의)
      ③羞(부끄러워할 수) ④羨(부러워할 선)
「羊」이 오른쪽에 ①群(무리 군)

活用單語

- 白羊(백양) : 흰 양.
- 羊毛(양모) : 양털.
- 山羊(산양) : 염소. 영양(羚羊).

聲符字(羊이 음으로 쓰이는 글자)

佯(거짓 양), 洋(바다 양), 痒(앓을 양)

四字成語

- 羊頭狗肉(양두구육) : 양 머리를 걸어놓고 개고기를 판다는 뜻으로, 겉은 훌륭해 보이나 속은 그렇지 못한 것.
- 九折羊腸(구절양장) : 아홉 번 꼬부라진 양의 창자라는 뜻으로, 꼬불꼬불하며 험한 산길을 이르는 말.
- 亡羊補牢(망양보뢰) : 양을 잃고 우리를 고친다는 뜻으로, 이미 어떤 일을 실패한 뒤에 뉘우쳐도 아무 소용이 없음을 이르는 말.

돼지 시 [부수자]

본래 돼지의 옆모양을 세워서 본뜬 글자이다.

殷: 갑골문

秦: 소전체

漢: 예서체

部首位置

「豕」가 아래에 　①豪(호걸 호) ②象(코끼리 상)

「豕」가 오른쪽에 ①豫(미리 예) ②豚(돼지 돈)

「豕」가 왼쪽에 　①猪(돼지 저)

活用單語

- 豕視(시시) : 돼지의 눈매로 사물을 봄. 불인(不仁)의 상(相).
- 封豕(봉시) : 큰 돼지.
- 豕喙(시훼) : 돼지주둥이라는 뜻으로, 인상에 욕심이 많아 보이는 사람을 이르는 말.

四字成語

- 遼東豕(요동시) : 견문(見聞)이 좁아 세상일을 모르고 저 혼자 득의양양(得意揚揚)함을 이르는 말. 옛날 요동의 어떤 돼지가 머리가 흰 새끼를 낳자, 이를 신기하게 여긴 주인이 임금께 바치려고 하동(河東)으로 가지고 갔다가 그곳 돼지는 모두 머리가 흰 것을 보고 부끄러워서 돌아왔다는 데서 유래한다.

토끼 **토**   [儿 부수]

토끼의 옆모양에서 특히 큰 귀를 강조하여 세워서 본뜬 글자이다.

參考 ‘兔’자는 ‘儿(밑사람 인)’ 부수자에 속해 있으나, 실은 사람과 관계없는 글자이다. ‘兎’자는 俗字이다.

殷: 갑골문

活用單語

- 白兔(백토) : 흰 토끼.
- 玉兔(옥토) : 옥토끼. (그 속에 토끼가 있다는 데서) 달을 달리 이르는 말.
- 烏兔(오토) : (태양 속에는 세 발 돋친 까마귀가 살고, 달 속에는 토끼가 산다는 전설에서) 해와 달을 달리 이르는 말.
- 兔糞(토분) : 검고 동글동글한 토끼의 똥.

秦: 소전체

聲符字(兔가 음으로 쓰이는 글자)

菟(새삼 토, 범 도)

四字成語

漢: 예서체

- 犬兔之爭(견토지쟁) : 개와 토끼의 다툼이라는 뜻으로, 양자(兩者)의 싸움에서 제3자가 이익(利益)을 봄.
- 兔死狗烹(토사구팽) : 사냥하러 가서 토끼를 잡으면, 사냥하던 개는 쓸모가 없게 되어 삶아 먹는다는 뜻으로, ‘요긴한 때는 소중히 여기다가도 쓸모가 없게 되면 천대(賤待)하고 쉽게 버림’을 비유하여 이르는 말.

馬

말 **마** [부수자]
말의 모양을 본떠 세워 놓은 글자이다.

殷: 갑골문

秦: 소전체

漢: 예서체

部首位置

「馬」가 아래에 ①驚(놀랄 경) ②駕(멍에 가) ③騰(오를 등)

「馬」가 왼쪽에 ①驅(몰 구)　②驛(역 역)　③驗(시험 험)

　　　　　　　④騎(말탈 기) ⑤騷(시끄러울 소)

活用單語

● 馬車(마차) : 말이 끄는 수레.

● 競馬(경마) : 일정한 거리를 말을 타고 달려 빠르기를 겨루는 경기.

● 馬廐間(마구간) : 말을 기르는 곳.

聲符字(馬가 음으로 쓰이는 글자)

碼(마노 마), 媽(어미 마), 罵(욕할 매)

四字成語

● 塞翁之馬(새옹지마) : 북쪽 변방의 한 늙은이가 기르던 말이 달아났다가 한 필의 준마(駿馬)를 데리고 왔는데, 아들이 그 준마를 타다가 떨어져 절름발이가 되었으나 그로 말미암아 출전(出戰)을 면하여 목숨을 보전했다는 고사에서, 사람의 길흉화복(吉凶禍福)은 예측할 수 없음을 이르는 말.

● 竹馬故友(죽마고우) : 대나무 말을 타고 놀던 옛 친구(親舊)라는 뜻으로, 어릴 때부터 가까이 지내며 자란 친구를 이르는 말.

범 호 [虍 부수]

호랑이의 옆모양에서 특히 사납게 벌린 입 모양을 강조하여 본뜬 글자인데, 세워서 쓴 것이다.

殷: 갑골문

秦: 소전체

漢: 예서체

參考 '호랑이 없는 골에 토끼가 선생이라'는 말을 漢文으로 쓰면, '無虎洞中(무호동중) 兎子先生(토자선생)'이라고 한다.

活用單語

- 虎口(호구) : 범의 아가리라는 뜻으로, '매우 위태한 지경'을 비유하는 말.
- 虎皮(호피) : 털이 붙은 범의 가죽.
- 猛虎(맹호) : 사나운 범.
- 虎患(호환) : 범에게 당하는 화(禍).

聲符字(虎가 음으로 쓰이는 글자)

號(이름 호), 琥(호박 호)

四字成語

- 猛虎伏草(맹호복초) : '풀밭에 엎드려 있는 범'이란 뜻으로, 영웅(英雄)은 일시적으로는 숨어 있지만 때가 되면 반드시 세상에 드러난다는 말.
- 龍虎相搏(용호상박) : '용과 범이 서로 친다'는 뜻으로, 강자(强者)끼리 승부를 다툼의 비유.

물고기 **어** [부수자]
물고기의 옆모양을 세워서 본뜬 글자이다.

部首位置

「魚」가 위에　① 魯(노둔할 로)

「魚」가 왼쪽에 ① 鮮(고울 선) ② 鯨(고래 경) ③ 鰍(미꾸라지 추)

「魚」가 아래에 ① 鯊(상어 사) ② 鱉(자라 별)

周: 금문

活用單語

●活魚(활어) : 살아 있는 물고기.

●魚船(어선) : 고깃배.

●乾魚物(건어물) : 말린 물고기 · 조개류 따위.

●魚雷艇(어뢰정) : 어뢰를 쏘아 적의 배를 공격하는 날쌘 작은 배.

聲符字(魚가 음으로 쓰이는 글자)

漁(고기잡을 어)

秦: 소전체

四字成語

●魚頭肉尾(어두육미) : 물고기는 대가리 쪽이 맛이 있고, 짐승 고기는 꼬리 쪽이 맛이 있다는 말.

●水魚之交(수어지교) : 물이 없으면 살 수 없는 물고기와 물의 관계라는 뜻으로, 아주 친밀하여 떨어질 수 없는 사이를 비유적으로 이르는 말.

漢: 예서체

새 **조** [부수자]

새의 옆모양에서 날개를 강조하여 본뜬 글자이다.

殷: 갑골문

秦: 소전체

漢: 예서체

部首位置

「鳥」가 오른쪽에 ①鳴(울 명) ②鶴(학 학) ③鷗(갈매기 구)

「鳥」가 안에　　　①鳳(봉새 봉)

「鳥」가 아래에　　①鷺(해오라기 로) ②鷹(매 응) ③鶯(꾀꼬리 앵)

活用單語

- 吉鳥(길조) : 까치나 황새 따위와 같이 좋은 일이 생길 것을 미리 알려 주는 새.
- 鳥瞰(조감) : 새가 높은 하늘에서 아래를 내려다보는 것처럼 전체를 한눈으로 관찰함.
- 比翼鳥(비익조) : 암컷과 수컷의 눈과 날개가 하나씩이어서 짝을 짓지 아니하면 날지 못한다는 전설상의 새. 남녀나 부부 사이의 두터운 정을 비유적으로 이르는 말.

聲符字(鳥가 음으로 쓰이는 글자)

蔦(담쟁이 조)

四字成語

- 鳥足之血(조족지혈) : 새 발의 피라는 뜻으로, 매우 적은 분량을 비유적으로 이르는 말.

코끼리 **상** [豕 부수]

코끼리의 옆모양에서 특히 긴 코를 강조하여 세워서 본뜬 글자이다.

殷: 갑골문

秦: 소전체

漢: 예서체

參考 '象' 자를 사전에는 「豕(돼지 시)」 부수자에 넣어 놓았으나, 실제 돼지와는 관계없는 글자이다.

活用單語

- 象牙(상아) : 코끼리의 어금니.
- 氣象(기상) : 바람, 비, 구름, 눈 등 대기 중에서 일어나는 모든 현상.
- 印象(인상) : 어떤 대상(對象)을 보거나 듣거나 하였을 때, 그 대상이 사람의 마음에 주는 느낌.
- 象形(상형) : 사물의 형상(形象)을 본뜸.

聲符字(象이 음으로 쓰이는 글자)

像(모양 상), 橡(상수리나무 상)

四字成語

- 有象無象(유상무상) : 형체(形體)가 있는 것과 없는 것이라는 뜻으로, 천지(天地) 간에 있는 모든 물체.
- 千態萬象(천태만상) : 천차만별(千差萬別)의 상태.
- 森羅萬象(삼라만상) : 우주 안에 있는 온갖 사물과 현상.

사슴 **록** [부수자]

사슴의 옆모양에서 뿔과 눈을 강조하여 본뜬 글자이다.

殷: 갑골문

秦: 소전체

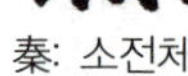

漢: 예서체

部首位置

「鹿」이 아래에 ①麗(고울 려) ②麓(산기슭 록)

「鹿」이 왼쪽에 ①麒(기린 기) ②麟(기린 린)

活用單語

- 鹿角(녹각) : 사슴뿔.
- 鹿茸(녹용) : 새로 돋은 사슴의 연한 뿔.
- 白鹿(백록) : 흰색 사슴.

聲符字(鹿이 음으로 쓰이는 글자)

麓(산기슭 록), 摝(흔들 록), 簏(대상자 록)

四字成語

- 指鹿爲馬(지록위마) : '사슴을 가리켜 말이라고 한다' 라는 뜻으로, 윗사람을 농락하여 권세(權勢)를 마음대로 함. 모순된 것을 끝까지 우겨서 남을 속이려는 짓을 비유적으로 이르는 말.
- 中原逐鹿(중원축록) : 중원은 천하, 사슴은 제왕(帝王)의 지위를 비유하여 제왕의 지위를 얻고자 다투는 일. 서로 경쟁하여 어떤 지위를 얻고자 하는 일.

048 龍

殷: 갑골문

秦: 소전체

漢: 예서체

部首位置

「龍」이 아래에 ①龐(클 방) ②龕(감실 감)
「龍」이 위에 　①龔(공손할 공)

活用單語

- 黃龍(황룡) : 누런빛의 용.
- 潛龍(잠룡) : 승천(昇天)의 때를 기다리며 물속에 잠겨 있는 용이라는 뜻으로, '얼마 동안 왕위에 오르지 않고 이를 피하고 있는 사람' 또는 '기회를 얻지 못한 영웅'을 이르는 말.
- 飛龍(비룡) : 하늘을 나는 용. 성인(聖人)이나 영웅(英雄)이 천자(天子)의 지위에 있음을 비유적으로 이르는 말.
- 袞龍袍(곤룡포) : 임금이 입는 정복(正服). 누른빛이나 붉은빛의 비단으로 지음.

聲符字(龍이 음으로 쓰이는 글자)

聾(귀먹을 롱), 壟(언덕 롱), 籠(대바구니 롱)

四字成語

- 畫龍點睛(화룡점정) : 용을 그릴 때 마지막에 눈을 그려 완성시킨다는 뜻으로, '가장 요긴한 부분을 마치어 일을 끝냄'을 이르는 말.

049

거북 **귀** [부수자]
거북의 옆모양을 세워서 본뜬 글자이다.

殷: 갑골문

秦: 소전체

漢: 예서체

「龜」가 오른쪽에 ① 穐(가을 추, 秋의 古字)

※ 임진왜란(壬辰倭亂) 때 이순신(李舜臣) 장군이 만든 거북선을 '龜船(귀선)'이라고도 한다.

※ '龜' 자는 인명이나 지명에 '구'로, '거북'의 뜻으로는 '귀'로 된다. '틈'이라는 뜻으로는 '균'으로 발음된다.

活用單語

● 龜甲(귀갑) : 거북의 등딱지.

● 龜船(귀선) : 거북선.

● 龜裂(균열) : 거북의 등에 있는 무늬처럼 갈라져서 터지는 것.

● 龜鑑(귀감) : 거울로 삼아 본받을 만한 모범.

四字成語

● 龜胸龜背(귀흉귀배) : 안팎곱사등이.

● 盲龜遇木(맹귀우목) : 눈먼 거북이 우연히 뜬 나무를 붙잡았다는 뜻으로, 어려운 형편에 우연히 행운을 얻게 됨을 이르는 말.

● 兎角龜毛(토각귀모) : 토끼의 뿔과 거북이의 털이라는 뜻으로, 세상에 없는 것을 이르는 말.

조개 **패** [부수자]

옛날 돈으로 썼던 보배조개의 모양을 본뜬 글자이다.

周: 금문

秦: 소전체

漢: 예서체

部首位置

「貝」가 아래에 ①貞(곧을 정) ②負(질 부) ③貢(바칠 공)
　　　　　　 ④貫(꿸 관)　 ⑤貧(가난할 빈)
「貝」가 왼쪽에 ①財(재물 재) ②販(팔 판) ③貯(쌓을 저)
　　　　　　 ④賊(도적 적) ⑤贈(줄 증)
「貝」가 오른쪽에 ①賴(의뢰할 뢰)

活用單語

- 貝類(패류) : 연체동물(軟體動物) 중의 조개.
- 貝物(패물) : 산호(珊瑚), 호박(琥珀), 수정(水晶), 대모(玳瑁) 등으로 만든 값진 물건.
- 貝甲(패갑) : 조개의 껍데기.
- 貝塚(패총) : 원시인(原始人)이 까먹고 버린 조개 껍데기가 쌓이어 무덤처럼 이루어진 무더기.

聲符字(貝가 음으로 쓰이는 글자)

敗(패할 패), 狽(이리 패), 浿(강 이름 패), 唄(찬불 패)

四字成語

- 金銀寶貝(금은보패) : 금, 은, 옥, 진주 등의 귀중한 보물. '금은보배'의 원말.

벌레 **충** [虫 부수]

본래 뱀의 모양을 본뜬 것인데, 뒤에 벌레를 뜻하는 蟲(벌레 충)자로 되었다.

參考 다른 글자의 부수로 쓸 때는 「虫(벌레 훼)」로만 쓴다.

部首位置

「虫」가 왼쪽에 ①蛇(뱀 사) ②螳(사마귀 당) ③蚊(모기 문)
④虹(무지개 홍) ⑤蜂(벌 봉)

「虫」가 아래에 ①蜜(꿀 밀) ②螢(반딧불 형) ③蟄(숨을 칩)
④蟹(게 해) ⑤蠶(누에 잠)

「虫」가 오른쪽에 ①融(화할 융)

活用單語

- 寸蟲(촌충) : 촌충류에 속하는 기생충(寄生蟲)의 총칭.
- 長蟲(장충) : 뱀을 달리 일컫는 말. '회충(蛔蟲)'을 한방(韓方)에서 이르는 말.
- 病蟲(병충) : 농작물(農作物)을 병들게 하는 벌레.
- 蟲害(충해) : 해충(害蟲)으로 인하여 농작물이 입는 피해.

四字成語

- 鼠肝蟲臂(서간충비) : '쥐의 간과 벌레의 팔'이라는 뜻으로, '아주 하잘것없이 미천한 물건을 일컫는 말.

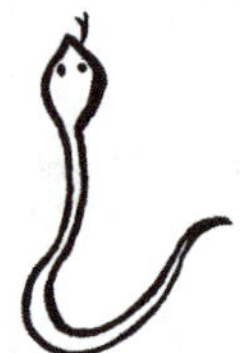

殷: 갑골문

秦: 소전체

漢: 예서체

제비 **연**   [火 부수]

제비의 나는 모습을 본뜬 글자이다.

殷: 갑골문

殷: 갑골문

秦: 소전체

漢: 예서체

参考 ‘燕’ 자는 ‘火(불 화)’ 부수자에 속한다. 그러나 불과는 관계없는 글자이다.

活用單語

- 春燕(춘연) : 봄 제비.
- 燕京(연경) : 중국 ‘북경(北京)’의 옛 이름.
- 燕尾服(연미복) : 남자용 서양 예복(禮服).
- 燕巢(연소) : 제비의 보금자리.

聲符字(燕이 음으로 쓰이는 글자)

嚥(삼킬 연), 臙(연지 연), 曣(청명할 연)

四字成語

- 魚目燕石(어목연석) : ‘물고기의 눈과 연산(燕山)의 돌’이라는 뜻으로, ①두 가지 모두 옥(玉)과 비슷하나 옥이 아닌 데서 허위를 진실로, 현인(賢人)을 우인(愚人)으로 혼동함을 이르는 말. ② ‘거짓이 진실을 어지럽힘’을 비유함.
- 燕雁代飛(연안대비) : ‘제비가 날아올 즈음 기러기는 떠난다’는 뜻으로, 사람의 일이 서로 어긋남을 이르는 말.

參考 본래 봉새의 깃털 모양을 본뜬 글자인데, 뒤에 '凡(무릇 범)' 자를 더하여 형성자로서 '鳳' 자가 되었다.

※ '鳳' 자를 '凰' 과 같이 쓰면 안 된다.

※ '鳳' 의 암컷은 '凰(황)' 이라고 한다.

殷: 갑골문

秦: 소전체

漢: 예서체

活用單語

● 龍鳳(용봉) : ①용과 봉황(鳳凰). ②뛰어난 인물의 비유.

● 雛鳳(추봉) : '봉의 새끼' 라는 뜻으로, 훌륭하게 뛰어난 자제(子弟)의 비유.

● 鳳凰(봉황) : 예로부터 중국의 전설에 나오는, 상서로움을 상징하는 상상의 새.

● 鳳湯(봉탕) : '닭국' 을 익살맞게 일컫는 말.

四字成語

● 龍味鳳湯(용미봉탕) : 맛이 매우 좋은 음식을 가리키는 말.

● 龍飛鳳舞(용비봉무) : '용이 날고 봉이 춤춘다' 는 뜻으로, '산천(山川)이 수려(秀麗)하고 생동하는 신령(神靈)한 기세(氣勢)' 를 비유하는 말.

어찌 **언** [火 부수]

본래 봉황의 모양을 본뜬 글자인데, 뒤에 어조사로 쓰이게 되었다.

周: 금문

秦: 소전체

漢: 예서체

參考 '焉'과 비슷한 글자 : 鳥(새 조), 烏(까마귀 오), 薦(천거할 천).

活用單語

- 忽焉(홀언) : 뜻하지 않은 사이에 갑자기.
- 於焉(어언) : 벌써, 어느새.
- 終焉(종언) : 없어지거나 죽어서 존재가 사라짐. 계속하던 일이 끝장이 남.
- 於焉間(어언간) : 어느덧.

聲符字(焉이 음으로 쓰이는 글자)

鄢(고을 이름 언), 嗎(즐길 언), 嫣(싱긋 웃을 언)

四字成語

- 焉敢生心(언감생심) : '어찌 감히 그런 마음을 먹을 수 있으랴' 의 뜻.
- 吾不關焉(오불관언) : 나는 그 일에 상관하지 아니함.
- 有數存焉(유수존언) : 운수가 있어야 됨.

螢雪之功 형설지공

졸업을 축하할 때 흔히 쓰이는 말로 '형설지공(螢雪之功)'이라는 말이 있다. 곧 많은 고생을 하면서 열심히 공부하여 얻은 보람의 뜻을 지닌 고사성어이다.

이 말은 진서(晋書)에 전하는 고사로서 진(晋)나라 때 차윤(車胤)이라는 선비는 가난하여 기름이 없어서 반딧불로 비추어 책을 읽었으나, 벼슬이 상서랑에 이르렀고, 손강(孫康)이라는 선비도 역시 가난하여 눈빛에 비추어 책을 읽었으나, 벼슬이 어사대부에 이르렀다고 한다.

이처럼 차윤은 반딧불(螢), 손강은 눈빛(雪)의 공으로 성공하였다 하여 '螢雪之功'이라는 성어가 생겼음을 알고, 오늘날 대낮같이 밝은 전등불빛 밑에 책을 읽는 자신의 좋은 환경을 생각하면, 책을 열심히 읽지 않을 수 없을 것이다.

4
植物類
식물류
12자
木, 竹, 桑, 禾, 米
來, 果, 栗, 華, 苗
瓜, 豆

055

나무 **목** [부수자]
잎이 떨어진 나무의 모양을 본뜬 글자이다.

「木」이 본자로 ①本(근본 본)　②末(끝 말)　③束(묶을 속)
　　　　　　　④東(동녘 동)
「木」이 위에　①李(오얏 리)　②査(조사할 사)
「木」이 아래에 ①架(시렁 가)　②染(물들일 염) ③栗(밤 률)
「木」이 왼쪽　①朴(순박할 박) ②杯(잔 배)　　③材(재목 재)
「木」이 거듭　①林(수풀 림)　②森(나무 빽빽할 삼)

- 伐木(벌목) : 나무를 벰.
- 木簡(목간) : 종이가 없던 때에 문서나 편지로 쓰인, 글을 적은 나뭇조각.
- 材木(재목) : ①건축이나 토목(土木) 또는 기구(器具) 등의 재료로 쓰이는 나무. ②어떤 직위에 알맞은 인물.

沐(머리 감을 목), 蚞(쓰르라미 목), 杢(목수 목)

- 山川草木(산천초목) : 산천(山川)과 초목(草木). 곧 산과 물과 나무와 풀이라는 뜻으로, 자연을 일컫는 말.

殷: 갑골문

秦: 소전체

漢: 예서체

대 **죽** [부수자]

대나무 잎의 모양을 본뜬 글자이다.

周: 금문

秦: 소전체

漢: 예서체

部首位置

「竹」이 위에 ①笑(웃을 소)　②笛(피리 적) ③筆(붓 필)
④答(대답할 답) ⑤等(무리 등) ⑥策(꾀 책)
⑦節(마디 절)　⑧算(셈할 산) ⑨管(대롱 관)
⑩範(법 범)　⑪籍(문서 적)

活用單語

- 梅竹(매죽) : 매화나무와 대나무.
- 長竹(장죽) : 긴 담뱃대.
- 竹簡(죽간) : 종이가 발명되기 전에 글자를 기록하던 대나무 조각, 또는 대나무 조각을 엮어서 만든 책.
- 爆竹(폭죽) : 가느다란 대통이나 종이통 속에 화약을 다져 넣고 불을 붙여 터뜨려 소리나 불꽃이 나게 하는 물건.

四字成語

- 破竹之勢(파죽지세) : '대를 쪼개는 기세(氣勢)'라는 뜻으로, 적을 거침없이 물리치고 쳐들어가는 기세를 이르는 말.
- 竹馬故友(죽마고우) : '대말을 타고 놀던 벗'이란 뜻으로, 어릴 때부터 같이 놀며 자란 벗.
- 雨後竹筍(우후죽순) : '비가 온 뒤에 솟는 죽순'이라는 뜻으로, 어떤 일이 일시에 많이 일어남을 이르는 말.

057

뽕나무 상 [木 부수]

뽕나무의 모양을 본뜬 글자이다.

殷: 갑골문

秦: 소전체

漢: 예서체

參考 ‘木‘ 부수자에 속하는 글자는 모두 나무의 이름 이나 나무와 관계 있다.

活用單語

- 農桑(농상) : 농사일과 누에치는 일.
- 桑實(상실) : 오디(뽕나무 열매).
- 桑稼(상가) : 누에치는 일과 농사짓는 일. 곧 양잠(養蠶)과 경작(耕作).
- 扶桑(부상) : ① 해가 돋는 동쪽 바다. ② 동쪽 바닷속에 해 가 뜨는 곳에 있다고 하는 나무.

四字成語

- 桑根白皮(상근백피) : 뽕나무 뿌리의 속껍질.
- 桑田碧海(상전벽해) : ‘뽕나무 밭이 변하여 푸른 바 다가 된다’ 는 뜻으로, 세상일의 변천(變遷)이 심함 을 비유적으로 이르는 말.
- 桑梓之鄕(상자지향) : 뽕나무와 가래나무를 심어서 자손에게 양잠과 기구 만들기에 힘쓰게 했다는 뜻 에서 ‘조상의 무덤이 있는 고향’ 을 일컫는 말.

058

벼 **화** [부수자]
벼 이삭이 늘어진 모양을 본뜬 글자이다.

殷: 갑골문

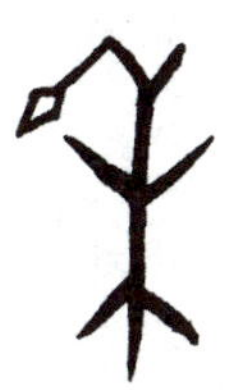

秦: 소전체

漢: 예서체

「禾」가 위에   ①秀(빼어날 수)

「禾」가 아래에   ①穀(곡식 곡)

「禾」가 왼쪽에   ①秋(가을 추)   ②租(조세 조) ③稻(벼 도)
        ④私(사사로울 사) ⑤積(쌓을 적)

●禾穀類(화곡류) : 벼, 보리, 밀, 조, 옥수수 따위의 곡식류.
●禾黍(화서) : 벼와 기장.
●禾苗(화묘) : 벼의 모.
●嘉禾(가화) : 낟알이 많이 붙은 잘된 곡식.
●禾尺(화척) : ①버드나무의 수공이나 소 잡는 일을 생업으
로 하던 천민. 뒤에 '백정' 이라 불렀다. ②광대.

和(화할 화), 鉌(방울 화)

●萬頃禾穗(만경화수) : 끝없는 들판에 벼 이삭이 가
득함.

殷: 갑골문

秦: 소전체

漢: 예서체

部首位置

「米」가 위에 　①糞(똥 분)

「米」가 아래에 ①粟(조 속)　②粱(기장 량)

「米」가 왼쪽에 ①粉(가루 분) ②精(찧을 정) ③糖(설탕 당)

「米」가 가운데 ①粥(죽 죽)

活用單語

- 軍需米(군수미) : 군량(軍糧)에 쓰는 쌀이나 곡식.
- 供養米(공양미) : 부처에게 공양으로 바치는 쌀.
- 玄米(현미) : 벼를 타서 왕겨만 벗기고 속겨는 벗기지 아니한 쌀.
- 恤米(휼미) : 정부에서 이재민(罹災民)을 구제(救濟)하기 위하여 주는 쌀.

聲符字(米가 음으로 쓰이는 글자)

迷(미혹할 미), 謎(수수께끼 미)

四字成語

- 政府保有米(정부보유미) : 정부미(政府米).
- 米作換地(미작환지) : 이미 개간되어 있어 논을 만들 수 있는 땅.

060

올 래 [人 부수]

보리 이삭이 패 있는 모양을 본뜬 것이다.

殷: 갑골문

秦: 소전체

漢: 예서체

参考 본래 보리 이삭이 패 있는 모양을 본뜬 것인데, 뒤에 '오다' 의 뜻으로 변하여 다시 「麥(보리 맥)」자를 만들었다.

※ 보리는 이른 봄에 반드시 밟아주고 와야 하기 때문에 「오다」의 뜻으로 轉義된 것이다. 그러므로 「麥」의 밑에 쓰인 「夂」은 「저녁 석」자가 아니라, 갑골문의 발의 모양을 형상하였다. 보리와 밀을 구별할 때, 보리는 '大麥(대맥)', 밀은 '小麥(소맥)' 이라고 한다.

活用單語

- 近來(근래) : 가까운 요즈음.
- 來襲(내습) : 습격(襲擊)해 옴.
- 到來(도래) : 닥쳐옴.
- 傳來(전래) : 전하여 내려옴. 다른 나라로부터 전하여 들어옴.

聲符字(來가 음으로 쓰이는 글자)

萊(명아주 래), 崍(산 이름 래), 睞(한눈팔 래)

四字成語

- 捲土重來(권토중래) : '땅을 마는 것 같은 세력으로 다시 온다' 는 뜻으로, 한 번 실패에 굴하지 않고 몇 번이고 다시 일어남. 패한 자가 세력을 되찾아 다시 쳐들어옴.

실과 **과** [木 부수]
나무에 실과가 달린 것을 본뜬 글자이다.

殷: 갑골문

秦: 소전체

漢: 예서체

參考 ▶ '果' 자는 마치 '田' 과 '木' 자가 합쳐진 것 같지만, '田' 과는 관계없이 열매의 모양이 변한 것이다. 그러므로 '果' 는 '木' 부에 속하는 글자이다.

活用單語

- 結果(결과) : 열매를 맺음, 혹은 그 열매. 결실(結實). 어떤 원인에서 초래된 결말의 상태.
- 果敢(과감) : 과단성이 있고 용감함.
- 果斷(과단) : 딱 잘라서 결정함. 과단하다.
- 果樹(과수) : 식용의 목적으로 열매를 거두기 위해 재배하는 나무.
- 果然(과연) : 정말로. 실지로. 참으로.
- 沙果(사과) : 사과나무의 열매.

聲符字(果가 음으로 쓰이는 글자)

菓(과일 과), 課(매길 과), 顆(낟알 과), 夥(많을 과), 窠(보금자리 과)

四字成語

- 因果應報(인과응보) : 좋은 일에는 좋은 결과가, 나쁜 일에는 나쁜 결과가 따름.

밤 률 [木 부수]

나무에 밤이 달린 모양을 본뜬 글자이다.

參考 '栗'(밤 률)과 비슷한 글자로 '票'(쪽지 표), '粟'(조 속)이 있다.

活用單語

- 生栗(생률) : 날밤. 껍질을 벗기고 나부죽하게 쳐서 깎은 밤.
- 栗園(율원) : 밤나무 동산.
- 栗谷(율곡) : 이이(李珥)의 호(號).
- 甘栗(감률) : 맛이 단 밤. 가열(加熱)한 모래 속에 넣고 저어서 익힌 군밤.
- 熟栗(숙률) : 삶은 밤.
- 割栗石(할률석) : 밤자갈.

聲符字(栗이 음으로 쓰이는 글자)

慄(두려워할 률), 壗(막을 률), 㨖(가릴 률)

四字成語

- 棗栗梨柿(조율이시) : 제사에 사용하는 대추, 밤, 배, 감 등의 과실.
- 棗栗米飮(조율미음) : 대추, 밤, 찹쌀을 함께 끓여서 만든 미음.
- 棗東栗西(조동율서) : 제상에 제물을 차릴 때 '대추는 동쪽에, 밤은 서쪽에 놓음'을 이르는 말.

殷: 갑골문

秦: 소전체

漢: 예서체

063

빛날 **화** [艸 부수]

꽃이 핀 모양을 본뜬 것인데, 뒤에 '빛나다'의 뜻으로 쓰이게 되어, 다시 '花'(꽃 화)자를 만들었다.

周: 금문

秦: 소전체

漢: 예서체

參考 ▶ '華'(빛날 화)와 모양이 비슷한 글자로 '乘'(탈 승), '畢'(마칠 필), '垂'(드리울 수) 등이 있다.

活用單語

- 慕華(모화) : 중국이나 중국 것을 섬김.
- 榮華(영화) : 세상에 드러나는 영광.
- 中華(중화) : 한민족(漢民族)이 주위의 여러 민족을 야만시하고 자기네 나라가 세계의 중앙에 위치한 가장 문명한 나라라는 뜻으로 일컫는 말.
- 豪華(호화) : 사치스럽고 화려함.
- 華僑(화교) : 외국에 가서 사는 중국 사람.

聲符字(華가 음으로 쓰이는 글자)

樺(자작나무 화), 譁(시끄러울 화), 嫭(여자이름 화), 鷨(뻐꾸기 화)

四字成語

- 華夷思想(화이사상) : 중국에서, 자기 나라는 中華라 하여 존중시하고 다른 민족은 이적(夷狄)이라 하여 천대하던 사상.
- 華燭洞房(화촉동방) : 혼인 때 새서방과 새색시가 함께 자는 방.
- 華胥之夢(화서지몽) : 중국의 옛일에서 나온 말로, '낮잠' 또는 '좋은 꿈'의 뜻으로 일컫는 말.

064

싹 묘 [艸 부수]

밭에 곡식의 싹이 자라고 있는 상태를 본뜬 글자이다.

周: 금문

秦: 소전체

漢: 예서체

參考 ‘艹’(풀 초) 밑에 쓰이는 글자는 거의 식물 이름이나 식물과 관계 있는 글자로 알면 된다.

活用單語

- 苗木(묘목) : 옮겨 심는 어린 나무.
- 苗裔(묘예) : 대가 오래된 자손.
- 苗板(묘판) : 못자리. 모판.
- 種苗(종묘) : 씨나 싹을 심어서 모종이나 묘목 따위를 가꿈, 또는 그런 모종이나 묘목.
- 苗圃(묘포) : 묘목을 심어서 세우는 푯돌.
- 苗族(묘족) : 중국 귀주성(貴州省)·운남성(雲南省)·호남성(湖南省) 등지에 사는 소수 민족.

聲符字(苗가 음으로 쓰이는 글자)

描(그릴 묘), 猫(고양이 묘), 錨(닻 묘), 媌(눈매 고울 묘)

四字成語

- 揠苗助長(알묘조장) : 성공을 서두르다가 도리어 해를 당함의 뜻. 송나라의 한 농부가 벼가 빨리 자라게 하기 위해 벼를 뽑아 길게 늘여놓았다는 데서 유래.
- 溫床育苗(온상육묘) : 온상에서 모를 기르는 일. 주로 가을에 파종하는 화초·선인장·토마토·오이·호박·가지 등을 기른다.

오이 **과** [부수자]

오이 덩굴에 오이가 달려 있는 모양을 본뜬 글자이다.

周: 금문

秦: 소전체

漢: 예서체

參考 '瓜'와 비슷한 글자로 '爪'(손톱 조)가 있으니 잘 구별해야 한다.

部首位置

「瓜」가 오른쪽에 ①瓠(표주박 호) ②瓢(박 표)
「瓜」가 가운데에 ①瓣(꽃잎 판)

活用單語

- 瓜年(과년) : 여자가 결혼할 시기에 이른 나이. 벼슬의 임기가 찬 해.
- 甘瓜(감과) : 참외.
- 瓜期(과기) : 기한이 참. 벼슬의 임기. 여자의 열대여섯 살 때.
- 南瓜(남과) : 호박.

聲符字(瓜가 음으로 쓰이는 글자)

坬(산비탈 과), 孤(외로울 고), 呱(울 고)

四字成語

- 破瓜之年(파과지년) : 여자의 열여섯 살, 또는 남자의 예순네 살 때.
- 種瓜得瓜(종과득과) : 오이를 심으면 오이가 난다는 뜻으로, 어떤 원인이 있으면 반드시 거기에 따른 결과가 있음을 이르는 말.

豆

콩 **두** [부수자]

본래는 제사지낼 때 쓰는 굽이 높은 그릇의 모양을 본뜬 것인데, 뒤에 '콩'의 뜻으로 쓰이게 되었다.

殷: 갑골문

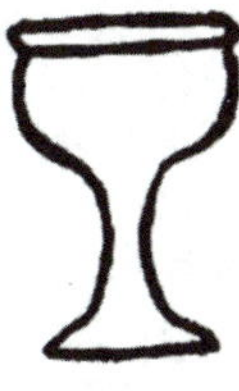

秦: 소전체

漢: 예서체

部首位置

「豆」가 아래에 ①豈(어찌 기) ②豐(풍년 풍) ③豎(더벅머리 수)

「豆」가 왼쪽에 ①豌(완두 완)

活用單語

● 大豆(대두) : 콩.

● 綠豆(녹두) : 밭에 심는 콩과의 한해살이풀. 여름에 꽃이 피며, 열매는 둥글고 긴 꼬투리로 되었으며 익으면 검은데 씨는 팥보다 더 작고, 녹색이다.

● 豆腐(두부) : 물에 불린 콩을 매에 갈아 베자루에 넣고 짜낸 콩물을 익힌 다음 간수를 쳐서 엉기게 한 식품.

● 豆乳(두유) : 진하게 만든 콩국. 우유나 모유의 대용으로 쓰임.

聲符字(豆가 음으로 쓰이는 글자)

頭(머리 두), 荳(콩 두), 痘(마마 두), 逗(머무를 두)

四字成語

● 種豆得豆(종두득두) : 콩 심은 데 콩이 나듯, 원인에 따라 결과가 나온다는 뜻.

狐假虎威 호가호위

　남의 위엄이나 힘을 이용하여 거드럭거릴 때 비유하여 호가
호위(弧假虎威), 곧 여우가 호랑이의 위세를 빌리다라는 말을
쓴다.

　약 2000년 전 전한(前漢)시대 유향(劉向)이 지은 「전국책(戰國
策)」에 실린 이야기로 고차원의 비유법을 쓴 사자성어이다.

　호랑이가 여우를 만나 잡아먹으려고 하니, 여우가 순간적으
로 간교한 말로 천연스럽게 대하였다. 그대는 결코 나를 잡아
먹지 못할 것이다. 왜냐하면 하느님이 나를 뭇 짐승의 우두머
리를 삼았으니, 만일 그대가 나를 잡아먹는다면 하느님이 크
게 노하실 것이다. 만일 내 말을 믿지 못한다면, 내가 앞서 갈
터이니 그대는 뒤를 따르면서 뭇 짐승들이 도망을 가는지 안
가는지 보라고 하였다. 과연 뭇 짐승들이 도망치니, 호랑이는
여우 때문에 도망치는 줄 알고 여우를 두려워했다는 이야기다.

　세상에는 남의 위세를 빌리어 자신의 이득을 취하는 사람이
적지 않으니 경계해야 할 것이다.

5

천체류

10자

日, 月, 星, 光, 雨
雲, 雪, 雷, 電, 雹

067

날 **일** [부수자]

해에는 옛날부터 다리가 셋 달린 금까마귀가 살고 있어 날개를 펼 때 금빛이 반사되어 햇빛이 반짝인다는 전설에 따라, 둥근 해를 그리고 그 속에 금까마귀를 표시한 글자이다.

周: 금문

秦: 소전체

漢: 예서체

部首位置

「日」이 위에 　①旦(아침 단) ②昌(창성할 창) ③是(이 시)
　　　　　　　④星(별 성) 　⑤景(볕 경) 　⑥暑(더울 서)

「日」이 아래에 ①智(슬기 지) ②春(봄 춘) 　③旨(뜻 지)
　　　　　　　④暮(저물 모)

「日」이 왼쪽에 ①明(밝을 명) ②暗(어두울 암) ③時(때 시)
　　　　　　　④映(비칠 영) ⑤晩(저물 만)

「日」이 거듭 　①晶(수정 정)

活用單語

●隔日(격일) : 하루를 거르거나 하루씩 거름.
●忌日(기일) : 사람이 죽은 날. 제삿날. 꺼리는 날.
●明日(명일) : 내일(來日).

聲符字(日이 음으로 쓰이는 글자)

馹(역말 일), 鈤(게르마늄 일)

四字成語

●日新又日新(일신우일신) : 날로 새로워짐.
●一日三秋(일일삼추) : 하루가 3년처럼 길게 느껴짐, 즉 몹시 애태우며 기다림.
●日就月將(일취월장) : 나날이 다달이 진보함.

달 월 [부수자]

예로부터 달에는 옥토끼가 있다는 전설에 따라 달의 기운 모양을 본 뜨고, 그 안에 토끼를 표시하여 놓은 글자이다.

殷: 갑골문

秦: 소전체

漢: 예서체

參考 '月'(달 월)을 '月'과 같이 쓰면 '肉'(고기 육)을 부수자로 쓴 '月'(육달 월)이 된다.

部首位置

「月」이 아래에 　①有(있을 유)
「月」이 왼쪽에 　①服(옷 복)
「月」이 오른쪽에 ①朗(밝을 랑) ②期(기약 기) ③朝(아침 조)
「月」이 거듭 　①朋(벗 붕)

活用單語

● 臘月(납월) : 음력으로 섣달을 이르는 별칭.
● 弄月(농월) : 달을 바라보고 즐김.
● 明月(명월) : 밝은 달. 음력 팔월 보름날 밤의 달.
● 蜜月(밀월) : 결혼하고 난 바로 다음의 즐거운 한두 달.

聲符字(月이 음으로 쓰이는 글자)

刖(벨 월), 捐(꺾을 월), 阢(어리석을 월)

四字成語

● 康衢煙月(강구연월) : 큰 길거리에 어린 은은한 달빛이라는 뜻으로, 태평한 시대의 큰 길거리의 평화로운 풍경.
● 光風霽月(광풍제월) : 갠 날씨에 부는 시원한 바람과 밝은 달. 시원스럽고 밝은 인품을 비유하는 말.

별 성 [日 부수]

별들이 반짝이는 모양을 본뜬 글자이다.

殷: 갑골문

秦: 소전체

漢: 예서체

參考 '星' 자와 비슷한 글자에 '皇'(임금 황)과 '是'(이 시)자가 있다.

예 皇太子, 是非

活用單語

- 恒星(항성) : 천구상(天球上)에서 서로의 상대 위치를 바꾸지 않고 별자리를 구성하는 별. 행성, 위성, 혜성 이외에는 모두 항성이며 자체의 에너지로 빛을 냄.
- 星霜(성상) : 한 해 동안의 세월.
- 行星(행성) : 태양의 주위를 타원 궤도를 그리며 운행하는 비교적 큰 천체의 총칭.
- 衛星(위성) : 행성의 둘레를 회전하여 마치 태양에 대한 행성과 같은 관계에 있는 천체.

聲符字(星이 음으로 쓰이는 글자)

惺(영리할 성), 猩(성성이 성), 腥(비릴 성), 醒(깰 성)

四字成語

- 北斗七星(북두칠성) : 북쪽 하늘의 큰곰자리에서 가장 뚜렷하게 보이는 국자모양을 이룬 일곱 개의 별.
- 星火督促(성화독촉) : 몹시 심하고 급하게 하는 독촉. 성화독촉하다.

빛 **광** [儿 부수]

본래 여자가 聖火를 이고 신전에 바치는 모습을 본뜬 것인데, '빛'의 뜻으로 쓰이게 되었다.

參考 ▶ '光'과 모양이 비슷한 글자로 '先'(먼저 선), '允'(진실할 윤), '元'(으뜸 원), '充'(찰 충) 등이 있다.

活用單語

● 脚光(각광) : 무대의 앞쪽 아래에서 비추는 빛. 어떤 사물에 대한 사회적인 관심이나 흥미.

● 觀光(관광) : 다른 지방이나 다른 나라의 풍경과 문화들을 구경하는 일.

● 光年(광년) : 빛이 1년 동안에 가는 거리의 단위. 초속 30만km인 빛이 1년에 가는 거리는 약 9조4,600억km이다.

● 光背(광배) : 불상이나 그리스도상 등의 그림이나 조각에서 신성함을 보이기 위해 머리나 등뒤에 나타내는 빛의 장식.

聲符字(光이 음으로 쓰이는 글자)

侊(클 광), 洸(용솟음할 광), 珖(옥피리 광), 胱(오줌통 광), 晄(햇빛 뜨거울 광), 硄(돌소리 광)

四字成語

● 九十春光(구십춘광) : 봄의 석 달 구십일 동안.

● 光風霽月(광풍제월) : 비가 갠 뒤의 바람과 달이란 뜻으로, 마음결이 명쾌하고 집착이 없으며 쇄락(灑落)함.

殷: 갑골문

秦: 소전체

漢: 예서체

071

비 **우** [부수자]

구름에서 빗방울이 떨어지는 현상을 나타내기 위하여 둥근 하늘을 그리고, 빗방울이 땅으로 떨어지는 모양을 본뜬 글자이다.

殷: 갑골문

秦: 소전체

漢: 예서체

參考 ‘雨’ 부수자는 다른 글자의 위에만 쓰인다.

部首位置

「雨」가 위에 ①雪(눈 설)　②雲(구름 운) ③雷(우뢰 뢰)
　　　　　④電(번개 전) ⑤雹(우박 박) ⑥霜(서리 상)
　　　　　⑦霧(안개 무) ⑧露(이슬 로) ⑨靈(신령 령)

活用單語

- 降雨(강우) : 비가 내리는 것.
- 穀雨(곡우) : 이십사절기의 여섯째, 청명(淸明)과 입하(立夏) 사이 양력 4월 20일이나 21일이 된다.
- 祈雨(기우) : 날이 가물 때 비 내리기를 빎.
- 三日雨(삼일우) : 사흘 동안 끊임없이 계속해서 오는 비, 즉 많이 내리는 비.

聲符字(雨가 음으로 쓰이는 글자)

雩(기우제 우)

四字成語

- 雨後竹筍(우후죽순) : 비 온 뒤에 죽순이 나듯 어떤 일이 한때 많이 일어나는 것.
- 斜風細雨(사풍세우) : 비껴 부는 바람과 가늘게 내리는 비.

구름 운 [雨 부수]

하늘로 피어오르는 구름 모양을 본뜬 글자인데, 뒤에 '云'자가 '이르다(말하다)'의 뜻으로 쓰이게 되어, 다시 '雨'자를 더해 '雲(구름 운)'자를 만들었다.

殷: 갑골문

秦: 소전체

漢: 예서체

參考 '云'이 '이르다'의 뜻으로 쓰이는 예 : "지금 개인사정을 云云할 때가 아니다."

活用單語

- 浮雲(부운) : 뜬구름.
- 煙雲(연운) : 연기와 구름. 연기와 같은 구름.
- 雲梯(운제) : 높은 사닥다리. 옛날에 성을 칠 때 썼던 높은 사다리.
- 雲集(운집) : 사람이 구름처럼 많이 모임.
- 積雲(적운) : 밑은 평평하고 꼭대기는 둥글어 솜을 쌓아 놓은 것 같은 뭉실뭉실한 구름.

聲符字(雲이 음으로 쓰이는 글자)

橒(나무무늬 운), 澐(큰 물결 일 운), 蕓(평지 운)

四字成語

- 雲雨之情(운우지정) : 남녀 사이에 육체적으로 어울리는 정.
- 望雲之情(망운지정) : 자식이 타향에서 부모를 그리는 정.
- 靑雲之志(청운지지) : 출세하고자 하는 뜻.
- 籠鳥戀雲(농조연운) : 속박을 당한 몸이 자유를 그리워하는 마음.

073

눈 **설**　[雨 부수]

본래 하늘에서 깃털처럼 눈이 휘날려 내리는 모양을 본뜬 것인데, '雨' 자를 더하여 '雪' 자를 만들었다.

參考　'雪'의 'ㅋ'는 손의 모양을 본뜬 '又'의 자형이 변형된 것으로, 눈은 손으로 받아볼 수 있다는 뜻이다.

活用單語

- 瑞雪(서설) : 상서로운 눈.
- 雪景(설경) : 눈이 올 때, 또는 눈이 온 뒤의 경치.
- 雪辱(설욕) : 부끄러움을 씻음.
- 雪冤(설원) : 원통한 것을 풀어 버림.
- 殘雪(잔설) : 녹다 남은 눈. 봄이 되어도 남아 있는 눈.
- 除雪(제설) : 쌓인 눈을 치움.

四字成語

- 雪泥鴻爪(설니홍조) : 눈 위의 기러기 발자국이 눈이 녹은 뒤에는 없어진다는 뜻으로, 인생의 자취가 덧없음을 비유하는 말.
- 雪上加霜(설상가상) : 난처한 일이나 불행이 계속해서 일어남.
- 嚴冬雪寒(엄동설한) : 눈 내리는 깊은 겨울의 심한 추위.
- 螢雪之功(형설지공) : 꾸준하고 부지런하게 학문을 닦는 공.
- 紅爐點雪(홍로점설) : 큰 화로에 눈을 조금 뿌린 것과 같다는 뜻으로, 크나큰 일에 작은 힘이 아무 보람도 나지 아니함을 비유한 말.

殷: 갑골문

秦: 소전체

漢: 예서체

우레 **뢰**　[雨 부수]

본래 비 올 때 천둥 치는 현상을 나타낸 것인데, '雨' 자를 더하여 '雷' 자를 만들었다.

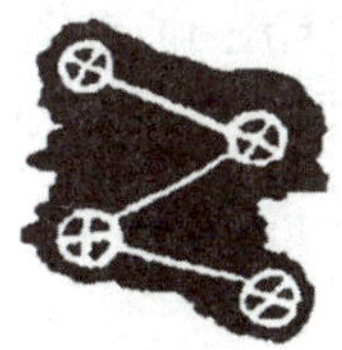

周: 대전체

秦: 소전체

漢: 예서체

參考 ▶ 첫 번째 도형은 옛사람들이 천둥소리를 형상화한 글자 모양이다. 천둥이라는 뜻의 '우레'라는 말은 '雨雷(우뢰)'에서 변한 말이다.

活用單語

● 落雷(낙뢰) : 벼락이 떨어지는 것, 혹은 그 벼락.
● 雷管(뇌관) : 포탄, 탄환 따위와 같은 폭발물의 화약을 점화시키기 위하여 안에 충격에 의하여 발화되는 특수한 물질을 넣은 쇠붙이로 만든 관.
● 雷聲(뇌성) : 천둥소리.
● 魚雷(어뢰) : 공격하는 것을 목적으로 하는 수뢰, 함정에서 어뢰 발사판으로 발사되거나 항공기로부터 투하됨.

聲符字(雷가 음으로 쓰이는 글자)

礧(돌무더기 뢰), 蕾(꽃봉오리 뢰)

四字成語

● 附和雷同(부화뇌동) : 줏대 없이 남의 의견에 좇아서 덩달아 같이 행동함.
● 雷陳膠漆(뇌진교칠) : 교분이 매우 두터움을 비유하는 말.
● 雷聲霹靂(뇌성벽력) : 천둥 치는 소리와 벼락.

075

번개 전 [雨 부수]

본래 구름과 구름 사이에 번갯불이 번쩍이는 모양을 본뜬 글자인데, '申'(원숭이 신)자로 쓰이게 되어, 다시 '雨'자를 더하여 '電'(번개 전)자를 만들었다.

殷: 갑골문

秦: 소전체

漢: 예서체

參考 '電'자의 古字인 '电'의 자형이 '电→申'과 같이 변형되고, 번개는 신의 조화라고 생각하여 '神'(귀신 신)자가 만들어졌다.

活用單語

- 感電(감전) : 전기에 감응함.
- 漏電(누전) : 절연(絕緣)이 불완전하거나 그 시설이 손상되어 전기가 전깃줄 밖으로 새어 흐름, 혹은 그러한 전류.
- 斷電(단전) : 전기 기기의 수리나 전기 요금 미납 등의 이유로 송전(送電)을 끊음.
- 放電(방전) : 축전지 또는 축전기에 저장된 전기를 방출하는 현상. 사이를 둔 양극간에 전압을 높일 때 그 전극 사이에 전류가 흐르는 현상.
- 送電(송전) : 발전소에서 발생된 전력을 필요한 수요지 근처의 변전소로 보내기 위해 시설한 전선.

四字成語

- 電光石火(전광석화) : 번개나 부싯돌의 불이 번쩍이는 것처럼 몹시 짧은 시간 또는 썩 재빠른 동작을 비유하는 말.

우박 **박** [雨 부수]

본래 비 올 때, 갑자기 번개가 치며 우박이 떨어지는 현상을 본뜬 것인데, '雨'자를 더하여 '雹'자를 만들었다.

殷: 갑골문

秦: 소전체

漢: 예서체

活用單語

- 雹災(박재) : 우박으로 말미암아 받는 재해.
- 霜雹(상박) : 서리와 우박.
- 雨雹(우박) : 큰 물방울이 공중에서 갑자기 찬 기운을 만나 얼어 떨어지는 백색 덩어리.
- 雹霜害(박상해) : 우박, 서리에 의해서 농작물에 피해가 생김.
- 雹異(박이) : 우박이 내려 농작물 등에 해를 끼침.

四字成語

- 風飛雹散(풍비박산) : 바람을 타고 사방으로 날아 흩어지고 우박처럼 깨어져 조각조각 부서진다는 뜻으로, 하나도 온전치 못하고 모든 게 사방으로 날아 흩어짐.

風飛雹散 풍비박산

우리가 평상시 쓰는 말 중에는 발음을 잘못하는 와어(訛語)가 적지 않다.

그 주된 이유는 우리말의 70% 이상이 한자어(漢字語)인데, 한글로만 쓰다 보니 한자로 어떻게 쓰는 줄을 몰라서 들은 풍월로 말을 하는데서 일어나는 현상이다.

풍비박산(風飛雹散)은 우박(雨雹)이 바람에 날리어 사방으로 흩어진다는 뜻인데, 이때 박(雹)이 우박의 뜻인 줄 아는 사람이 드물다.

평소에 사람들이 '풍비박산'을 '풍지박산'으로 잘못 발음하는 사람이 많아서, 심지어 국어사전에까지 '풍지박산(風地雹散)'이 올라져 있으나, 틀린 말이니 절대로 써서는 안 된다.

이때 어느 말이 맞는지는 오로지 한자로 어떻게 쓰는지를 따져 보는 방법뿐이 없음을 알게 되면, 국어를 올바로 하기 위하여 한자를 공부해야 함을 스스로 깨닫게 될 것이다.

山, 水, 川, 谷, 泉
火, 石, 土, 田, 丘
州, 原

메 산 [부수자]

멀리 보이는 산봉우리의 모양을 그대로 본뜬 글자이다.

部首位置

「山」이 위에 　①岸(언덕 안)　②崇(높을 숭)　③嶺(재 령)
　　　　　　　④巖(바위 암)　⑤崩(무너질 붕)

「山」이 아래에 　①岳(멧부리 악)　②島(섬 도)

「山」이 왼쪽에 　①峰(봉우리 봉)

活用單語

● 鑛山(광산) : 광물을 캐내는 곳.

● 堂山(당산) : 토지나 부락의 수호신이 있다는 마을 근처의
산이나 언덕.

● 氷山(빙산) : 극지(極地) 빙하의 얼음이 밀려와서 바다에
산처럼 떠 있는 얼음덩이.

聲符字(山이 음으로 쓰이는 글자)

汕(오구 산), 疝(산증 산), 訕(헐뜯을 산)

四字成語

● 江山風月(강산풍월) : 강과 산, 바람과 달이란 뜻으
로 자연의 경치를 일컫는 말.

● 錦繡江山(금수강산) : 비단에 수를 놓은 것 같은 강산
이라는 뜻으로, 자연이 매우 아름다운 땅이나 나라.

● 名山大刹(명산대찰) : 이름 난 산과 아주 큰 절.

078

水

물 **수** [부수자]

강물이 흘러갈 때 생기는 물결의 모양을 본뜬 글자이다. 다른 글자의 변으로 쓰일 때는 '氵'(삼수변)의 형태로 쓰인다.

殷: 갑골문

秦: 소전체

漢: 예서체

部首位置

「水」가 본자로 ①氷(얼음 빙) ②永(길 영)

「水」가 아래에 ①泉(샘 천) ②泰(클 태)

「水」가 왼쪽에 ①江(물 강) ②河(물 하) ③海(바다 해) ④汝(너 여) ⑤油(기름 유) ⑥法(법 법) ⑦汚(더러울 오) ⑧決(정할 결) ⑨汽(김 기) ⑩沐(머리감을 목) ⑪沒(빠질 몰) ⑫沙(모래 사) ⑬沃(기름질 옥) ⑭泳(헤엄칠 영) ⑮注(물댈 주)

活用單語

- 澗水(간수) : 골짜기에서 흐르는 물.
- 給水(급수) : 물을 대어 줌.
- 噴水(분수) : 좁은 구멍으로 뿜어 나오는 물.
- 水脈(수맥) : ①강이나 바다에서 배가 다니는 길. ②뱃길. 땅속에서 흐르는 지하수의 줄기.

四字成語

- 鏡花水月(경화수월) : 거울에 비친 꽃과 물에 비친 달. 볼 수만 있고 가질 수 없는 것.
- 落花流水(낙화유수) : 떨어지는 꽃과 흐르는 물. 남녀 간의 그리운 심정.
- 水魚之交(수어지교) : 교분이 매우 깊은 것을 말함.

내 천 [부수자]

냇물이 들판을 뚫고 흘러가는 모양을 본뜬 글자이다.

殷: 갑골문

秦: 소전체

漢: 예서체

參考 ‘巛’의 부수 명칭을 ‘개미허리’라고 하는 것은 속칭이다.

部首位置

「川」이 본자로   ①州(고을 주)
「川」이 위에   ①巡(순행할 순)

活用單語

- 乾川(건천) : 조금만 가물어도 마르는 내.
- 防川(방천) : 냇둑. 둑을 쌓거나 나무를 심거나 하여 냇물이 넘침을 막음.
- 川獵(천렵) : 냇물에서 하는 고기잡이.
- 川渠(천거) : 물의 근원이 가까운 곳에 있는 내.

聲符字(川이 음으로 쓰이는 글자)

玔(옥고리 천), 釧(팔찌 천), 圳〔밭두덕둘레고랑 수, 천(深圳)〕

四字成語

- 晝夜長川(주야장천) : 밤낮으로 쉬지 않고 늘 잇달아서.
- 山林川澤(산림천택) : 산과 숲과 내와 못.

080 谷

殷: 갑골문

秦: 소전체

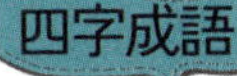
漢: 예서체

部首位置

「谷」이 오른쪽에　①谿(시내 계)　②豁(뚫린골 활)

活用單語

- 溪谷(계곡) : 골짜기.
- 空谷(공곡) : 인기척이 없는 쓸쓸한 골짜기.
- 峽谷(협곡) : 산과 산 사이의 험하고 좁은 골짜기. 너비에 비하여 깊이가 훨씬 깊은 물길의 아랫부분이 현저히 침식을 받은 때에 생기는 골짜기.
- 深谷(심곡) : 깊은 산골짜기.

四字成語

- 進退幽谷(진퇴유곡) : 앞으로 나아갈 수도 뒤로 물러설 수도 없이 꼼짝할 수 없는 궁지에 빠짐.
- 深山幽谷(심산유곡) : 깊은 산의 으슥한 골짜기.
- 陵谷之變(능곡지변) : 높은 언덕과 깊은 골짜기가 뒤바뀌는 변화라는 뜻으로, 세상일의 심한 변천을 비유하는 말.

081

샘 천 [水 부수]

본래 바위틈에서 샘물이 흘러나오는 모양을 본 뜬 것인데, 뒤에 샘물이 솟을 때 흰 물방울이 생기는 모양의 글자로 변하였다.

殷: 갑골문

秦: 소전체

漢: 예서체

參考 泉(샘 천)자와 비슷한 글자로 皐(늪 고), 某(아무 모), 原(언덕 원) 등이 있다.

活用單語

- 甘泉(감천) : 물맛이 좋은 샘.
- 歸泉(귀천) : 황천(黃泉)으로 돌아간다는 뜻으로, 사람의 죽음을 이르는 말.
- 玉泉(옥천) : 맑은 샘.
- 黃泉(황천) : 사람이 죽어서 간다는 곳. 저승.
- 寒泉(한천) : 차가운 물이 솟는 샘.

聲符字(泉이 음으로 쓰이는 글자)

線(실 선), 腺(샘 선)

四字成語

- 露天溫泉(노천온천) : 야외에 목욕(沐浴) 시설을 갖추어 놓은 온천.
- 泉石膏肓(천석고황) : '산수(山水)를 사랑함이 지극하여, 마치 불치의 깊은 병에 걸린 것같이 되었음'을 이르는 말.

082

불 **화** [부수자]

불을 나무에 붙일 때, 불꽃이 위로 옆으로 날리는 모양을 본뜬 글자이다.

參考 ‘火’가 다른 글자의 부수자로 쓰일 때는 「灬」의 형태로 쓰인다.

殷: 갑골문

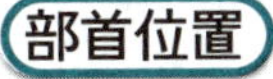

部首位置

「火」가 아래에　①灰(재 회)　②災(재앙 재)　③炭(숯 탄)　④烈(매울 렬)　⑤熙(빛날 희)　⑥熟(익을 숙)

「火」가 왼쪽에　①煙(연기 연)　②燈(등불 등)

「火」가 거듭　①炎(불꽃 염)

秦: 소전체

活用單語

- 耐火(내화) : 불에 타지 않고 견딤.
- 導火線(도화선) : 화약(火藥)이 터지도록 점화(點火)하는 심지.
- 發火(발화) : 불이 일어나거나 타기 시작함.

四字成語

- 明若觀火(명약관화) : 불을 보는 것처럼 분명함.
- 電光石火(전광석화) : 번갯불이나 부싯돌의 불이 번쩍거리는 것과 같이 매우 짧은 시간이나 매우 재빠른 움직임 따위를 비유적으로 이르는 말.

漢: 예서체

돌 석 [부수자]

벼랑에 바위가 부서져 있는 모양을 본뜬 글자이다.

殷: 갑골문

秦: 소전체

漢: 예서체

部首位置

「石」이 아래에 ①碧(푸를 벽) ②磨(갈 마)
「石」이 왼쪽에 ①硯(벼루 연) ②確(굳을 확) ③硬(굳을 경)
「石」이 거듭   ①磊(돌무더기 뢰)

活用單語

- 怪石(괴석) : 괴상하게 생긴 돌.
- 金鑛石(금광석) : 금이 들어있는 광석.
- 金石文字(금석문자) : 옛날의 석비(石碑), 정(鼎), 종(鐘), 갈(碣), 바위 따위에 새겨 둔 문자.
- 石棺(석관) : 돌로 만든 관.

聲符字(石이 음으로 쓰이는 글자)

碩(클 석), 祏(위패 석)

四字成語

- 見金如石(견금여석) : 황금 보기를 돌같이 한다는 뜻에서, 대의(大義)를 위해서 부귀(富貴) 영화(榮華)를 돌보지 않는다는 의미.
- 金石之約(금석지약) : 쇠나 돌처럼 굳고 변함없는 맹약(盟約).

084

土

흙 **토** [부수자]

밭을 갈아 흙덩이가 일어나 있는 모양을 본뜬 글자이다.

周: 금문

秦: 소전체

漢: 예서체

部首位置

「土」가 위에　①堯(요임금 요)

「土」가 아래에　①在(있을 재)　②坐(앉을 좌)　③基(터 기)

「土」가 왼쪽에　①地(땅 지)　②均(고를 균)　③城(성 성)

「土」가 거듭　①圭(홀 규)

活用單語

● 疆土(강토) : 국경(國境) 안에 있는 한 나라의 땅.

● 腐葉土(부엽토) : 풀·나무 따위가 썩어서 이루어진 흙.

● 焦土(초토) : 불에 타서 검게 그을린 땅. 불에 탄 것처럼 황폐(荒廢)해지고 못 쓰게 된 상태를 비유적으로 이르는 말.

聲符字(土가 음으로 쓰이는 글자)

吐(토할 토), 釷(토륨 토)

四字成語

● 極樂淨土(극락정토) : 아미타불(阿彌陀佛)이 살고 있다는 정토(淨土)로, 괴로움이 없으며 지극히 안락하고 자유로운 세상.

● 捲土重來(권토중래) : 땅을 말아 일으킬 것 같은 기세로 다시 온다는 뜻으로, 한 번 실패하였으나 힘을 회복하여 다시 쳐들어옴을 이르는 말.

밭 전 [부수자]

가로 세로 나누어져 있는 밭두둑의 모양을 본
뜬 글자이다.

↓

殷: 갑골문

↓

秦: 소전체

↓

漢: 예서체

部首位置

「田」이 위에　①男(사내 남)　②界(지경 계)　③畏(두려울 외)
　　　　　　　④異(다를 이)

「田」이 아래에 ①畓(논 답)　②留(머무를 류) ③畜(쌓을 축)
　　　　　　　④番(차례 번)　⑤當(마땅할 당) ⑥畵(그림 화)

「田」이 왼쪽에 ①略(간략할 략) ②疇(두둑 주)　③畎(밭도랑 견)

活用單語

● 耕田(경전) : 밭을 갊, 또는 그 밭.
● 丹田(단전) : 배꼽 아래로 한 치 다섯 푼 되는 곳. 하단전
　(下丹田).
● 鹽田(염전) : 조수를 이용하여 소금을 만드는 밭.

聲符字(田이 음으로 쓰이는 글자)

佃(밭갈 전), 甸(경기 전), 畑(화전 전), 鈿(비녀 전)

四字成語

● 耕田鑿井(경전착정) : 밭을 갈고 우물을 판다라는 뜻
　으로 백성들이 생업을 즐겨 평화로이 지낸다는 말.
● 南田北畓(남전북답) : 남쪽의 밭과 북쪽의 논이란 뜻
　으로 여기저기 흩어져 있는 논밭을 일컫는 말.
● 桑田碧海(상전벽해) : 뽕나무밭이 변하여 푸른 바다
　가 된다는 뜻으로 세상의 심한 변천을 비유하는 말.

丘

언덕 구 [一 부수]

언덕의 모양을 정면에서 바라본 것을 본뜬 글자이다.

周: 금문

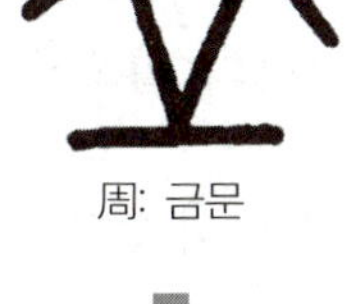

秦: 소전체

漢: 예서체

參考 '丘'는 孔子(공자)의 이름자이므로 피하여 '邱(구)'(땅이름 구)자로 쓰기도 한다. 예 大丘→大邱

活用單語

- 丘陵(구릉) : 언덕.
- 段丘(단구) : 강물이나 바닷물의 침식, 지반의 융기, 또는 흙·모래·자갈의 퇴적에 따라 강·호수·바다의 연안에 생긴 층계 모양의 지형.
- 比丘(비구) : 집을 떠나 불교에 귀의하여 구족계를 받은 남자 중. [동의어] 비구승. [반의어] 비구니.
- 砂丘(사구) : 해안, 사막 등지에서 세찬 바람에 의하여 운반, 퇴적되어 이뤄진 모래 언덕.
- 靑丘(청구) : 중국에서 우리나라를 일컫던 말.

聲符字(丘가 음으로 쓰이는 글자)

邱(땅이름 구)

四字成語

- 丘墓之鄕(구묘지향) : 조상의 묘가 있는 고향.
- 首丘初心(수구초심) : 여우는 죽을 때 머리를 자기가 살던 굴로 향한다는 말로써, 고향을 그리워하는 마음을 일컫는 말.

고을 주 [巛 부수]

본래 물이 흐르는 가운데에 사람이 살 수 있는 섬의 모양을 본뜬 글자이다.

殷: 갑골문

秦: 소전체

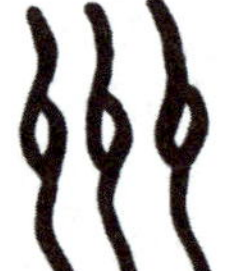

漢: 예서체

參考 뒤에 '州' 자가 고을의 뜻으로 쓰이게 되어, '섬'이나 큰 땅덩이'의 뜻으로 '洲'를 만들어 '三角洲' 또는 '美洲, 滿洲' 등과 같이 구별하여 쓴다.

活用單語

- 聯邦州(연방주) : '연방(聯邦)의 구성 단위를 이루는 나라'를 연방의 부분으로 일컫는 말.
- 溟州(명주) : 큰 바다에 있는 섬.
- 自治州(자치주) : 자치권을 가지는 일부 나라의 민족적, 지역적 단위의 하나.
- 州都(주도) : 일부 나라에서 州의 정치·문화 따위의 중심 도시.
- 羅州盤(나주반) : 전라남도 나주에서 만들어지는 소반. 대개 긴 네모꼴이나 다각형인데 모서리가 부드럽게 꺾인 것이 특징이다.

聲符字(州가 음으로 쓰이는 글자)

洲(섬 주)

四字成語

- 雄州巨邑(웅주거읍) : 땅이 넓고 산물이 많은 고을.
- 九州八荒(구주팔황) : 구주는 중국의 전지역이고, 팔황은 중원에서 먼 바깥 땅이다.
- 竝州故鄕(병주고향) : 오래 살아서 정든 타향을 고향에 견주어 일컫는 말. 중국 당나라 가도가 병주에 오래 살다가 떠날 때 한 말이라고 한다.

근원 **원**   [厂 부수]

본래 산골짜기에서 처음 물이 흘러내리는 것을 본뜬 것이다. 뒤에 '언덕'의 뜻으로 쓰이게 되어, 다시 '源(근원 원)'자를 만들었다.

周: 금문

秦: 소전체

漢: 예서체

參考 原 뒤의 본자는 '原'과 같이 쓴다.

活用單語

- 高原(고원) : 평야에 비해 높은 지대에 펼쳐진 넓은 벌판.
- 起原(기원) : 사물이 생긴 근원. 사물이 처음으로 생김.
- 復原(복원) : 본디대로 되게 함. 복구(復舊).
- 語原(어원) : 단어가 성립할 근원, 단어의 본래의 의미, 맞춤법에는 소리나는 대로 적은 경우가 아닌 그 말의 의미를 밝혀야 할 경우의 그 뜻을 말함.
- 燎原(요원) : 불타고 있는 벌판.
- 燎原의 불길 : 번지는 벌판의 불이란 뜻으로, 난리나 시위 따위가 막을 수 없이 무섭게 번져 나가는 기세의 비유.

聲符字(原이 음으로 쓰이는 글자)

願(원할 원), 源(근원 원), 愿(삼갈 원), 嫄(사람이름 원)

四字成語

- 中原逐鹿(중원축록) : 중원은 중국 또는 천하를 말하며, 축록은 서로 경쟁한다는 말로 영웅들이 다투어 천하는 얻고자 함을 뜻함.
- 六何原則(육하원칙) : 어떤 사실을 적는 데 '누가, 언제, 어디서, 무엇을, 왜, 어떻게'의 여섯 가지 원칙.

指鹿爲馬 지록위마

　진시황이 죽고 그 아들 호해(胡亥)가 2세 황제에 오르자, 환관으로 있던 조고(趙高)는 나이 어린 황제의 자리를 빼앗으려고 계략을 꾸몄다.

　대궐로 사슴을 끌고 와 황제에게 천리를 달릴 수 있는 좋은 말이라고 하였다. 황제는 사슴을 말이라 하니 수긍하지 않았다.

　이때 조고는 문무백관에게 물어보라고 자신 있게 말하였다. 이미 조고의 권세가 막대함을 안 신하들은 대부분 조고의 비위를 맞추어 말이라 하였다. 사슴이라고 올바로 말한 신하들은 조고가 모두 죽여 버리고 황제의 자리를 빼앗었다.

　이때부터 「指鹿爲馬」 곧 사슴을 가리켜 말이라고 하다라는 말이 생겼으며, 이 말은 사슴과 말도 구별 못하는 바보라는 뜻으로서 일본말의 '바가(馬鹿)'라는 말도 여기서 나왔다고 한다. 지금도 '지록위마'의 간교를 부리는 정치꾼들이 얼마나 많은가.

7

衣食類

의식류

10자

衣, 皮, 革, 絲, 衰
匹, 肉, 食, 卵, 乳

衣

옷 의 [부수자]

웃옷의 모양을 본뜬 글자이다. 다른 글자의 변으로 쓰일 때는 'ネ(옷의변)'의 형태로 쓰인다.

殷: 갑골문

秦: 소전체

漢: 예서체

部首位置

「衣」가 아래에 　① 裝(꾸밀 장)　② 裳(치마 상)　③ 製(지을 제)
　　　　　　　④ 襲(엄습할 습)　⑤ 裁(마를 재)

「衣」가 왼쪽에 　① 補(도울 보)　② 裕(넉넉할 유)

「衣」가 아래위에 ① 表(겉 표)　② 裏(속 리)

活用單語

- 衲衣(납의) : 빛이 검은 중이 입는 옷.
- 葛衣(갈의) : 칡베(갈포)로 만든 옷.
- 糖衣錠(당의정) : 먹기 좋게 겉을 당분 있는 것으로 싼 알약.
- 囚衣(수의) : 죄수가 입는 옷.

聲符字(衣가 음으로 쓰이는 글자)

依(의지할 의)

四字成語

- 錦衣還鄕(금의환향) : 비단옷을 입고 고향으로 돌아가거나 돌아옴이라는 뜻으로, 출세하여 고향으로 돌아가거나 돌아옴.
- 錦衣夜行(금의야행) : 비단옷을 입고 밤길을 걷는다라는 뜻으로, 아무 보람이 없는 행동을 이르는 말.
- 一衣帶水(일의대수) : 한 줄기의 띠처럼 좁은 강물이나 바닷물.

皮

가죽 **피** [부수자]

뱀의 가죽을 손으로 벗기는 모양을 본뜬 글자이다.

周: 금문

秦: 소전체

漢: 예서체

參考 '皮'는 털을 뽑지 않은 가죽이고, '革'은 털을 뽑은 가죽을 말한다.

部首位置

「皮」가 왼쪽에 　① 皰(여드름 포)

「皮」가 오른쪽에 　① 皴(주름 준) ② 皺(주름 추)

活用單語

● 桂皮(계피) : 계수나무의 얇은 껍질.

● 羊皮紙(양피지) : 양의 생가죽을 얇게 펴서 석회 따위의 약품으로 처리하여 표백하고 종이처럼 말린, 글을 적는 재료.

● 鐵面皮(철면피) : 뻔뻔스럽고 염치를 모르는 사람을 조롱하여 이르는 말.

聲符字(皮가 음으로 쓰이는 글자)

彼(저 피), 疲(지칠 피), 被(입을 피), 陂(비탈 비), 披(나눌 피)

四字成語

● 棘皮動物(극피동물) : 동물계를 분류한 문(門)의 하나. 몸은 등과 배의 구별이 있으며, 몸 표면에 석회질의 가시 같은 것이 있다.

● 虎死留皮(호사유피) : 호랑이는 죽으면 가죽을 남김과 같이 사람도 죽은 뒤에 이름을 남겨야 한다는 말.

가죽 **혁** [부수자]

짐승의 가죽에서 두 손으로 털을 뽑는 모양을 본뜬 것이다.

周: 금문

秦: 소전체

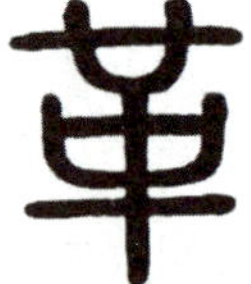

漢: 예서체

參考 '革' 자가 부수자로 쓰인 글자는 많지만, 지금은 거의 쓰이지 않는다.

① 靴(신 화) – **예** 洋靴店(양화점), 軍靴(군화)

② 鞭(채찍 편) – **예** 鞭撻(편달)

③ 鞋(신 혜) – **예** 草鞋(초혜)

活用單語

● 改革(개혁) : 제도나 기구 따위를 새롭게 뜯어고침.

● 革帶(혁대) : 가죽으로 만든 띠.

● 革新(혁신) : 고쳐서 새롭게 함.

● 沿革(연혁) : 변천되어 온 내력.

● 變革(변혁) : 급격하게 바꾸어 아주 달라지게 함, 또는 그렇게 달라짐.

四字成語

● 易姓革命(역성혁명) : 성씨(姓氏)를 바꿔 천명(天命)을 혁신한다는 뜻으로, 덕 있는 사람은 천명에 의해 왕위에 오르고, 하늘의 뜻에 반하는 사람은 왕위를 잃는다는 고대 중국의 정치 사상.

● 灰色革命(회색혁명) : 노령 인구가 격증하는 현상과 그에 따른 사회상의 변혁.

실 **사** [糸 부수]

실타래가 엉키지 않도록 묶어 놓은 모양을 본뜬 글자이다. 다른 글자의 변으로 쓰일 때는 「糸(실사변)」의 형태로 쓰인다.

周: 금문

秦: 소전체

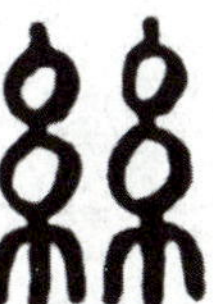

漢: 예서체

部首位置

「絲」가 아래에 ①系(이을 계) ②索(찾을 색) ③素(흴 소)

「絲」가 왼쪽에 ①紀(벼리 기) ②約(묶을 약) ③紅(붉을 홍)

※ 일반적으로 「糸(실 사 부수)」라고 하지만, 絲가 「실 사」이고, 糸는 「실 멱」, 系는 「이을 계」로 구별된다.

活用單語

- 菌絲(균사) : 균류(菌類)의 몸을 이루는 섬세한 실 모양의 세포.
- 紡絲(방사) : 섬유를 만들 수 있는 고분자 물질을 녹여서 가는 구멍을 통하여 실을 뽑아내는 일.
- 絹絲(견사) : 깁이나 비단을 짜는 명주실.
- 絲雨(사우) : 실처럼 가늘게 내리는 비.

四字成語

- 一絲不亂(일사불란) : 한 오라기의 실도 흐트러지지 않았다는 뜻으로, 질서나 체계 따위가 잘 잡혀 있어서 조금도 흐트러짐이 없음을 이르는 말.
- 千絲萬縷(천사만루) : 피륙을 짜는 데 드는 많은 수효의 올.

쇠할 쇠 [衣 부수]

본래 비 올 때 사용하는 삿갓과 도롱이의 모양을 본떠 우장(雨裝)을 뜻한 글자이다.

周: 금문

秦: 소전체

漢: 예서체

參考 「衰」는 뒤에 '쇠퇴하다'의 뜻으로 쓰이게 되어, 다시 「蓑(도롱이 사)」자를 만들었다. 그리고 '상복(喪服)'의 뜻으로 쓰일 때는 '최'로 발음된다. 예 衰服(최복)

活用單語

- 老衰(노쇠) : 늙고 쇠약함.
- 盛衰(성쇠) : 성함과 쇠함.
- 衰盡(쇠진) : 점점 쇠하여 다 됨.
- 衰退(쇠퇴) : 쇠하여 점차로 물러남. 쇠하여 전보다 못해짐.

聲符字(衰가 음으로 쓰이는 글자)

榱(서까래 최)

四字成語

- 盛者必衰(성자필쇠) : 세상일은 무상(無常)하여 한 번 성한 것은 반드시 쇠하게 마련이라는 말.
- 神經衰弱(신경쇠약) : 심신(心身)의 과로(過勞)로 인하여 신경이 쇠약하여지는 병.
- 興亡盛衰(흥망성쇠) : 흥하고 망하고 성하고 쇠함.

짝 **필** [匚 부수]

본래 한 필의 베를 겹겹이 개어 놓은 모양을 본뜬 것인데, 단위의 뜻으로 쓰이게 되었다.

參考 ▶ '四(넉 사)' 자와 구별할 것.

周: 금문

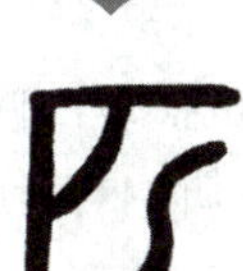

秦: 소전체

漢: 예서체

活用單語

- 匹馬(필마) : 한 필의 말.
- 配匹(배필) : 부부가 될 짝.
- 匹敵(필적) : 능력이나 세력이 엇비슷하여 서로 맞섬.
- 匹夫(필부) : 한 사내. 보잘것없는 사내.
- 馬匹(마필) : 말의 몇 마리.
- 每匹(매필) : 소나 말 따위의 한 필 한 필 모두.

四字成語

- 匹馬單騎(필마단기) : 혼자 한 필의 말을 탐, 또는 그렇게 하는 사람.
- 匹夫匹婦(필부필부) : 평범한 남녀.
- 天生配匹(천생배필) : 하늘에서 미리 정하여 준 배필이라는 뜻으로, 나무랄 데 없이 신통히 꼭 알맞은 한 쌍의 부부를 이르는 말.

肉

고기 육　[부수자]

고깃덩이의 근육을 본뜬 글자이다. 부수자로 쓰일 때는 「月(육달월)」의 형태로 쓰인다.

殷: 갑골문

秦: 소전체

漢: 예서체

參考 ▶ 月(달 월)자와 月(육달월)자는 자형이 다르다.

部首位置

「肉」이 아래에 ①肩(어깨 견)　②肯(즐길 긍)　③育(기를 육)
　　　　　　④背(등 배)　⑤胃(밥통 위)

「肉」이 왼쪽에 ①肝(간 간)　②肥(살찔 비)　③肺(허파 폐)
　　　　　　④能(능할 능)　⑤脈(맥 맥)　⑥脚(다리 각)

「肉」이 오른쪽에 ① 胡(되 호)

活用單語

● 乾肉(건육) : 말린 고기.
● 肉聲(육성) : 확성기 등을 통하지 않고 인간의 입으로부터 직접 나오는 소리.

四字成語

● 苦肉之計(고육지계) : 적을 속이기 위해, 또는 어려운 사태를 벗어나기 위한 수단으로 제 몸을 괴롭혀 가면서까지 짜내는 계책(計策).
● 骨肉相殘(골육상잔) : 부자나 형제 또는 같은 민족끼리 서로 해치고 죽임.

밥 **식** [부수자]

밥그릇에 따뜻한 밥이 담겨 있고, 뚜껑이 있는 모양을 본뜬 글자이다.

殷: 갑골문

秦: 소전체

漢: 예서체

部首位置

「食」이 아래에 ① 養(기를 양)

「食」이 왼쪽에 ① 飯(밥 반)　② 飲(마실 음) ③ 館(집 관)
④ 飽(배부를 포) ⑤ 餓(주릴 아) ⑥ 餘(남을 여)

活用單語

●間食(간식) : 끼니와 끼니 사이에 음식을 먹음, 또는 그 음식.

●美食家(미식가) : 음식에 대하여 특별한 기호를 가진 사람, 또는 좋은 음식을 찾아 먹는 것을 즐기는 사람.

●配食(배식) : 군대, 단체 같은 곳에서 식사를 분배함.

●食道樂(식도락) : 여러 가지 음식을 두루 맛보는 것을 즐거움으로 삼는 일.

聲符字(食이 음으로 쓰이는 글자)

蝕(좀먹을 식), 飾(꾸밀 식)

四字成語

●三旬九食(삼순구식) : 삼십 일 동안 아홉 끼니밖에 먹지 못한다는 뜻으로, 몹시 가난함을 이르는 말.

●暖衣飽食(난의포식) : 옷을 따뜻이 입고 음식을 배부르게 먹는다는 뜻으로, 의식(衣食) 걱정이 없는 편한 생활을 이르는 말.

알 란 [卩 부수]

물고기 알의 모양을 본뜬 글자이다.

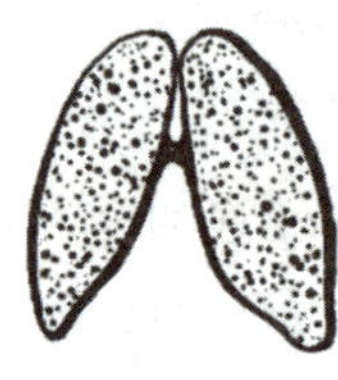

周: 금문

秦: 소전체

漢: 예서체

參考 '卵' 자와 비슷한 글자

卯(토끼 묘) – 예 卯年(묘년)

印(도장 인) – 예 印刷(인쇄)

活用單語

- 卵黃(난황) : 알의 노른자위.
- 明卵(명란) : 명태의 알. 명란젓.
- 産卵(산란) : 알을 낳음.

四字成語

- 累卵之勢(누란지세) : 층층이 쌓아 놓은 알의 형세라는 뜻으로, 몹시 위태로운 형세를 비유적으로 이르는 말.
- 鷄卵有骨(계란유골) : 달걀에도 뼈가 있다는 뜻으로, 운수가 나쁜 사람은 모처럼 좋은 기회를 만나도 역시 일이 잘 안 됨을 이르는 말.
- 以卵擊石(이란격석) : 달걀로 돌을 친다는 뜻으로, 아주 약한 것으로 강한 것에 대항하려는 어리석음을 비유적으로 이르는 말.

젖 유 [乙 부수]

본래 어머니가 아이를 안고 젖을 먹이는 모습을 본뜬 글자이다.

殷: 갑골문

秦: 소전체

漢: 예서체

參考 ▶ '乳' 자와 비슷한 글자 : 孔(구멍 공)

活用單語

- 粉乳(분유) : 가루우유.
- 乳齒(유치) : 젖니. 배냇니.
- 乳兒期(유아기) : 젖먹이 때.
- 煉乳(연유) : 묽은 것을 진하게 다려 놓은 우유.
- 乳酸菌(유산균) : 당류(糖類)를 분해하여 유산을 만드는 기능을 가지고 있는 박테리아의 총칭, 간균류(桿菌類)에서 볼 수 있음.
- 哺乳類(포유류) : 척추동물의 한 강(綱). 새끼를 낳아 젖을 먹여 기름. 몸에 털이 나고 온혈이며 대개 태생(胎生)임.
- 鐘乳石(종유석) : 돌고드름.
- 乳母車(유모차) : 어린아이를 태워 밀고 다니는 수레.

四字成語

- 口尙乳臭(구상유취) : 입에서 아직 젖내가 난다는 뜻으로, 말과 하는 짓이 아직 유치(幼稚)함을 일컬음.
- 孤犢觸乳(고독촉유) : 어미 없는 송아지가 젖을 구한다는 뜻으로, 외로운 사람이 돌보아 줄 사람을 구하는 것을 이르는 말.

三顧草廬 삼고초려

삼고초려(三顧草廬)의 '顧(고)'는 '돌아보다'의 뜻이고, '廬(려)'는 '오두막집'의 뜻으로, 세 번이나 보잘 것 없는 오두막 집으로 찾아갔다는 뜻이다.

본래 삼국지(三國志) 가운데 촉지(蜀志)의 제갈량전(諸葛亮傳)과 제갈공명(諸葛孔明)의 출사표(出師表)에서 유래된 고사로서, 촉한(蜀漢)의 임금인 유비(劉備)가 와룡강(臥龍崗)에 은거하던 제갈량을 불러내기 위하여 세 번이나 찾아감으로써 마침내 그를 감동시켜 책사를 삼은 유명한 이야기다.

지금은 신분이나 지위가 높은 사람이 자기를 낮추고 숨어사는 훌륭한 사람을 직접 찾아가 정성을 다하여 자기 사람으로 발탁하여 쓰는 겸손과 성의의 뜻으로 쓰인다.

오늘날 우리나라에 과연 삼고초려할 만한 인재가 있을까?

8

住居類

주거류

7자

門, 戶, 井, 瓦, 家
舍, 倉

문 문 [부수자]

쌍문의 모양을 본뜬 글자이다.

殷: 갑골문

秦: 소전체

漢: 예서체

部首位置

「門」이 밖에 ①閉(닫을 폐)　②間(사이 간) ③開(열 개)
④閑(한가할 한) ⑤閣(집 각)　⑥關(빗장 관)
⑦閥(공훈 벌)　⑧闊(넓을 활)

活用單語

- 凱旋門(개선문) : 전쟁에서 이기고 돌아오는 군사를 환영하고 기념하기 위해 세운 문.
- 登龍門(등용문) : (잉어가 중국 황하 상류에 있다는 '용문'이라는 급류를 올라 용이 된다는 전설에서 나온 말로) '사람이 출세하거나 영화를 얻기 위한 관문'을 비유하는 말, 또는 그러한 곳.
- 門地枋(문지방) : 출입문 밑의 두 문설주 사이에 마루보다 조금 높게 가로 댄 나무.

聲符字(門이 음으로 쓰이는 글자)

問(물을 문), 聞(들을 문), 們(무리 문)

四字成語

- 杜門不出(두문불출) : 집에만 있고 바깥출입을 아니함.
- 門前成市(문전성시) : 어떤 집 문 앞이 찾아오는 사람으로 마치 저자를 이룬 것 같음.

집 **호** [부수자]

본래 외쪽 문(지게문)의 모양을 본뜬 것인데, 뒤에 일반 백성의 '집'의 뜻으로 쓰이게 되었다.

殷: 갑골문

秦: 소전체

漢: 예서체

部首位置

「戶」가 위에　　①房(방 방) ②扇(부채 선) ③扁(넓적할 편)

「戶」가 왼쪽에　①所(바 소)

活用單語

- 窓戶紙(창호지) : 주로 문을 바르는 데 쓰는 얇은 종이.
- 戶籍(호적) : 호주(戶主)를 중심으로 하여 그 집에 속하는 사람의 본적지, 성명, 생년월일 따위의 신분에 관한 사항을 기록한 공문서.
- 桑戶(상호) : 뽕나무로 만든 지게문이라는 뜻으로, 가난한 집.
- 破落戶(파락호) : 행세하는 집 자손으로 난봉이 나서 결딴난 사람.

聲符字(戶가 음으로 쓰이는 글자)

扈(두레박 호)

四字成語

- 家家戶戶(가가호호) : 각 집, 또는 모든 집.
- 萬戶長安(만호장안) : 집들이 썩 많은 서울.
- 千門萬戶(천문만호) : 대궐의 많은 문호를 일컫는 말. 수많은 백성들의 집.

우물 **정** [二 부수]

본래 우물의 난간을 그리고, 가운데에 우물을 표시한 것인데, 뒤에 점을 생략한 글자이다.

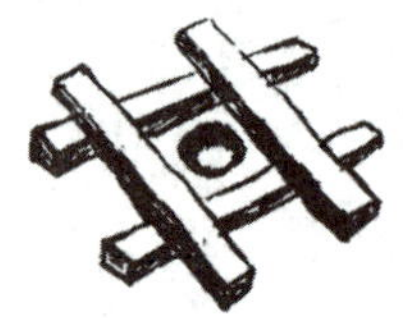

周: 금문

秦: 소전체

漢: 예서체

參考 「丼」은 「井」의 本字이나 요즘은 잘 쓰이지 않는다.

活用單語

● 井間(정간) : 바둑판 따위와 같이, 가로세로로 여러 개의 나란한 금을 그어 '井' 자 모양으로 된 각각의 칸살.
● 石井(석정) : 돌우물.
● 油井(유정) : 석유를 뽑아내기 위하여 땅을 판 우물.
● 井中蛙(정중와) : 우물 안 개구리.

聲符字(井이 음으로 쓰이는 글자)

穽(함정 정), 阱(함정 정)

四字成語

● 耕田鑿井(경전착정) : 밭을 갈고 우물을 판다는 뜻으로, 백성이 생업(生業)을 즐기면서 평화로이 지냄을 이르는 말.
● 坐井觀天(좌정관천) : 우물 속에 앉아서 하늘을 본다는 뜻으로, 사람의 견문(見聞)이 매우 좁음을 이르는 말.
● 天井不知(천정부지) : 천장을 모른다는 뜻으로, 물건의 값 따위가 자꾸 오르기만 함을 이르는 말.

102

기와 **와** [부수자]

암키와와 수키와가 이어져 있는 모양을 본뜬 글자이다.

周: 금문

秦: 소전체

漢: 예서체

部首位置

「瓦」가 아래에 ①瓮(독 옹) ②甕(독 옹) ③甄(질그릇 견)

「瓦」가 오른쪽에 ①瓶(병 병) ②甑(시루 증)

 ※「瓦」와 비슷한 글자로 '互(서로 호)'가 있으니 잘 구별해야 한다. 예 相互(상호)

活用單語

● 蓋瓦(개와) : 기와로 지붕을 이음.

● 瓦屋(와옥) : 기와집.

● 瓦解(와해) : 기와가 깨지듯이 사물이 깨져 산산이 흩어짐.

● 靑瓦(청와) : 청기와.

聲符字(瓦가 음으로 쓰이는 글자)

砡(벽돌 와)

四字成語

● 弄瓦之慶(농와지경) : 질그릇(혹은 실패)을 갖고 노는 경사(慶事)란 뜻으로, 딸을 낳은 기쁨.

103

집 **가** [宀 부수]

뱀이 많던 시대에 뱀을 잡아먹는 돼지를 집 밑에 길렀으므로 집 안에 사람이 아닌 돼지를 그려 '집'의 뜻을 나타낸 것이다.

殷: 갑골문

秦: 소전체

漢: 예서체

參考 「家」자가 '전문가' 라는 뜻으로도 쓰인다.
예 音樂家(음악가), 政治家(정치가), 小說家(소설가)

活用單語

● 家率(가솔) : 집안에 딸린 식구.
● 家具(가구) : 집안 살림에 쓰는 기구.
● 家風(가풍) : 한집안의 기율(紀律)과 풍습(風習).
● 班家(반가) : 양반의 집안.
● 家計簿(가계부) : 집안 살림의 수입과 지출을 적는 장부.

聲符字(家가 음으로 쓰이는 글자)

嫁(시집갈 가), 稼(심을 가)

四字成語

● 家家戶戶(가가호호) : 각 집, 또는 모든 집.
● 家內工業(가내공업) : 집 안에서 단순한 기술과 도구를 써서 작은 규모로 하는 수공업, 가내 수공업(家內手工業).
● 百家爭鳴(백가쟁명) : ①여러 사람이 서로 자기 주장(主張)을 내세우는 일. ②많은 학자들의 활발한 논쟁(論爭).

집 **사** [舌 부수]

집의 옆 모양을 본뜬 글자이다.

周: 금문

秦: 소전체

漢: 예서체

參考 「舍」를 舌(혀 설) 부수에 둔 것은 합당하지 않다. 舍와 모양이 비슷한 글자로 企(꾀할 기), 소(같을 동)이 있다.

活用單語

- 校舍(교사) : 학교의 건물.
- 寄宿舍(기숙사) : 학교나 공장 같은 기관에서 지어 그 인원이 공동으로 생활하게 하는 집.
- 舍廊房(사랑방) : 사랑으로 쓰는 방.
- 舍利塔(사리탑) : 부처의 사리를 자그마한 그릇에 넣어 간직해 두는 탑.

聲符字(舍가 음으로 쓰이는 글자)

捨(버릴 사)

四字成語

- 作舍道傍(작사도방) : '길가에 집을 짓는데 오고 가는 사람의 말이 많아서 결정하지 못함' 이라는 뜻으로, 무슨 일에 여러 사람의 의견이 서로 달라서 얼른 결정하지 못함을 비유하여 이르는 말.
- 野屋村舍(야옥촌사) : 아무렇게나 지은 시골집.

창고 **창** [人 부수]
곧집, 곧 창고의 모양을 본뜬 글자이다.

周: 금문

秦: 소전체

漢: 예서체

參考 「창고」의 뜻으로 쓰이는 글자로는 廩(곧집 름), 庾 (곧집 유), 庫(곧집 고) 등이 있다.

活用單語

- 倉庫(창고) : 물건을 저장하거나 보관하는 건물, 곧집.
- 穀倉(곡창) : ①곡식이 많이 나는 곳. ②곡식을 넣어 두는 창고.
- 彈倉(탄창) : 연발총(連發銃)의 보충용 탄환(彈丸)을 재어두는 통.
- 常平倉(상평창) : 고려 6대 성종(成宗) 12년(993)에 물가를 조절하기 위해 두었던 기관.

聲符字(倉이 음으로 쓰이는 글자)

創(비롯할 창), 蒼(푸를 창), 愴(슬퍼할 창), 槍(창 창)

四字成語

- 保稅倉庫(보세창고) : 관세를 물거나 하는 따위의 수입 절차가 끝나지 않은 화물을 넣어 두는 창고.
- 倉氏庫氏(창씨고씨) : 옛날 중국에서 창씨(倉氏)와 고씨(庫氏)가 세습적으로 곧집을 맡아보았다는 데서, 사물이 오래도록 변하지 아니함을 비유하는 말.

9

道具類

도구류

8자

工, 斗, 合, 巨, 因
其, 也, 筆

장인 **공** [부수자]
목공이 집을 짓는 데 가장 중요한 도구는 곡척
이나 수평기인데, 이러한 도구의 모양을 본뜬
글자이다.

殷: 갑골문

秦: 소전체

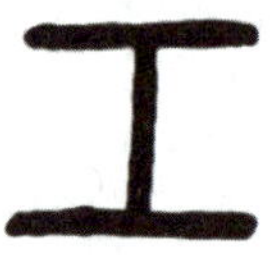

漢: 예서체

部首位置

「工」이 본자로 ①巨(클 거)
「工」이 아래에 ①左(왼 좌)   ②差(어긋날 차)
「工」이 왼쪽에 ①巧(공교 교)

活用單語

- 工具(공구) : 물건을 만들거나 고치는 데 쓰는 기구(연장).
- 工夫(공부) : 학문과 기술 등을 배우고 익히는 것.
- 木工(목공) : 목수(木手). 나무를 다루어서 물건을 만들어 내는 일.
- 起工式(기공식) : 건축이나 토목 공사를 시작하는 의식.

聲符字(工이 음으로 쓰이는 글자)

功(공 공), 恐(두려울 공), 空(빌 공), 紅(붉을 홍), 攻(칠 공)

四字成語

- 建築施工(건축시공) : 건축 계획과 설계에 따라 건축 물을 짓는 작업.
- 士農工商(사농공상) : 선비·농부·공장(工匠)·상인 등 네 가지 신분을 아울러 이르는 말.
- 不息之工(불식지공) : 비록 천천히 하더라도, 쉬지 않고 꾸준하게 하는 일.

말 **두** [부수자]

자루가 달린 그릇의 모양을 본뜬 것인데, 도량형의 단위가 되었고 뒤에 「升(되 승)」자로 변하였다.

殷: 갑골문

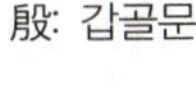

秦: 소전체

漢: 예서체

部首位置

「斗」가 오른쪽에 ①料(헤아릴 료) ②斜(비낄 사) ③斡(돌볼 알)
④斟(술따를 짐)

活用單語

● 火斗(화두) : 다리미.
● 北斗(북두) : 북두칠성(北斗七星).
● 小斗(소두) : 한 말의 반의 분량이 드는 말.
● 斗膽(두담) : (큰 쓸개라는 뜻) 담력이 매우 크거나 그런
　사람.

聲符字(斗가 음으로 쓰이는 글자)

抖(떨 두), 蚪(올챙이 두)

四字成語

● 車載斗量(거재두량) : 수레에 싣고 말(斗)로 될 수 있
　을 정도라는 뜻으로, 물건이 아주 많음을 비유함.
● 南箕北斗(남기북두) : 남쪽의 기성(箕星)은 키로 쌀을
　까불지 못하고 북두칠성은 쌀을 되지 못한다는 뜻
　으로, 유명(有名) 무실(無實)함을 비유해 이르는 말.

합할 **합** [口 부수]

본래 뚜껑이 있는 밥그릇의 모양을 본뜬 것인데, '합하다'의 뜻으로 쓰이게 되어, 다시 그릇의 「盒(합 합)」자를 만들었다.

周: 금문

秦: 소전체

漢: 예서체

参考 「合(합할 합)」이 용량의 단위로서 한 되(升)의 십분의 일로 쓰일 때는 「홉」이라고 발음한다.

活用單語

- 綜合(종합) : 여러 가지를 한데 모아 합함.
- 結合(결합) : 둘 이상의 사물이 서로 관계를 맺어 하나로 합함.
- 宮合(궁합) : 혼인할 남녀의 생년월일을 오행(五行)에 맞춰 보아 부부로서의 길흉(吉凶)을 알아보는 점.
- 糾合(규합) : 사람이나 힘을 끌어 모음.
- 合法(합법) : 법령(法令)이나 법식(法式)에 맞음.

聲符字(합이 음으로 쓰이는 글자)

蛤(조개 합), 閤(쪽문 합)

四字成語

- 複合概念(복합개념) : 많은 내포, 곧 속성이나 내용을 가지는 개념.
- 離合集散(이합집산) : 흩어졌다 모였다 함.
- 意氣投合(의기투합) : 마음이 서로 맞음.

클 거 [工 부수]

본래 사람이 자를 들고 있는 모양을 본뜬 것인데, 뒤에 '크다'의 뜻으로 쓰이게 되어, 다시 「矩(곱자 구)」자를 만들었다.

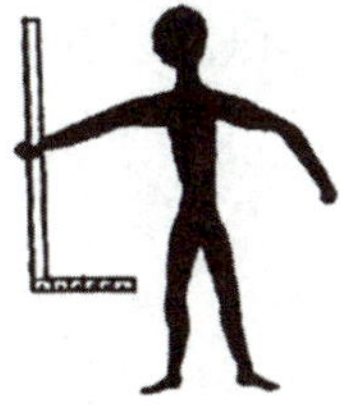

周: 금문

秦: 소전체

漢: 예서체

參考 「巨(클 거)」의 부수가 「工」이므로 臣(신하 신)처럼 「𢀖」로 써서는 안 되고 「巨」로 써야 한다.

活用單語

- 巨軀(거구) : 커다란 몸집.
- 巨富(거부) : 큰 부자.
- 巨匠(거장) : 예술·과학 등의 전문 분야에서 특별히 뛰어난 사람.
- 巨星(거성) : 큰 별. 어떤 방면의 뛰어난 인물을 비유적으로 이르는 말.

聲符字(巨가 음으로 쓰이는 글자)

拒(막을 거), 距(떨어질 거), 炬(횃불 거)

四字成語

- 巨家大族(거가대족) : 대대로 번창하고 문벌이 좋은 집안.
- 高樓巨閣(고루거각) : 높고 커다란 집.
- 名門巨族(명문거족) : 이름나고 크게 번창한 집안.

110

인할 **인** [□ 부수]

풀로 엮은 자리의 모양을 본뜬 것인데, '인하다'의 뜻으로 쓰이게 되어, 다시 「茵(자리 인)」자를 만들었다.

參考 「囙」자와 비슷한 글자 : 囚(가둘 수), 困(곤할 곤)

活用單語

- 要因(요인) : 주요한 원인.
- 因襲(인습) : 이전부터 전하여 몸에 밴 풍습.
- 因緣(인연) : 연줄. 과보(果報)를 이루는 원인 관계.
- 敗因(패인) : 싸움·경쟁·경기 등에 진 원인.

聲符字(因이 음으로 쓰이는 글자)

咽(목구멍 인), 姻(혼인 인), 絪(기운 인)

四字成語

- 因果應報(인과응보) : 전생(前生)에서의 행위의 결과로서 현재의 행과 불행이 있고, 현세에서의 행위의 결과로서 내세(來世)에서의 행과 불행이 생기는 일.
- 因人成事(인인성사) : 무슨 일이 자기 혼자의 힘으로 이루어지지 않고 남과의 관계에서 남에게 힘입어 이루어짐.
- 善因善果(선인선과) : 선업(善業)을 쌓으면 반드시 좋은 과보(果報)가 있음.

殷: 갑골문

秦: 소전체

漢: 예서체

其

그 기 [八 부수]

본래 키의 모양을 본뜬 글자인데, 뒤에 '그것' 이라는 뜻으로 변하여 다시 「箕(키 기)」자를 만들었다.

殷: 갑골문

秦: 소전체

漢: 예서체

參考 「其(그 기)」와 비슷한 글자로 具(갖출 구), 共(함께 공)이 있다.

活用單語

- 其他(기타) : 그것 외에 또 다른 것.
- 其實(기실) : 그 실상. 그 사실. 사실은. 실제는.
- 其間(기간) : 그 사이, 그동안.
- 土耳其(토이기) : 터키.

聲符字(其가 음으로 쓰이는 글자)

基(터 기), 欺(속일 기), 期(기약 기), 旗(기 기)

四字成語

- 不知其數(부지기수) : 너무 많아서 그 수효를 알 수가 없음.
- 其臭如蘭(기취여란) : 그 향기가 난초와 같음. 절친한 친구 사이.
- 不失其本(불실기본) : 본분(本分)을 잃지 않음.
- 其勢兩難(기세양난) : 이러기도 어렵고 저러기도 어려워 일의 형편이 딱함.
- 不得其位(부득기위) : 훌륭한 소질을 가지고도 그에 알맞은 지위를 얻지 못함.

어조사 **야** [乙 부수]

본래 세수하는 그릇의 모양을 본뜬 것인데, 뒤에 어조사의 뜻으로 쓰이게 되었다. 다시 「匜(그릇, 주전자 이)」자를 만들었다.

周: 금문

秦: 소전체

漢: 예서체

參考 「也」(1) 문장의 맨 끝에 붙어 종결의 의미를 나타내는 어조사. (2) 낱말 사이에 쓰이어 '과'의 뜻을 나타내는 어조사. (3) 이름 아래에 쓰이는 호격 조사. (4) 의문의 뜻을 나타내는 어조사. (5) 반어에 쓰이는 어조사. (6) 감탄의 뜻을 나타내는 어조사. (7) 뜻을 강하게 하는 어조사. (8) 탄식의 뜻을 나타내는 어조사. (9) 이르다, 이르는. (10) 시에서 '또'의 뜻을 나타냄. (11) 말문을 열 때에 쓰는 말.

※ 「也」자가 다른 글자와 어울려 쓰이는 것

예 地(땅 지), 他(다를 타), 池(못 지), 馳(달릴 치), 施(베풀 시)

活用單語

- 及其也(급기야) : 마침내. 필경에는. 마지막에는.
- 也帶(야대) : 과거에 새로 급제한 사람이 증서(證書)를 받을 때 두르던 띠. 한 끝이 아래로 늘어져 '也'자 모양으로 됨.

四字成語

- 言則是也(언즉시야) : 말이 사리(事理)에 맞음.
- 焉哉乎也(언재호야) : 천자문의 맨 끝귀. 네 자가 모두 어조사임.
- 是也非也(시야비야) : 옳다거니 그르다거니, 그렇다거니 그렇지 않다거니 말함.
- 獨也靑靑(독야청청) : 홀로 푸르다는 뜻으로, 홀로 높은 절개(節槪)를 지켜 늘 변함이 없음을 이르는 말.

붓 **필** [竹 부수]

본래 손으로 붓을 잡은 모양을 본뜬 것인데, 뒤에 「竹(대 죽)」자를 더하였다.

殷: 갑골문

秦: 소전체

漢: 예서체

參考 「聿」자 자체가 '붓 율' 자이다. '聿' 이 다른 자와 어울려 쓰이는 것

예 書(글 서), 畵(그림 화), 律(법칙 률)

活用單語

- 筆談(필담) : 글로 써서 의사(意思)를 통함.
- 筆力(필력) : 글씨의 획에 드러난 힘. 문장의 힘.
- 筆筒(필통) : 붓이나 필기구 따위를 꽂아 두는 통. 연필이나 볼펜, 지우개 따위를 넣어 가지고 다니는 작은 상자 모양의 물건.
- 筆致(필치) : 글씨를 쓰는 솜씨. 문장의 운치(韻致).
- 達筆(달필) : 익숙하게 잘 쓰는 글씨, 또는 글씨를 잘 쓰는 사람.

聲符字(筆이 음으로 쓰이는 글자)

潷(거를 필)

四字成語

- 大書特筆(대서특필) : 특별히 드러나 보이게 큰 글자로 쓰는 일. 특히 신문 기사를 큰 비중을 두어 다루는 것을 뜻함.
- 一筆揮之(일필휘지) : 글씨를 단숨에 줄기차게 써 내림.
- 紙筆硯墨(지필연묵) : 종이·붓·벼루·먹을 함께 이르는 말.

水魚之交 수어지교

   삼고초려(三顧草廬)를 하여 지략이 뛰어난 제갈공명(諸葛孔明)을 얻은 유비(劉備)는 절대적으로 제갈공명을 신뢰하고 그의 말대로 따랐다.

   그러자 도원결의(桃園結義)로 의형제를 맺은 관우(關羽)와 장비(張飛)는 자기들을 소홀히 하는 것으로 생각하여 불만을 품었다. 유비는 이들을 위로하여 내가 제갈공명을 얻은 것은 물고기가 물을 얻은 것과 같으니, 그대들도 적극 협조하라고 하였다. 관우와 장비도 유비의 참뜻을 이해하고 적극 합심 협력하여 결국 적벽대전에서 조조(曹操)의 대군을 격파하였다.

   '水魚之交'는 곧 물고기가 물을 얻었다는 뜻으로서 군신(君臣)의 친밀한 관계를 비유로 표현한 말이다. 지금은 좋은 친구 간의 돈독한 친교를 비유하는 말로 쓰인다.

   오늘날 '水魚之交'의 친구를 가진 사람이 몇 사람이나 있을까? 이런 친구를 가진 사람은 참으로 행복한 사람이다.

10 숫자류 數字類

11자

一, 二, 三, 四, 五
六, 七, 八, 九, 十, 萬

114

한 일 [부수자]

수를 헤아리던 산대의 하나를 본뜬 글자이다.

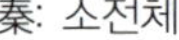

殷: 갑골문

秦: 소전체

漢: 예서체

部首位置

「一」이 위에 　①丁(장정 정) ②下(아래 하) ③不(아닐 불)
　　　　　　　④丙(남녁 병)

「一」이 가운데 ①丈(어른 장) ②七(일곱 칠) ③世(인간 세)
　　　　　　　④丑(소 축)

「一」이 아래에 ①三(석 삼)　②上(윗 상)　③丘(언덕 구)
　　　　　　　④且(또 차)

※「一」의 갖은자는 「壹(한 일)」이다.

活用單語

- 一念(일념) : 한결같은 마음. 변함 없는 오직 하나의 생각.
- 一貫(일관) : 방법·태도 등을 한결같이 함.
- 一擧(일거) : 한 번의 행동·동작. 단번에.
- 一家見(일가견) : 어떤 문제에 대하여 독자적인 경지나 체계를 이룬 견해(見解).

四字成語

- 一口二言(일구이언) : 한 입으로 두말 한다는 뜻으로, 이미 한 말을 번복(飜覆)함을 이르는 말.
- 君師父一體(군사부일체) : 임금과 스승과 아버지의 은혜(恩惠)는 똑같다는 말.

115

두 이 [부수자]
산대의 두 개를 본뜬 글자이다.

「二」가 위에 ①于(어조사 우) ②云(이를 운) ③元(으뜸 원)
　　　　　④井(우물 정)
「二」가 분리되어 ① 五(다섯 오) ②互(서로 호) ③亞(버금 아)
　※「二」의 갖은자는 「貳(두 이)」이다.

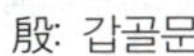

殷: 갑골문

- 二流(이류) : 버금가는 부류.
- 二重(이중) : 겹침. 거듭됨.
- 二毛作(이모작) : 한 토지에서 1년에 두 번 농사를 지음.
- 二壘手(이루수) : 야구에서 이루를 맡아 지키는 선수.

秦: 소전체

- 唯一無二(유일무이) : 둘이 아니고 오직 하나뿐이라는 뜻으로, 오직 하나밖에 없음.
- 身土不二(신토불이) : 몸과 태어난 땅은 하나라는 뜻으로, 제 땅에서 산출(産出)된 것이라야 체질(體質)에 잘 맞는다는 말.
- 一人二役(일인이역) : 혼자서 두 사람의 구실을 하는 일.

漢: 예서체

116

석 삼 [一 부수]

산대의 세 개를 본뜬 글자이다.

參考 「三」의 갖은자는 「參(석 삼)」이다.

一 → 壹, 二 → 貳, 三 → 參, 十 → 拾, 千 → 仟

活用單語

- 三伏(삼복) : 초복(初伏)·중복(中伏)·말복(末伏)의 총칭.
- 三綱(삼강) : 세 가지 벼리. 유교에서 군신(君臣)·부자(父子)·부부(夫婦)의 도를 말함. 인도(人道)의 세 기본인 군위신강(君爲臣綱)·부위자강(父爲子綱)·부위부강(夫爲婦綱).
- 三昧境(삼매경) : 오직 한 가지 일에만 마음을 집중시키는 경지.

四字成語

- 三尺童子(삼척동자) : 키가 석 자밖에 되지 않는 어린아이라는 뜻으로, 철모르는 어린아이를 이르는 말.
- 讀書三到(독서삼도) : 독서를 하는 세 가지 방법. 입으로 다른 말을 아니하고 책을 읽는 구도(口到), 눈으로 다른 것을 보지 않고 책만 잘 보는 안도(眼到), 마음속에 깊이 새기는 심도(心到)를 이른다.
- 君子三樂(군자삼락) : 군자의 세 가지 즐거움. 부모가 살아 계시고 형제가 무고(無故)한 것, 하늘과 사람에게 부끄러워할 것이 없는 것, 천하의 영재를 얻어서 가르치는 것을 이른다.

殷 : 갑골문

秦 : 소전체

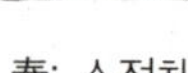

漢 : 예서체

넉 **사** [口 부수]

본래 산대의 네 개를 본뜬 것인데, 뒤에 글자의
모양이 바뀌었다.

殷: 갑골문

秦: 소전체

漢: 예서체

參考 「四」와 비슷한 글자로 「匹(짝 필)」자가 있다.
예 말 두 匹이 끄는 마차를 쌍두마차라고 한다.

活用單語

- 四面(사면) : 사방. 주위(周圍). 네 면.
- 四季(사계) : 봄·여름·가을·겨울의 네 계절.
- 四方(사방) : 동·서·남·북의 네 방향. 주위(周圍).
- 四君子(사군자) : 네 군자란 뜻으로, 네 가지 식물을 사철
  로 나누어 군자에 비유한 말. 매화·난초·국화·대.

聲符字(四가 음으로 쓰이는 글자)

柶(수저 사, 윷 사), 泗(물 이름 사)

四字成語

- 四分五裂(사분오열) : 여러 갈래로 어지럽게 분열됨.
- 張三李四(장삼이사) : '장씨의 셋째 아들과 이씨의
  넷째 아들'이라는 뜻으로, 이름이나 신분이 특별하
  지 않은 평범한 사람들.
- 朝三暮四(조삼모사) : 아침에 세 개, 저녁에 네 개라
  는 뜻으로, 간사(奸邪)한 꾀를 써서 남을 속임을 이
  르는 말.

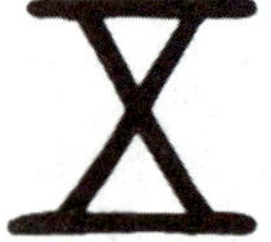

參考 「五(다섯 오)」와 비슷한 글자로 丑(소 축)이 있다.

活用單語

● 五感(오감) : 시각(視覺)·청각(聽覺)·후각(嗅覺)·미각(味覺)·촉각(觸覺)의 다섯 감각.

● 五福(오복) : 옛날의 다섯 가지 복. 수(壽)·부(富)·강녕(康寧)·유호덕(攸好德)·고종명(考終命).

● 五行(오행) : 우주 만물을 이루는 다섯 가지 원소. 금(金), 수(水), 목(木), 화(火), 토(土).

聲符字(五가 음으로 쓰이는 글자)

吾(나 오), 悟(깨달을 오), 梧(오동나무 오), 伍(대오 오)

四字成語

● 五里霧中(오리무중) : 안갯속에서 길을 잃은 것처럼, 일의 갈피를 잡지 못함을 이름.

● 五穀百果(오곡백과) : 온갖 곡식과 여러 가지 과실.

● 五十步百步(오십보백보) : '오십 보 도망한 자가 백 보 도망한 자를 비웃는다' 라는 뜻으로, 조금 낫고 못한 차이는 있지만 본질(本質)은 같은 것.

119

여섯 **륙**　[八 부수]

본래 집의 모양을 본떠서 '여섯'의 뜻으로 썼다.

殷: 갑골문

秦: 소전체

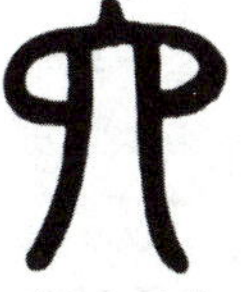

漢: 예서체

參考　「六(여섯 륙)」이 다른 글자의 뒤에 쓰일 때는 「5·16(오일륙)」과 같이 「륙」으로 써야 한다.

活用單語

- 六旬(육순) : 60일. 60세.
- 六感(육감) : 영감(靈感)처럼 순간적으로 직감하여 깨닫는 오관(五官) 이외의 감각.
- 六合(육합) : 천지와 사방을 통틀어 이르는 말. 곧 하늘과 땅. 동·서·남·북.
- 望六(망륙) : 사람의 나이가 '예순을 바라본다' 는 뜻으로, '쉰한 살' 을 일컫는 말.
- 六面體(육면체) : 여섯 개의 평면에 둘러싸인 입체.

四字成語

- 六十甲子(육십갑자) : 십간(十干)과 십이지(十二支)를 차례로 맞추어 예순 가지로 늘어놓은 것.
- 六何原則(육하원칙) : 어떤 사실을 적을 때 '누가, 언제, 어디서, 무엇을, 왜, 어떻게' 의 여섯 가지 원칙.

120

일곱 **칠** [一 부수]

본래 칼로 나무를 자르는 모양을 본뜬 것인데, '일곱'의 뜻으로 쓰이게 되어 다시 「切(자를 절)」자를 만들었다.

殷: 갑골문

秦: 소전체

漢: 예서체

參考 ▶ 「七(일곱 칠)」과 비슷한 글자로 匕(비수 비→匕首) 가 있다.

活用單語

● 七夕(칠석) : 음력 7월 7일의 명절, 이날 밤에 견우성(牽牛星) 과 직녀성(織女星)이 오작교(烏鵲橋)를 건너서 만난다고 함.

● 七大洋(칠대양) : 지구에 있는 일곱 개의 큰 바다. 곧, 북태 평양 · 남태평양 · 북대서양 · 남대서양 · 인도양 · 북극 양 · 남극양.

● 七日葬(칠일장) : 사람이 죽은 지 이레만에 지내는 장사.

四字成語

● 七難八苦(칠난팔고) : 여러 가지 고난. 온갖 고초.

● 七顚八起(칠전팔기) : 일곱 번 넘어져도 여덟 번째 일어난다는 뜻으로, 실패를 거듭하여도 굴하지 않 고 다시 일어섬.

● 七縱七擒(칠종칠금) : 마음대로 잡았다 놓아주었다 함을 이르는 말. 중국 촉(蜀)나라의 제갈량(諸葛亮)이 맹획(孟獲)을 일곱 번이나 사로잡았다가 일곱 번 놓 아주었다는 데서 유래한다.

● 竹林七賢(죽림칠현) : 대나무 숲의 일곱 현인(賢人)이 라는 뜻으로, 중국 진(晉)나라 초기에 유교(儒敎)의 형 식주의를 무시하고, 노장(老莊)의 허무주의를 주장하 고, 죽림에서 청담(淸談)을 나누며 지내던 일곱 선비.

121

여덟 **팔** [부수자]

본래 엄지손가락을 마주 세워서 '여덟'을 표시한 모양을 본뜬 글자이다.

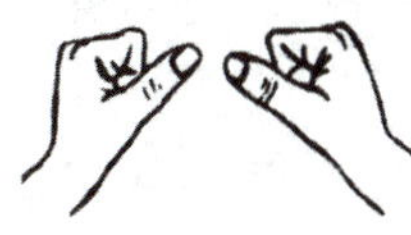

殷: 갑골문

秦: 소전체

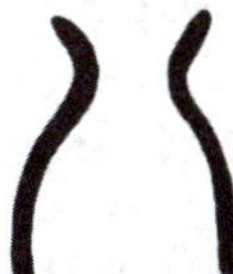

漢: 예서체

部首位置

「八」이 위에　①公(공변될 공) ②兮(어조사 혜)

「八」이 아래에 ①兼(겸할 겸)　②六(여섯 륙)　③共(한가지 공)
　　　　　　　④兵(병사 병)　⑤具(갖출 구)　⑥其(그 기)
　　　　　　　⑦典(법 전)

活用單語

- 八景(팔경) : 여덟 가지의 아름다운 경치.
- 八卦(팔괘) : 중국 상고 시대의 복희씨가 지었다는 여덟 가지 괘.
- 八等身(팔등신) : 머리가 키의 8분의 1쯤 되는 균형이 잡힌 몸집, 또는 그런 몸집을 가진 사람.
- 八面(팔면) : 여러 방면이나 모든 측면. 여덟 개의 평면.

聲符字(八이 음으로 쓰이는 글자)

叭(나팔 팔), 朳(고무래 팔)

四字成語

- 四通八達(사통팔달) : 이리저리 길이 통함.
- 十中八九(십중팔구) : 열에 아홉.
- 七顚八起(칠전팔기) : 일곱 번 넘어지고 여덟 번 일어난다는 뜻으로, 여러 번의 실패에도 굽히지 않고 분투함을 이르는 말.

아홉 구 [乙 부수]

본래 낚시의 모양을 본뜬 것인데, '아홉'의 뜻으로 쓰인 글자이다.

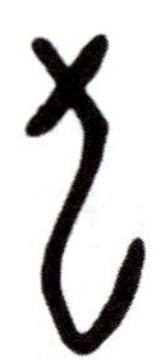

殷: 갑골문

秦: 소전체

漢: 예서체

參考 九를 '모으다'의 뜻으로 쓸 때는 '규'로 발음함. **예** 九合(규합)

活用單語

- 九穀(구곡) : 쌀, 보리, 콩, 팥, 조, 수수, 옥수수, 밀, 깨의 아홉 가지 곡식.
- 九官鳥(구관조) : 찌르레기과의 새. 까마귀와 비슷한데, 좀 작고 날개에 흰 부분이 있으며, 두 눈 뒤로 누른 볏 모양의 띠가 있다. 사람의 말을 흉내내며, 원산지는 동남아시아이다.
- 九泉(구천) : 저승. 땅속 깊은 밑바닥. 무덤.

聲符字(九가 음으로 쓰이는 글자)

究(궁구할 구), 仇(원수 구), 鳩(비둘기 구), 杬(나무이름 구)

四字成語

- 九曲肝腸(구곡간장) : 굽이굽이 서린 창자라는 뜻으로, 깊고 깊은 마음속을 비유하는 말.
- 九死一生(구사일생) : 여러 차례 죽을 고비를 넘어서 겨우 살아남.
- 九十春光(구십춘광) : 봄의 석 달 동안. 봄의 석 달 동안의 화창한 날씨.
- 九牛一毛(구우일모) : 아홉 마리 소 가운데 한 개의 털이라는 뜻으로, 썩 많은 가운데서 가장 적은 수라는 말.

열 십 [부수자]

산대로 셈을 할 때, 가로놓으면 하나를 뜻하고, 세로 놓으면 '열'을 뜻한 모양을 본뜬 글자인데, 뒤에 글자의 모양이 변하였다.

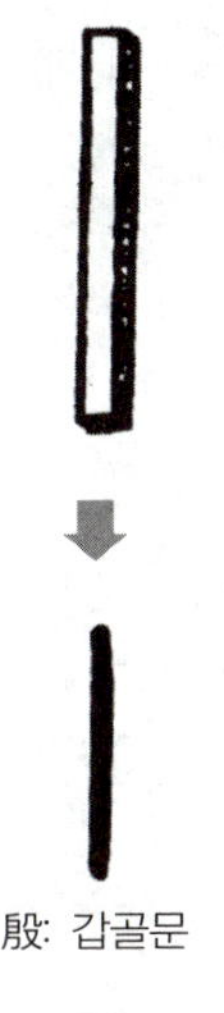

殷: 갑골문

秦: 소전체

漢: 예서체

部首位置

「十」이 위에 　①南(남녘 남)

「十」이 가운데 ①半(반 반)

「十」이 아래에 ①千(일천 천)　②午(낮 오)　③卑(낮을 비)
　　　　　　　④卒(군사 졸)　⑤卓(높을 탁)

「十」이 왼쪽에 ①協(도울 협)　②博(넓을 박)

「十」이 오른쪽 ①升(되 승)

　※ 불교용어에서는 '시'로 발음해야 함: 十王(시왕), 十方(시방)

活用單語

● 十全(십전) : 모두가 갖추어져 전혀 결점이 없는 것.

● 十分(십분) : 충분히, 또는 넉넉히.

聲符字(十이 음으로 쓰이는 글자)

什(열사람 십), 辻(네거리 십)

四字成語

● 權不十年(권불십년) : 권세는 십 년을 못 간다는 뜻으로, 권력이나 세도를 잡는다 해도 오래 가지 못한다는 말. 花無十日紅.

● 十年減壽(십년감수) : 수명에서 열 해가 줄어든다는 뜻으로, 몹시 위험하거나 놀랐을 때 쓰는 말.

● 十匙一飯(십시일반) : 열 사람이 한 술씩 밥을 보태면 한 사람 먹을 분량이 된다는 뜻으로, 여러 사람이 힘을 합하면 한 사람을 돕기 쉽다는 말.

일만 **만** [艸 부수]

본래 전갈의 모양을 내려다보고 본뜬 것인데, 전갈은 한 번에 새끼를 많이 번식하기 때문에 숫자의 '萬'을 뜻하게 되었다.

周: 금문

秦: 소전체

漢: 예서체

參考 옥편에서 '萬' 자를 '艸'(풀 초) 부수자에 배열한 것은 잘못이다. 왜냐하면 '萬' 자의 '艸'(풀 초)는 풀을 뜻한 것이 아니라, 전갈의 집게 모양을 본뜬 것이기 때문이다.

活用單語

● 巨萬(거만) : 여러 만으로 셀 만큼 썩 많은 액수.
● 累萬(누만) : 여러 만. 많은 수를 나타내는 말.

四字成語

● 氣高萬丈(기고만장) : 일이 뜻대로 잘 되어 신이 나서 기세가 대단함. 펄펄 뛸 듯 성이 몹시 나 있음.
● 萬頃蒼波(만경창파) : 한없이 너른 바다.
● 萬古江山(만고강산) : 오랜 세월을 두고 변함이 없는 산천. 판소리를 하기에 앞서 목을 풀기 위해 부르는 남도 단가(短歌)의 한 가지. 중모리 장단에 맞추며, 가사가 '만고강산 유람할 제…'로 시작한다.
● 萬壽無疆(만수무강) : 수명의 길이가 한이 없다는 뜻으로 건강과 장수를 축원하는 말.
● 森羅萬象(삼라만상) : 우주 사이에 존재하는 온갖 사물과 현상.
● 千軍萬馬(천군만마) : 수효가 썩 많은 군사와 군마.

11 방위류 方位類

13자

上, 下, 中, 央, 內
東, 西, 南, 北, 本
末, 高, 方

윗 상 [一 부수]

어떤 사물의 윗부분을 가리켜 '위'의 뜻을 나타낸 글자이다.

周: 금문

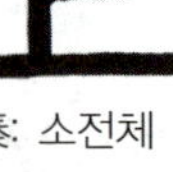
秦: 소전체

漢: 예서체

參考 '上' 자와 비슷한 글자를 잘 구별해야 한다. 止(그칠 지)

活用單語

- 格上(격상) : 격을 높임.
- 計上(계상) : 계산하여 넣음.
- 壇上(단상) : 교단·강단 등의 위.
- 上納(상납) : 나라에 조세를 바침. 윗사람에게 금품을 바침.
- 上場(상장) : 주식이나 어떤 물건을 매매의 목적물로 하기 위해 거래소에 등록하는 일.
- 上梓(상재) : 인쇄에 부치다.

四字成語

- 錦上添花(금상첨화) : 비단 위에 꽃을 더한다라는 뜻으로, 좋은 일 위에 좋은 일이 더하여지는 것.
- 砂上樓閣(사상누각) : 모래 위에 지은 다락집이라는 뜻으로, 바탕이 너무 약해서 오래 가지 못할 사물을 비유하는 말.
- 上意下達(상의하달) : 윗사람의 뜻이나 명령을 아랫사람에게 전함.
- 莫上莫下(막상막하) : 낫고 못함의 차이가 거의 없음.

126 下

아래 **하** [一 부수]

어떤 사물의 아랫부분을 가리켜 '아래'의 뜻을 나타낸 글자이다.

周: 금문

秦: 소전체

漢: 예서체

參考 ▶ '下' 자와 비슷한 글자에 姓氏로 쓰는 '卞'(법 변) 자가 있으니 잘 구별해서 써야 한다.

活用單語

● 却下(각하) : 아래로 내림. 청구 · 신청 · 항의 따위를 받아들이지 않고 물리침.

● 閣下(각하) : 높은 지위에 있는 사람에 대한 경칭(敬稱)의 한 가지.

● 落下傘(낙하산) : 공중을 날고 있는 비행기에서 사람이나 물건이 안전하게 땅으로 떨어져 내리도록 하는 데 쓰는 기구.

● 傘下(산하) : 어떤 조직체나 세력의 관할 아래.

四字成語

● 途中下車(도중하차) : 차를 타고 가다가 목적지까지 가기 전에 중간에서 내림. 시작한 일을 끝내지 않고 중간에 그만둠.

● 燈下不明(등하불명) : 등잔 밑이 어둡다는 뜻으로, 가까이 있는 것이 도리어 알아내기 어려움을 이르는 말.

● 不恥下問(불치하문) : 지위나 배움이 자기만 못한 사람에게라도 모르는 것은 묻기를 꺼리지 않음.

● 眼下無人(안하무인) : 방자하고 교만하여 사람을 모두 얕잡아 보는 것.

가운데 중 [| 부수]

본래 광장 한 가운데 깃발을 꽂아 놓은 것을 본떠 '가운데'라는 뜻을 나타낸 글자이다.

殷: 갑골문

秦: 소전체

漢: 예서체

參考 ▶ '中'과 모양이 비슷한 글자로 '申(납 신)', '串(꿸 천, 익힐 관, 곶 곶)'이 있다.

活用單語

● 閨中(규중) : 부녀자가 거처하는 곳.

● 忌中(기중) : 상중(喪中)의 뜻으로 초상(初喪) 때에 일컫는 말.

聲符字(中이 음으로 쓰이는 글자)

仲(버금 중), 沖(빌 충), 忠(충성 충)

四字成語

● 忙中有閑(망중유한) : 바쁜 가운데에도 한가한 짬이 있음.

● 囊中之錐(낭중지추) : 주머니 속에 든 송곳이라는 뜻으로, 감추려 해도 저절로 드러나게 되는 것을 일컫는 말.

● 囊中取物(낭중취물) : 주머니 속 물건을 취한다는 뜻으로, 아주 손쉽게 얻을 수 있음을 이르는 말.

● 百發百中(백발백중) : 총이나 포 따위를 쏘는 것마다 어김없이 잘 맞음. 무슨 일이나 틀린 적이 없이 잘 들어맞음.

● 釜中生魚(부중생어) : 솥 속에 고기가 생겨났다는 말로, 아주 가난함을 비유한 말.

가운데 **앙** [大 부수]

본래 형틀 가운데에 목을 끼우고 있는 모습을 본뜬 것인데, 뒤에 '가운데'의 뜻으로 쓰이게 되어, 다시 '殃(재앙 앙)' 자를 만들었다.

殷: 갑골문

秦: 소전체

漢: 예서체

參考 '央'과 모양이 비슷한 글자로 '英(꽃부리 영)'이 있다.

活用單語

- 震央(진앙) : 지진의 진원(震源)의 바로 위의 지점, 즉 진원과 지심(地心)을 맺는 직선이 지구의 표면과 교차하는 점.
- 中央(중앙) : 한가운데가 되는 중요한 곳. 중앙정부가 있는 서울을 지방에 상대하여 일컫는 말.
- 年央(연앙) : 한 해의 한 중간.

聲符字(央이 음으로 쓰이는 글자)

怏(원망할 앙), 殃(재앙 앙), 秧(모 앙), 胦(배부를 앙)

四字成語

- 中央官制(중앙관제) : 중앙 관청의 설치, 명령, 조직, 권능 등에 관한 제도.
- 中央煖房(중앙난방) : 중심이 되는 어느 한 곳에서 건물의 각부에 증기나 온수(溫水)를 공급하는 난방 방식.
- 中央集權(중앙집권) : 국가의 행정 직분 중에 중요한 사항이 중앙정부에 집중되어 있는 것.

안 **내** [入 부수]

집 안으로 들어가는 상태를 본떠 '안'의 뜻을 나타낸 글자이다.

周: 금문

秦: 소전체

漢: 예서체

參考 ▶ '內'자가 '나'로 발음될 때도 있다. **예** 內人(나인)

活用單語

- 管內(관내) : 관할 구역 안.
- 圈內(권내) : 테두리 안.
- 內閣(내각) : 수상 또는 국무총리와 장관들로 구성되는 행정부의 최고 합의 기관.
- 內剛(내강) : 속마음이 굳음.

聲符字(內가 음으로 쓰이는 글자)

納(들일 납), 衲(기울 납), 妠(장가들 납)

四字成語

- 內政干涉(내정간섭) : 타국의 정치, 외교 등에 관해서 그 의사에 반하여 간섭하고 강압적으로 그 주권을 속박, 침해하는 일.
- 外華內貧(외화내빈) : 겉치레는 화려(華麗)하나 실속이 없음.
- 外柔內剛(외유내강) : 겉으로는 부드럽고 순하나 속은 곧고 꿋꿋함.
- 內肛動物(내항동물) : 동물계의 한 문(門). 몸은 몸뚱이와 자루부분으로 나뉘고 체강(體腔)이 없으며, 입과 똥구멍이 촉수환 속에 서로 가까이 있다. 바다에만 살고, 종류가 매우 적으며, 바닷말이 바위 따위의 겉면에 붙어산다.

130 東

동녘 **동** [木 부수]

본래 자루에 물건을 담아 멜대로 꿰어 놓은 모양을 본뜬 것인데, 뒤에 '동쪽'을 나타내는 뜻의 글자가 되었다.

殷: 갑골문

秦: 소전체

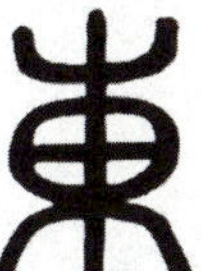

漢: 예서체

參考 ▶ '東'을 '木'과 '日'의 합자로 보는 사람도 있다.

活用單語

● 極東(극동) : 동쪽의 맨 끝. 동양의 가장 동쪽 지역. 우리나라 · 중국 · 일본 등지.

● 近東(근동) : 서유럽에 가까운 동양의 서쪽 지역. 터키 · 시리아 · 이집트 · 사우디아라비아 등의 나라가 있다.

● 大東(대동) : 우리나라를 동쪽의 큰 나라라는 뜻으로 일컫는 말.

聲符字(東이 음으로 쓰이는 글자)

凍(얼 동), 棟(용마루 동), 倲(어리석을 동)

四字成語

● 東問西答(동문서답) : 묻는 말에 대하여 아주 딴판인 엉뚱한 대답.

● 東奔西走(동분서주) : 사방으로 이리저리 몹시 바쁘게 돌아다님.

● 東西古今(동서고금) : 동양이나 서양에 있어서의 예나 지금.

● 馬耳東風(마이동풍) : 남의 말을 귀담아 듣지 않고 지나쳐 흘려버림을 이르는 말.

● 紅東白西(홍동백서) : 제사 때 제물을 차려 놓는 차례. 붉은 과실은 동쪽에, 흰 과실은 서쪽에 차리는 격식을 뜻한다.

서녘 서　[襾 부수]

해가 서쪽으로 질 때는 새들이 보금자리로 들어가기 때문에, 새둥지의 모양을 본떠 '서쪽'을 나타낸 글자이다.

殷: 갑골문

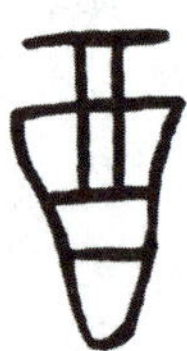

秦: 소전체

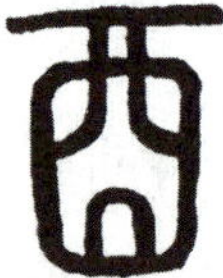

漢: 예서체

參考 要, 覆(엎어질 복) 등의 「襾(덮을 아)」를 「西(서녘 서)」로 잘못 써서는 안 된다.

活用單語

● 西岸(서안) : 서쪽 해안.
● 西曆(서력) : 예수가 태어난 해를 기원(紀元)으로 한 책력 (册曆).
● 嶺西(영서) : 강원도 대관령(大關嶺)의 서쪽 지방.
● 佛蘭西(불란서) : '프랑스' 의 음역(音譯).

聲符字(西가 음으로 쓰이는 글자)

栖(깃들일 서), 恓(애쓸 서)

四字成語

● 古今東西(고금동서) : 옛날과 지금. 동양과 서양.
● 東問西答(동문서답) : 물음과는 딴판인 엉뚱한 대답.
● 魚東肉西(어동육서) : 제사상을 차릴 때 어찬(魚饌)은 동쪽에, 육찬(肉饌)은 서쪽에 놓는 일.
● 東家食西家宿(동가식서가숙) : 일정한 거처 없이 떠돌아다니며 얻어먹고 지내는 일.

南

남녘 **남** [十 부수]

남쪽으로 향한 천막의 모양을 본떠 '남쪽'의 뜻을 나타낸 글자이다. 글자 풀이를 달리하는 사람도 있다.

殷: 갑골문

秦: 소전체

漢: 예서체

参考 「南(남녘 남)」과 모양이 비슷한 글자로 「芮(풀 뾰족 뾰족날 예)」가 있다.

活用單語

- 南下(남하) : 남쪽으로 내려감.
- 三南(삼남) : 충청도·전라도·경상도의 세 지방을 통틀어 이르는 말.
- 南緯(남위) : 적도 이남의 위도(緯度).
- 南北路(남북로) : 남북으로 뻗어 있는 길.

聲符字(南이 음으로 쓰이는 글자)

楠(녹나무 남), 湳(강 이름 남)

四字成語

- 南柯一夢(남가일몽) : 당(唐)나라 때 '순우분(淳于棼)'이란 사람이 남쪽으로 뻗은 홰나무 가지 아래서 잠이 들어 영화를 누리는 꿈을 꾸었다는 데서 나온 말로, 꿈과 같이 헛된 한때의 부귀와 영화.
- 南田北畓(남전북답) : '남쪽의 밭과 북쪽의 논'이란 뜻으로, '여기저기 흩어져 있는 논밭'을 일컫는 말.
- 南男北女(남남북녀) : 우리나라에서 '남쪽 지방은 남자가 잘나고, 북쪽 지방은 여자가 곱다'고 일러 내려오는 말.

북녘 **북**　[匕 부수]

본래 두 사람이 등지고 서 있는 모습을 본떠서 '등'을 뜻한 것인데, 뒤에 '북쪽'의 뜻으로 변하여 다시 「背(등 배)」자를 만들었다.

殷: 갑골문

秦: 소전체

漢: 예서체

參考　'北' 자는 '匕(비수 비)' 부수자에 속한다. 실은 '匕' 자와 관계없는 글자이다. '北' 과 비슷한 글자로 '比 (견줄 비)' 자가 있다.

'北' 자가 ' 배 '로도 발음된다. **예** 敗北(패배)

活用單語

● 北歐(북구) : 북유럽.

● 北伐(북벌) : 북쪽 지방을 침.

● 北京(북경) : 중국의 수도.

● 敗北(패배) : (전쟁·싸움·경쟁 등에서) 상대에게 눌리거나 지는 것.

聲符字(北이 음으로 쓰이는 글자)

背(등 배)

四字成語

● 北斗七星(북두칠성) : 북쪽 하늘의 큰곰자리에서 가장 뚜렷하게 보이는, 국자모양을 이룬 일곱 개의 별.

● 北窓三友(북창삼우) : 백거이(白居易)의 「북창삼우시 (北窓三友詩)」에서 유래(由來)한 말로, 거문고와 술과 시를 이름.

● 南船北馬(남선북마) : 남쪽 지방은 강과 운하가 많아서 배를 많이 쓰고, 북쪽 지방은 산과 사막이 많아서 말을 많이 쓴 데서 온 말로, 옛날의 중국의 교통 수단을 일컫던 말.

근본 **본** [木 부수]

나무의 모양을 본뜨고, 뿌리가 되는 것을 부호로 가리켜, 사물의 '근본'을 뜻한 글자이다.

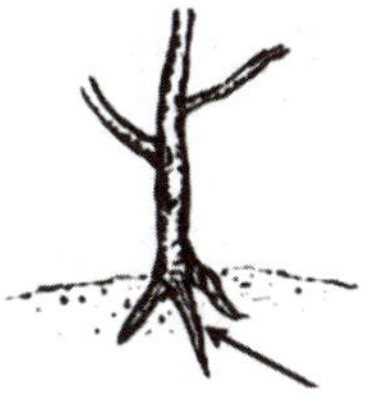

周: 금문

秦: 소전체

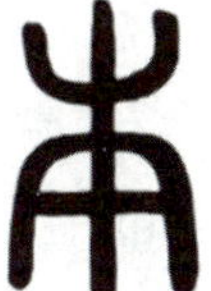

漢: 예서체

參考 ▶ '木' 자와 같이 사물의 모양을 본뜨지 않고, 부호로 가리킨 글자, 곧 지사자(指事字)를 들면 다음과 같다.

예 末(끝 말), 上(위 상), 下(아래 하), 刃(칼날 인)

活用單語

- 本貫(본관) : 시조(始祖)의 고향.
- 根本(근본) : 사물의 본바탕.
- 國譯本(국역본) : 국어로 옮긴 책.
- 脚本(각본) : 연극이나 영화에서 무대의 모양, 배우가 할 말이나 동작 따위를 적은 글.

聲符字(本이 음으로 쓰이는 글자)

呔(꾸짖을 본), 笨(거칠 분)

四字成語

- 同姓同本(동성동본) : 같은 성(姓)에다 같은 본(本).
- 拔本塞源(발본색원) : 뿌리를 뽑아 버리고 원인을 막아 버린다는 뜻으로, 폐단의 근원을 아주 뽑아서 없애 버림.
- 本然之性(본연지성) : 사람이 본디부터 가지고 있는 착한 심성.
- 歸巢本能(귀소본능) : 동물이 제 보금자리나 태어난 곳으로 되돌아오는 성질.

135

끝 **말** [木 부수]

나무의 모양을 본뜨고, 나무의 끝이 되는 부분을 부호로 가리켜, 사물의 '끝'을 뜻한 글자이다.

周: 금문

秦: 소전체

漢: 예서체

參考 '末' 자와 비슷한 글자들을 잘 구별해 쓸 것.
예 未(아닐 미), 朱(붉을 주)

活用單語

- 末年(말년) : 일생의 끝 무렵. 늘그막.
- 末端(말단) : 맨 끄트머리. 끝.
- 結末(결말) : 일이 진행되어 다다른 결론이나 끝맺음.
- 末尾(말미) : 맨 끝.
- 始末書(시말서) : 잘못을 저지른 사람이 사건의 경위를 자세히 적은 문서.

聲符字(末이 음으로 쓰이는 글자)

沫(거품 말), 抹(바를 말), 茉(말리 말), 韈(버선 말)

四字成語

- 微官末職(미관말직) : 자리가 아주 낮고 변변찮은 벼슬.
- 本末轉倒(본말전도) : 일이 처음과 나중이 뒤바뀜. 일의 근본 줄기는 잊고 사소한 부분에만 사로잡힘.
- 人中之末(인중지말) : 사람 가운데서 제일 못난 사람.
- 末梢神經(말초신경) : 뇌 혹은 척수에서 나와 전신에 퍼져 중추 신경계와 피부, 근육, 감각 기관 등을 연락하는 신경의 총칭.

높을 **고** [부수자]
높은 집의 모양을 본뜬 글자이다.

殷: 갑골문

秦: 소전체

漢: 예서체

參考 ‘高(고)’의 반대는 ‘低(저)’이고, ‘長(장)’의 반대는 ‘短(단)’이다.
　반 大 ↔ 小, 多 ↔ 少
「高」부수자는 별로 없으므로 「口(입 구)」 부수자에 소속시켜도 될 것이다.

活用單語

● 高見(고견) : 뛰어난 식견(識見). 남의 의견의 존칭.
● 高潔(고결) : 고상하고 깨끗함.
● 高邁(고매) : 뛰어나게 품위가 높음.

聲符字(高가 음으로 쓰이는 글자)

稿(볏짚 고), 膏(기름 고), 鎬(흴 고), 敲(두드릴 고), 藁(마를 고)

四字成語

● 高架道路(고가도로) : 기둥 따위를 세워 땅 위로 높이 설치한 도로.
● 高臺廣室(고대광실) : 높은 누대(樓臺)와 넓은 집이라는 뜻으로, 크고도 좋은 집을 이르는 말.
● 氣高萬丈(기고만장) : 기운(氣運)이 만장이나 뻗치었다는 뜻으로, 펄펄 뛸 만큼 크게 성이 남, 또는 일이 뜻대로 되어 나가 씩씩한 기운이 대단하게 뻗침.

137

모 **방** [부수자]

본래 쟁기의 모양을 본뜬 글자인데, 뒤에 '모서리'의 뜻으로 쓰이게 되었다.

殷: 갑골문

秦: 소전체

漢: 예서체

「方」이 왼쪽에 ①於(어조사 어) ②施(베풀 시) ③旅(나그네 려) ④族(겨레 족) ⑤旗(기 기) ⑥旋(돌 선)

「方」이 아래에 ①旁(곁 방)

● 方今(방금) : 바로 이제. 조금 전.
● 方途(방도) : 어떤 일을 하거나 문제를 풀어 가기 위한 방법과 도리.
● 方位(방위) : 사방의 위치.
● 魔方陣(마방진) : 자연수를 정사각형 모양으로 배열하여 가로나 세로나 대각선으로나 그 합친 수가 모두 같아지게 한 것.

傍(곁 방), 訪(찾을 방), 妨(방해할 방), 彷(헤맬 방), 防(막을 방)

● 四方八方(사방팔방) : 모든 방향이나 방면.
● 西方淨土(서방정토) : 서쪽으로 십만 억 국토를 지나서 있는 아미타불(阿彌陀佛)의 세계.
● 死後藥方文(사후약방문) : 죽은 뒤의 약 처방을 적은 글. 곧 때가 이미 늦었음을 비유.

12 병기류 兵器類

13자

刀, 刃, 弓, 矢, 干
戈, 矛, 車, 舟, 兵
丸, 介, 斤

138

칼 **도** [부수자]

칼의 모양을 본뜬 글자이다. 다른 글자의 변으로 쓰일 때는 「刂(선칼 도)」의 형태로 쓰인다.

殷: 갑골문

秦: 소전체

漢: 예서체

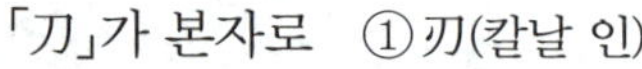

部首位置

「刀」가 본자로　①刃(칼날 인)

「刀」가 아래에　①分(나눌 분) ②券(문서 권)　③前(앞 전)

「刀」가 오른쪽에①切(자를 절) ②刊(간행할 간) ③列(벌일 렬)
　　　　　　　④利(이할 리) ⑤削(깎을 삭)　⑥則(곧 즉)
　　　　　　　⑦劃(그을 획) ⑧制(지을 제)　⑨副(버금 부)
　　　　　　　⑩割(벨　할) ⑪初(처음 초)　⑫別(나눌 별)
　　　　　　　⑬刻(새길 각) ⑭刷(인쇄할 쇄) ⑮創(비롯할 창)

活用單語

● 短刀(단도) : 한쪽에만 날이 있는 짧은 칼.
● 亂刀(난도) : 칼로 함부로 베거나 치거나 다짐.

聲符字(刀가 음으로 쓰이는 글자)

到(이를 도), 忉(근심할 도)

四字成語

● 單刀直入(단도직입) : 혼자서 한 자루의 칼을 휘두르며 적진으로 곧장 쳐들어간다는 뜻으로, 쓸데없는 말을 늘어놓지 않고 곧바로 하고자 하는 말을 함.

● 牛刀割鷄(우도할계) : '쇠칼로 닭을 잡는다' 는 뜻으로, 작은 일을 하는 데 크게 서두름의 비유.

● 笑裏藏刀(소리장도) : 웃음 속에 칼을 감춘다는 뜻으로, 말로는 좋게 하나 속으로는 해칠 뜻을 가짐을 비유하는 말.

139

刃

칼날 인　[刀 부수]

칼의 모양을 본뜨고, 칼날 부분을 부호로 가리
킨 글자이다.

殷: 갑골문

秦: 소전체

漢: 예서체

參考 ‘刃(칼날 인)’과 ‘刅(해칠 창)’은 구별해서 써야 하
는 글자. 姓氏의 「梁」은 「梁」으로 쓰면 안 된다.

活用單語

- 白刃(백인) : 서슬이 번쩍이는 칼날.
- 刃創(인창) : 칼날 따위에 다침, 또는 그 상처.
- 刀刃(도인) : 칼날. 칼의 총칭.
- 銳刃(예인) : 날카로운 칼날.

聲符字(刃이 음으로 쓰이는 글자)

忍(참을 인), 認(알 인)

四字成語

- 兵不血刃(병불혈인) : 병사가 칼에 피를 묻히지 아니
  하였다는 뜻으로, ‘피를 흘릴 만한 싸움도 아니하고
  쉽게 이김’ 이라는 말.
- 刃迎縷解(인영누해) : 칼날로 실을 끊어 푸는 것과
  같이 손쉽게 도리(道理)를 풀어냄.
- 三革五刃(삼혁오인) : 갑옷, 투구, 방패의 세 가지 가
  죽 무장과 칼(刀), 큰 칼(劍), 세모창(矛), 가지 달린
  창(戟), 화살(矢)의 다섯 가지 쇠붙이 무기를 가리키
  는 말.

140 弓

활 **궁** [부수자]
활의 모양을 본뜬 글자이다.

殷: 갑골문

秦: 소전체

漢: 예서체

部首位置

「弓」이 가운데 ①弔(조상할 조) ②弟(아우 제)
「弓」이 왼쪽에 ①引(끌 인)　②弘(클 홍)　③弦(활시위 현)
　　　　　　　④弱(약할 약)　⑤强(강할 강) ⑥張(베풀 장)
　　　　　　　⑦彈(탄알 탄)　⑧弧(활 호)
「弓」이 아래에 ①彎(굽을 만)　②弩(쇠뇌 노)

活用單語

● 弓術(궁술) : 활쏘는 기술.
● 名弓(명궁) : 이름난 활. 유서 깊은 활. 명궁수(名弓手)의 준말.
● 弓矢(궁시) : 활과 화살.
● 國弓(국궁) : 양궁(洋弓)에 대해 우리나라의 활, 혹은 그 궁술을 일컫는 말.

聲符字(弓이 음으로 쓰이는 글자)

穹(하늘 궁), 躬(몸 궁), 芎(궁궁이 궁)

四字成語

● 傷弓之鳥(상궁지조) : 한 번 화살에 맞은 새는 구부러진 나무만 보아도 놀란다는 뜻으로, 한 번 혼이 난 일로 늘 의심과 두려운 마음을 품는 것을 이르는 말.
● 莫莫强弓(막막강궁) : 아주 단단하고 센 활.

화살 시 [부수자]
활의 모양을 본뜬 글자이다.

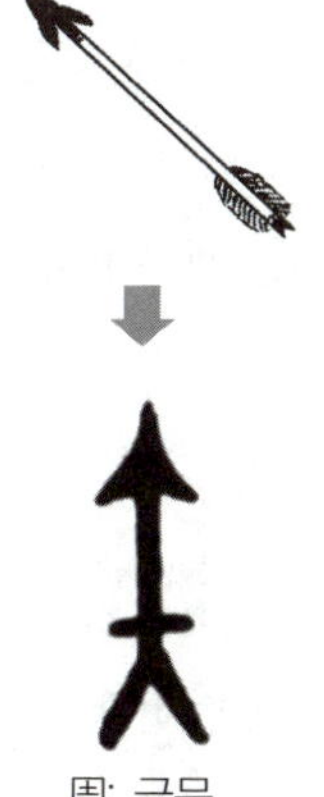

周: 금문

秦: 소전체

漢: 예서체

部首位置

「矢」가 아래에 ①矣(어조사 의)

「矢」가 왼쪽에 ①知(알 지) ②短(짧을 단) ③矯(바로잡을 교)

　※ 矢(화살 시)와 모양이 비슷한 글자 : 夭(일찍죽을 요),
　　　失(잃을 실), 天(하늘 천)

活用單語

- 弓矢(궁시) : 활과 화살.
- 雨矢(우시) : 빗발처럼 쏟아지는 화살을 뜻하는 말.
- 毒矢(독시) : 촉에 독을 바른 화살.
- 嚆矢(효시) : 전쟁터에서 우는 화살을 쏘아 개전(開戰)의
　신호로 삼다라는 뜻으로, 모든 일의 시초(始初).

四字成語

- 已發之矢(이발지시) : 이미 떠난 화살. 이미 시작한
　일을 중지하기 어려운 형편에 놓인 상태.
- 揚弓擧矢(양궁거시) : 활과 화살을 높이 든다는 뜻으
　로, '승리(勝利)'를 비유하는 말.

142

방패 **간** [부수자]

방패의 모양을 간략하게 본뜬 글자이다.

周: 금문

秦: 소전체

漢: 예서체

部首位置

「干」이 본자로 ①平(평평할 평) ②年(해 년)

「干」이 아래에 ①幸(다행 행) ②幹(줄기 간)

 ※ 干(방패 간)과 모양이 비슷한 글자 : 千(일천 천), 于(어조사 우)

活用單語

● 若干(약간) : 얼마 되지 아니함.
● 干戈(간과) : 창과 방패. 뜻이 바뀌어 병기(兵器). 전쟁.
● 干滿(간만) : 밀물(干潮)과 썰물(滿潮).
● 干城(간성) : 방패와 성이라는 뜻으로, 나라를 지키는 믿음직한 군대나 인물을 이르는 말.

聲符字(干이 음으로 쓰이는 글자)

刊(새길 간), 肝(간 간), 奸(간사할 간)

四字成語

● 干城之材(간성지재) : 방패와 성의 구실을 하는 인재(人材)란 뜻으로, 나라를 지키는 믿음직한 인재를 이르는 말.
● 內政干涉(내정간섭) : 남의 나라 안 정치에 관하여 간섭하는 일.

143

창 과 [부수자]

과(戈)라고 하는 창의 모양을 세워서 본뜬 글자이다. 과(戈)라고 하는 창의 모양을 세워서 본뜬 글자이다.

殷: 갑골문

秦: 소전체

漢: 예서체

部首位置

「戈」가 오른쪽에 ①戊(별 무) ②成(이룰 성) ③戌(개 술) ④我(나 아) ⑤或(혹시 혹) ⑥戒(경계할 계) ⑦戚(겨레 척) ⑧戲(희롱할 희) ⑨戰(싸움 전) ⑩戟(창 극) ⑪戴(일 대)

活用單語

- 戈劍(과검) : 창과 칼.
- 盾戈(순과) : 방패와 창.
- 兵戈(병과) : '싸움에 쓰는 창' 이라는 뜻으로, '무기'를 일컫는 말.

四字成語

- 倒置干戈(도치간과) : 무기(武器)를 거꾸로 놓는다는 뜻으로, 세상이 평화로워졌음을 이르는 말.
- 投兵息戈(투병식과) : 병기(兵器)를 던지고 창(槍)을 멈춘다는 뜻으로, 전쟁이나 싸움을 그만둠을 이르는 말.
- 入室操戈(입실조과) : '남의 방에 들어가 무기를 빼앗아서 공격하다' 라는 뜻으로, 남의 학설(學說)이나 주장(主張)을 반대로 이용하여 그 사람을 공격함을 비유한 말.

창 모 [부수자]
고리가 달린 긴 창의 모양을 세워서 본뜬 글자이다.

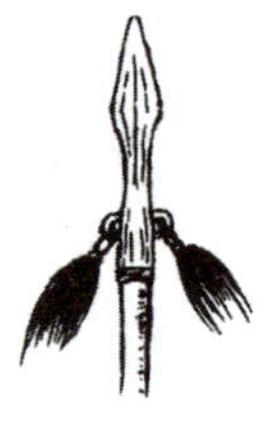

周: 금문

秦: 소전체

漢: 예서체

部首位置

「矛」가 왼쪽에 ①矜(불쌍히 여길 긍, 홀아비 환)
「矛」가 위에   ②矞(송곳질할 율, 속일 휼)
  ※ 矜(긍)의 「矛(모)」는 부수자이지만, 務(무)의 「矛(모)」
    는 성부(聲符)로 쓰인 것이다.

活用單語

● 矛戟(모극) : 창.
● 矛盾(모순) : '창과 방패' 라는 뜻으로, 말이나 행동의 앞
  뒤가 서로 일치(一致)되지 아니함.

聲符字(矛가 음으로 쓰이는 글자)

茅(띠 모), 務(힘쓸 무)

四字成語

● 自己矛盾(자기모순) : 스스로의 생각이나 행동이 앞
  뒤가 맞지 않는 것.
● 亡戟得矛(망극득모) : 물건(物件)을 얻거나 잃거나 함
  에 있어 그 이해(利害)를 두 가지로 해석(解釋)할 수
  있다는 뜻.

수레 **거/차** [부수자]

본래 수레의 두 바퀴 모양을 본뜬 것인데, 뒤에 한 바퀴로 생략된 글자이다.

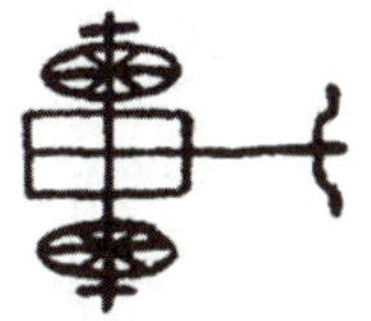

殷: 갑골문

秦: 소전체

漢: 예서체

部首位置

「車」가 가운데 ①輿(수레 여) ②轡(고삐 비)

「車」가 아래에 ①軍(군사 군) ②輩(무리 배) ③載(실을 재)

「車」가 왼쪽에 ①軒(집 헌)　②較(비교할 교) ③輕(가벼울 경)
　　　　　　 ④輪(바퀴 륜) ⑤轉(구를 전)　⑥輸(나를 수)
　　　　　　 ⑦軟(연할 연) ⑧軸(굴대 축)　⑨輯(모을 집)
　　　　　　 ⑩軾(수레앞턱가로나무 식) ⑪軌(수레바퀴 궤)

活用單語

- 車馬費(거마비) : 교통비(交通費).
- 客車(객차) : 열차 등에서 승객을 태우는 차량.
- 乘車(승차) : 차를 타는 것.
- 汽車(기차) : 증기기관(蒸氣機關)·디젤기관 따위를 원동력으로 하여 객차나 짐차를 끌고 궤도를 달리는 차량.

四字成語

- 車轍馬跡(차철마적) : 수레바퀴의 자국과 말의 발자국. 곧 거마(車馬)로 천하를 순유(巡遊)한 자취.
- 雙頭馬車(쌍두마차) : 말 두 마리가 끄는 마차.

146

舟

배 주　[부수자]
작은 배의 모양을 세워서 본뜬 글자이다.

殷: 갑골문

秦: 소전체

漢: 예서체

「舟」가 왼쪽에　①般(일반 반)　②航(배 항)　③船(배 선)
　　　　　　　④舶(배 박)　　⑤艦(싸움배 함)

活用單語

- 龍舟(용주) : 임금이 타는 배.
- 端舟(단주) : 조각배.
- 鐵舟(철주) : 쇠로 만든 작은 배.

聲符字(舟가 음으로 쓰이는 글자)

洲(물결무늬 주), 侜(속일 주)

四字成語

- 刻舟求劍(각주구검) : 배에서 떨어뜨린 칼을 찾는데, 배가 움직이는 것은 생각하지 않고 칼을 떨어뜨린 뱃전에다 표를 하고서 찾으려 했다는 중국 고사에서 나온 말로, '사리에 어둡고 어리석음'을 비유하는 말.
- 吳越同舟(오월동주) : 오(吳)나라 사람과 월(越)나라 사람이 한 배에 타고 있다는 뜻으로, 서로 적의를 품은 사람들이 같은 처지나 한 자리에 있게 됨을 비유하는 말.

병사 **병** [八 부수]

본래 두 손으로 자귀를 잡은 모양을 본뜬 것인데, '병사'의 뜻으로 쓰이게 되었다.

殷: 갑골문

秦: 소전체

漢: 예서체

參考 ▶ '兵'과 비슷한 글자로 '丘(언덕 구)'가 있다. 중국에서는 탁구를 「乒乓(핑팡)」球라고 한다.

活用單語

- 兵器(병기) : 전쟁에 쓰이는 기구. 무기.
- 兵法(병법) : 전쟁을 하는 방법.
- 騎兵(기병) : 말을 탄 군사. 말을 타고 싸우는 군사.
- 老兵(노병) : 늙은 병사. 경험이 많아 노련한 병사.
- 援兵(원병) : 구원(救援)하는 병정(兵丁). 도와주는 군사(軍士).

聲符字(兵이 음으로 쓰이는 글자)

浜〔배를 매어두는 곳 병, 濱(물가 빈)의 俗字〕

四字成語

- 千兵萬馬(천병만마) : 썩 많은 군사와 말.
- 兵家常事(병가상사) : 전쟁에서 이기고 지는 것은 흔히 있는 일이라는 뜻. 실패는 흔히 있는 일이므로 낙심할 것 없다는 말.
- 富國强兵(부국강병) : 나라를 부유하게 하고 군대를 강하게 함.

알 환 [丶부수]

본래 사람이 구슬을 가지고 있는 모습을 본뜬 것인데, 둥근 모양을 뜻하는 글자가 되었다.

參考 ‘丶(점 주)’ 부수자에 속하는 글자

예 丹(붉을 단), 主(주인 주)

※ 染(물들일 염)을 「桒」과 같이 「丸」자를 쓰면 안 된다.

周: 금문

活用單語

- 丸藥(환약) : 작고 둥글게 빚은 알약.
- 淸心丸(청심환) : 심경(心經)의 열(熱)을 푸는 환약.
- 砲丸(포환) : 대포의 탄알. 육상 경기에서 투포환에 쓰이는 쇠로 만든 공.
- 彈丸(탄환) : 총이나 포에 재어 쏘면 튀어 나가 목표 대상을 살상(殺傷)하거나 파괴하게 되어 있는 물건.

秦: 소전체

聲符字(丸이 음으로 쓰이는 글자)

紈(흰 비단 환)

漢: 예서체

四字成語

- 版上走丸(판상주환) : 언덕 위에서 공을 굴린다는 뜻으로, 어떤 세력에 힘입어 일을 꾀하면 쉽게 이루어지거나, 또는 그 일이 잘 진전됨의 비유.

끼일 개 [人 부수]

본래 사람이 갑옷을 입은 모양을 본뜬 것인데, 뒤에 '끼이다' 또는 '중개하다'의 뜻으로 쓰이게 되었다.

參考 '介'(끼일 개)와 비슷한 글자로 「个(낱 개)」가 있다. 중국에서는 '個(낱 개)' 대신 「个」를 쓴다.

殷: 갑골문

活用單語

- 介入(개입) : 사이에 끼어 듦.
- 介意(개의) : 마음에 둠.
- 媒介(매개) : 사이에 들어 양편의 관계를 맺어 줌.
- 紹介(소개) : (어떤 사람을 다른 사람에게) 어떠어떠한 사람임을 말하여 알게 하거나, 서로 알고 지내도록 중간에서 관계를 맺어 주는 것.

秦: 소전체

聲符字(개가 음으로 쓰이는 글자)

芥(겨자 개), 价(착할 개), 疥(옴 개)

漢: 예서체

四字成語

- 介胄之士(개주지사) : 갑옷과 투구를 갖추어 입고 무장한 무사(武士).

150 斤

도끼 **근** [부수자]

실은 도끼가 아니라 자귀의 모양을 본뜬 글자이다. 뒤에 무게의 단위로 쓰이게 되었다.

殷: 갑골문

秦: 소전체

漢: 예서체

「斤」이 본자로 　①斥(물리칠 척)

「斤」이 오른쪽에 ①斯(이 사)　②新(새 신)　③斷(끊을 단)
　　　　　　　　④斫(벨 작)　⑤斬(벨 참)

「斤」이 아래에 　①斧(도끼 부)

● 斤兩(근량) : 무게의 단위인 근과 냥, 또는 무게.
● 斧斤(부근) : 큰 도끼와 작은 도끼.
● 斤數(근수) : (무게 단위로 나타내는) 근의 수.

近(가까울 근), 劤(힘 근), 芹(미나리 근)

● 千斤萬斤(천근만근) : 무게가 천 근이나 만 근이 된다는 뜻으로, '아주 무거움'을 뜻하는 말.
● 千斤力士(천근역사) : 천 근을 들어 올릴 만한 장사(壯士). 곧 힘이 매우 센 사람.

13
宮室類
궁실류
14자
王, 主, 玉, 臣, 民
長, 京, 世, 冊, 典
免, 亞, 囚, 爵

임금 **왕** [부수자]

왕이 권위의 상징으로 큰 도끼를 들고 있는 모습을 본뜬 글자이다.

殷: 갑골문

秦: 소전체

漢: 예서체

參考 부수로 王(임금 왕)을 쓰지만, 실은 玉(구슬 옥) 부수의 점(丶)을 생략하여 쓰는 것이다. 「王(玉)」이 부수로 쓰이는 글자는 모두 「구슬」과 관계 있는 뜻이다.

活用單語

- 王冠(왕관) : 임금이 쓰는 관.
- 王都(왕도) : 왕궁(王宮)이 있는 도성(都城).
- 王妃(왕비) : 임금의 비(妃).
- 王陵(왕릉) : 임금의 무덤.

聲符字(王이 음으로 쓰이는 글자)

旺(성할 왕), 枉(굽을 왕), 汪(넓을 왕)

四字成語

- 閻羅大王(염라대왕) : 저승에서 지옥에 떨어지는 인간의 생전의 선악을 심판하여 벌을 준다고 하는 왕.
- 王侯將相(왕후장상) : 제왕(帝王)·제후(諸侯)·장수(將帥)·재상(宰相)의 총칭. 지난날, 권력층이나 지배층을 이르던 말임.
- 獨脚大王(독각대왕) : 귀신의 한 가지. 말썽 많고 아주 거북살스러운 사람의 비유.

주인 **주** [丶 부수]

본래 등잔불의 모양을 본뜬 것인데, 뒤에 '주인' 또는 '임금'의 뜻으로 쓰이게 되었다.

殷: 갑골문

秦: 소전체

漢: 예서체

參考 ▶ 主(주인 주)와 모양이 비슷한 글자로 王(임금 왕), 玉(구슬 옥), 圭(홀 규) 등이 있다.

活用單語 ▶

- 主管(주관) : 일을 주장(主掌)하여 관리함.
- 主權(주권) : 국가를 통치하는 최고·독립·절대의 권력. 통치권.
- 主義(주의) : 어떤 사물에 대하여 가지는 일정한 방침이나 주장.
- 主演(주연) : 극이나 영화 따위에서 주인공의 역할을 연기함. 또는, 그 배우.

聲符字(主가 음으로 쓰이는 글자)

住(살 주), 柱(기둥 주), 注(물댈 주), 炷(심지 주), 駐(머무를 주)

四字成語

- 風月主人(풍월주인) : 맑은 바람과 밝은 달 등의 자연을 즐기는 사람을 이르는 말.
- 主客顚倒(주객전도) : 주인은 손님처럼, 손님은 주인처럼 행동을 바꾸어 한다는 것으로 입장이 뒤바뀐 것.

殷: 갑골문

秦: 소전체

漢: 예서체

部首位置

「玉」이 위에　　①琴(거문고 금)

「玉」이 아래에　①璧(둥근옥 벽) ②璽(옥새 새)

「玉」이 좌우에　①班(나눌 반)

「玉」이 왼쪽에　①珍(보배 진)　　②球(구슬 구) ③理(다스릴 리)
　　　　　　　　④現(나타날 현) ⑤環(고리 환) ⑥玩(장난할 완)
　　　　　　　　⑦珠(구슬 주)　 ⑧琢(쫄 탁)　 ⑨瑤(아름다운 옥 요)

活用單語

●玉稿(옥고) : 남의 원고(原稿)에 대한 경칭(敬稱).

●玉體(옥체) : 임금 또는 귀인(貴人)의 몸의 경칭.

●珠玉(주옥) : 구슬과 옥.

聲符字(玉이 음으로 쓰이는 글자)

鈺(보배 옥)

四字成語

●金科玉條(금과옥조) : 금옥과 같은 법률(法律)의 뜻으로, 소중히 여기고 지켜야 할 규칙(規則)이나 교훈(教訓).

●氷姿玉質(빙자옥질) : 얼음같이 맑고 깨끗한 살결과 구슬같이 아름다운 자질. '매화(梅花)'를 달리 이르는 말.

154

신하 신 [부수자]

신하가 엎드려 있는 모습에서 눈의 모양을 본 떠, '신하'의 뜻을 나타낸 글자이다.

殷: 갑골문

秦: 소전체

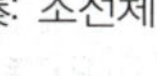

漢: 예서체

部首位置

「臣」이 왼쪽에 ①臥(누울 와) ②臨(임할 림)

　※ 臣(신하 신)과 모양이 비슷한 글자로 巨(클 거), 臣(턱 이, 頤의 本字)가 있다.

活用單語

● 臣服(신복) : 신하가 되어 복종함.
● 臣僚(신료) : 벼슬아치. 관리(官吏).
● 功臣(공신) : 나라에 공을 세운 신하.
● 使臣(사신) : 임금의 명을 받고 외국에 파견되는 신하.
● 諫臣(간신) : 임금에게 옳은 말로 간하는 신하. 간관(諫官).

四字成語

● 元老大臣(원로대신) : 나이가 많고 덕망(德望)이 높은 영의정(領議政), 좌의정(左議政), 우의정(右議政) 등의 대관(大官).
● 股肱之臣(고굉지신) : 다리와 팔뚝에 비길 만한 신하라는 뜻으로, 임금이 가장 믿고 중히 여기는 신하.
● 奸臣賊子(간신적자) : 간사한 신하와 부모를 거스르는 자식.
● 開國功臣(개국공신) : 새로 나라를 세울 때에 공훈(功勳)이 많은 신하.

백성 민 [氏 부수]

본래 식물의 싹이 땅에서 처음 돋아나는 모양을 본뜬 것인데, 뒤에 '백성'의 뜻으로 쓰이게 되었다.

周: 금문

秦: 소전체

漢: 예서체

參考 民과 모양이 비슷한 글자로 氏(성씨 씨), 氐(근본 저) 등이 있다.

活用單語

- 民本(민본) : 백성의 생활 근본.
- 難民(난민) : 재난을 당하여 곤경에 빠진 백성.
- 民族(민족) : 언어 · 혈통 · 역사를 같이하는 사람들의 집단.
- 民亂(민란) : 백성들이 일으킨 소요(騷擾).

聲符字(民이 음으로 쓰이는 글자)

眠(잘 면), 泯(망할 민), 珉(옥돌 민)

四字成語

- 白衣民族(백의민족) : 예로부터 흰옷을 숭상하여 즐겨 입은 한민족(韓民族)'을 이르는 말.
- 惑世誣民(혹세무민) : 세상을 어지럽히고 백성을 미혹(迷惑)하게 하여 속임.
- 敬天勤民(경천근민) : 하느님을 받들고 백성을 통치하기를 게을리하지 아니함.

156

길 장 [부수자]

본래 머리털이 긴 노인이 지팡이를 짚고 가는 모습을 본떠 '긴 머리털'의 뜻을 나타낸 것인데, 뒤에 '길다' 또는 '어른'의 뜻으로 쓰이게 되었다.

周: 금문

秦: 소전체

漢: 예서체

參考 「長」의 부수자는 별로 쓰이는 것이 없다.

活用單語

- 長久(장구) : 길고 오램.
- 長短(장단) : 길고 짧음. 길기도 하고 짧기도 함. 장점과 단점.
- 長孫(장손) : 맏손자.
- 長蛇陣(장사진) : 많은 사람이 줄을 지어 길게 늘어선 모양을 이르는 말.

聲符字(長이 음으로 쓰이는 글자)

張(베풀 장), 帳(장막 장), 脹(배부를 창)

四字成語

- 教學相長(교학상장) : 사람에게 가르쳐 주거나 스승에게 배우거나 모두 나의 학업을 증진시킴.
- 斷長補短(단장보단) : 남는 것을 끊어 모자라는 것을 기움. 장점을 취하여 단점을 보충함. 〔=截長補短(절장보단)〕
- 落落長松(낙락장송) : 가지가 아래로 축축 늘어진 키 큰 소나무.

157

서울 경 [亠 부수]

본래 성을 쌓고 큰집을 지은 모양을 본뜬 것인데, 뒤에 '서울'이라는 뜻으로 변하였다.

殷: 갑골문

秦: 소전체

漢: 예서체

參考 京(서울 경)과 모양이 비슷한 글자로 景(볕 경), 享(누릴 향), 亨(형통할 형), 亭(정자 정)

活用單語

- 京鄕(경향) : 서울과 시골.
- 上京(상경) : 지방에서 서울로 올라오는 것.
- 歸京(귀경) : 서울로 돌아가거나 돌아오는 것.
- 京劇(경극) : '북경(北京)의 극'이란 뜻으로, 중국 청(淸)나라 때 연극의 하나.

聲符字(京이 음으로 쓰이는 글자)

倞(굳셀 경), 景(볕 경), 鯨(고래 경)

四字成語

- 京華子弟(경화자제) : 번화한 서울에서 곱게 자란 젊은이라는 뜻으로, 주로 부잣집 자녀들을 이르는 말.
- 五日京兆(오일경조) : 닷새 동안의 京兆尹(경조윤)이라는 뜻으로, 오래 계속되지 못한 관직, 또는 그런 일.〔중국 한나라 장창(張敞)이 수도의 장관인 경조윤(京兆尹)에 임명되었다가 며칠 후에 면직된 데서 유래한다.〕

인간 세 [一 부수]

본래 나무의 줄기에 잎이 많음을 본떠 '한 세대'의 뜻으로 쓰인 것인데, 부모 자식 사이의 한 세대는 30년이므로 '삼십'의 뜻으로도 쓰이게 되었다.

周: 금문

秦: 소전체

漢: 예서체

參考 ▶ 世(인간 세)의 이체자로 「卋」가 있고, 속자로 「𠃜」가 있다.

活用單語

● 世代(세대) : 한 시대. 30년을 한 세대로 잡음.
● 世襲(세습) : 대(代)를 이어 물려받음.
● 世世(세세) : 대대(代代).
● 世俗(세속) : 평범한 사람들이 사는 이 세상. 속세(俗世). 세상 풍속(風俗).

聲符字(世가 음으로 쓰이는 글자)

貰(세낼 세), 笹(조릿대 세)

四字成語

● 世俗五戒(세속오계) : 신라 때에, 화랑(花郞)의 다섯 가지 계율(戒律). 진평왕(眞平王) 때의 원광법사(圓光法師)가 세운 것으로, 곧 사군이충(事君以忠), 사친이효(事親以孝), 교우이신(交友以信), 임전무퇴(臨戰無退), 살생유택(殺生有擇).
● 曲學阿世(곡학아세) : 학문을 굽히어 세상에 아첨(阿諂)한다는 뜻으로, 정도(正道)를 벗어난 학문으로 세상 사람에게 아첨함을 이르는 말.

책 책 [冂 부수]

본래 종이가 발명되기 전에 나무쪽이나 대쪽에 글씨를 써서 끈으로 엮은 것을 본뜬 것인데, 오늘날 '책'의 뜻으로 쓰이게 되었다.

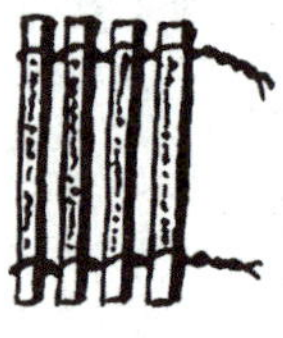

殷: 갑골문

秦: 소전체

漢: 예서체

參考

'冊'이 다른 글자와 합쳐 쓰일 때는 '책'과 '산'의 음으로 읽힌다.

예 柵(울짱 책), 珊(산호 산), 刪(깎을 산)

活用單語

- 冊房(책방) : 서점.
- 別冊(별책) : 따로 엮어 만든 책.
- 簡冊(간책) : 옛날에 종이 대신 글씨를 쓰던 대쪽, 또는 그것으로 엮어 맨 책.
- 冊曆(책력) : 천체(天體)를 측정하여 해와 달의 운행(運行)과 절기(節氣)를 적은 책.

聲符字(冊이 음으로 쓰이는 글자)

柵(울짱 책), 栅(전병 책)

四字成語

- 冊床退物(책상퇴물) : 글만 읽고 세상 물정에는 어두운 사람. 책상물림.
- 高文大冊(고문대책) : 문장이 뛰어나고 내용이 웅대한 저작.

법 **전** [八 부수]

본래 두 손으로 죽책이나 옥책을 받든 모습을 본뜬 것인데, '법' 또는 '규정'의 뜻으로 쓰이게 되었다.

殷: 갑골문

秦: 소전체

漢: 예서체

參考 典과 모양이 비슷한 글자로 豊(풍년 풍), 具(갖출 구) 등이 있다.

活用單語

- 古典(고전) : 옛날의 의식(儀式)이나 법식(法式). 옛날의 작품이나 문헌.
- 國典(국전) : 나라의 법전(法典). 나라의 고유 의식이나 전례(典禮).
- 典例(전례) : 전거(典據)가 되는 선례(先例).
- 法典(법전) : 같은 부문에 딸리는 법규를 총괄하여 일정한 체계에 따라 엮은 책.

聲符字(典이 음으로 쓰이는 글자)

琠(귀막이 전), 悿(부끄러워할 전)

四字成語

- 金石之典(금석지전) : 금석처럼 변함없는 가치를 지닌 법전.
- 不祧之典(부조지전) : 나라에 큰 공훈(功勳)이 있는 사람의 신주(神主)를 영구히 사당(祠堂)에서 제사(祭祀) 지내게 하던 특전(特典).
- 經國大典(경국대전) : 조선시대에 통치의 기준이 된 최고의 법전.

면할 **면** [儿 부수]

본래 임금이 쓰는 면류관의 모양을 본뜬 것인데, 뒤에 '면하다'의 뜻으로 쓰이게 되어, 다시 '冕(면류관 면)' 자를 만들었다.

周: 금문

秦: 소전체

漢: 예서체

參考 免(면할 면)자와 비슷한 글자로 兎(토끼 토)가 있다.

活用單語

- 減免(감면) : 매겨야 할 부담을 감해 주거나 면제함.
- 免稅(면세) : 소득이 적은 사람, 혹은 사회 정책, 산업 정책 그 밖의 일로 조세를 부과해야 할 사람, 또는 물건에 과세를 면제하는 일.
- 免疫(면역) : 일정한 돌림병에 걸리지 않게 되어 있는 몸의 상태.
- 免除(면제) : 책임이나 의무를 지우지 않음. 채권자가 채무자에게 대한 의사 표시에 의해 그 책임을 소멸시키는 일.
- 免責(면책) : 책임을 면함. 책망을 면함.
- 赦免(사면) : 죄를 용서하여 형벌을 면제함.

聲符字(免이 음으로 쓰이는 글자)

勉(힘쓸 면), 晩(늦을 만), 冕(면류관 면)

四字成語

- 免冠頓首(면관돈수) : 관을 벗고 이마가 땅에 닿도록 절을 함.
- 訓戒放免(훈계방면) : 경범자 따위를 훈계하여 놓아주는 일. 訓放.
- 免無人色(면무인색) : 놀라거나 무서움에 질려 얼굴에 핏기가 없음.

버금 **아** [二 부수]

본래 사당이나 묘 속의 평면도형을 본뜬 것인데, 뒤에 차례의 '버금'을 뜻하게 되었다.

參考 '亜'는 '亞'의 약자이다.

活用單語

- 露西亞(노서아) : '러시아'의 음역.
- 亞卿(아경) : 경의 다음 벼슬, 곧 육조(六曹)의 참판, 좌윤, 우윤 등을 공(公), 정경(正卿) 등에 상대하여 가리키는 말.
- 亞流(아류) : 둘째가는 사람이나 사물, 독창성이 없어서 뛰어난 작가의 작품을 모방만 하는 것, 혹은 그런 사람.
- 亞聖(아성) : 성인(聖人)에 버금간다는 의미. 공자(孔子)에 대하여 맹자(孟子), 혹은 안연(顏淵)을 이르는 말.
- 亞鉛(아연) : 청색을 띤 은백색의 금속 원소.

聲符字(亞가 음으로 쓰이는 글자)

啞(벙어리 아), 惡(모질 악, 미워할 오), 俹(기댈 아)

四字成語

- 亞熱帶林(아열대림) : 아열대 지방에 우거져 있는 숲. 녹나무, 귤나무, 소철, 동백나무 따위가 무성하게 자란다.
- 亞字交窓(아자교창) : '亞'자 형 문살로 된 교창.
- 亞流主義(아류주의) : 독창성이 없이 다른 사람의 작품, 사상, 주의를 모방 혹은 계승하기만 하는 경향.

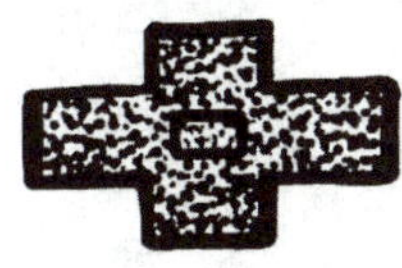

殷: 갑골문

秦: 소전체

漢: 예서체

163

죄수 **수** [口 부수]

죄를 지은 사람이 토굴에 갇혀 있는 상태를 본 뜬 글자이다.

周: 금문

秦: 소전체

漢: 예서체

參考 '囚' 와 비슷한 글자는 因(인할 인), 困(피곤할 곤), 囷(곳집 균)이 있다.

活用單語

- 旣決囚(기결수) : 유죄판결이 나서 형의 집행을 받는 사람.
- 未決囚(미결수) : 범죄의 혐의로 가두어 둔 심리(審理) 중의 형사피고인.
- 囚衣(수의) : 죄수가 입는 옷.
- 良心囚(양심수) : 사상·신념만의 이유로 붙잡혀 있는 사람.
- 罪囚(죄수) : 교도소에 수감된 죄인.

聲符字(囚가 음으로 쓰이는 글자)

泅(헤엄칠 수), 茵(지초 수), 鮂(버들치 수)

四字成語

- 擧案齊眉(거안제미): 밥상을 눈썹과 가지런하도록 공손히 들어 남편 앞에 가지고 간다라는 뜻으로, 남편을 깍듯이 공경함을 이르는 말.
- 焦眉之急(초미지급): 눈썹에 불이 붙은 것과 같이 매우 위급함.

164

벼슬 작 [爪 부수]

본래 청동기로 만든 참새 모양의 술잔을 상형한 것인데, 뒤에 '벼슬'의 뜻으로 쓰이게 되었다.

殷: 갑골문

秦: 소전체

漢: 예서체

參考 '爵' 자가 사전에는 '爪(손톱 조)' 부수자에 들어 있으나, 상형자의 변천으로 보면 본래 '爪'와는 관계없는 글자이다.

活用單語

- 封爵(봉작) : 제후로 봉하고 관작을 줌.
- 五等爵(오등작) : 다섯 등급으로 나눈 작위. 공작(公爵)·후작(侯爵)·백작(伯爵)·자작(子爵)·남작(男爵).
- 敍爵(서작) : 작위를 내림.
- 勳爵(훈작) : 훈등과 작위.
- 爵祿(작록) : 관작과 봉록.

聲符字(爵이 음으로 쓰이는 글자)

嚼(씹을 작), 爝(횃불 작), 皭(흴 작)

四字成語

- 高官大爵(고관대작) : 높은 관직이나 높은 신분, 또는 그런 위치에 있는 사람.
- 削奪官爵(삭탈관작) : 삭탈(削奪) 관직(官職). 죄를 지은 사람의 벼슬과 품계(品階)를 뗌.

四面楚歌 사면초가

　사면초가(四面楚歌)의 '楚(초)'는 '초나라'를 뜻하고, '歌(가)'는 '노래'의 뜻으로써, 사방이 초나라의 노래, 곧 사면이 적병으로 포위되어 고립된 상태를 뜻하는 고사이다.

　전한(前漢)의 사마천(司馬遷)이 지은 사기(史記)의 항우본기(項羽本紀)에서 유래된 고사이다.

　한(漢)나라의 임금인 유방(劉邦)이 해하(垓下)에서 초(楚)나라의 임금인 항우(項羽)를 공략할 때에 유방은 궁지에 몰린 항우를 계략으로써 항복을 받기 위하여 밤에 한나라 병사들로 하여금 사방에서 초나라의 노래를 부르게 하였다.

　항우는 이미 초나라 병사가 모두 유방의 편이 된 줄 알고, 그날 밤 평소 사랑하는 우미인(虞美人)과 추(騅)라고 일컫던 준마와 결별의 노래를 부르고 최후를 맞이했다.

　오늘날도 대통령의 자리가 좋기는 하지만, 잘못하면 사면초가의 신세가 되기 쉬운 것도 미리 알아두어야 할 것이다.

14

시절류

11자

春, 夏, 秋, 冬, 旦
夕, 早, 莫, 今, 昔, 曾

봄 춘 [日 부수]

본래 따뜻한 햇볕을 받아 풀 싹이 나는 모양을 본뜬 글자이다. 뒤에 자음을 나타내기 위하여 '屯(둔)' 자를 더하여 '春' 자로 변하였다.

殷: 갑골문

秦: 소전체

漢: 예서체

參考 ▷ '春'과 비슷한 글자는 泰(클 태), 香(향기 향), 奉(받들 봉), 舂(찧을 용)이 있다.

活用單語

- 賞春(상춘) : 봄의 경치를 보고 즐김.
- 靑春(청춘) : 새싹이 파랗게 돋아나는 봄철. 젊고 건강한 시절.
- 春窮期(춘궁기) : 봄철의 농민이 사는 것이 어려운 때.
- 春三月(춘삼월) : 봄의 끝달인 음력 삼월. 봄 경치가 가장 좋은 철.
- 春秋(춘추) : 공자가 지은 노나라 은공으로부터 애공까지 242(기원전 722~481)년 동안의 역사를 기록한 책.

聲符字(春이 음으로 쓰이는 글자)

椿(참죽나무 춘), 瑃(옥 이름 춘), 賰(넉넉할 춘)

四字成語

- 陽春佳節(양춘가절) : 따뜻하고 좋은 봄철.
- 一場春夢(일장춘몽) : 한바탕의 봄꿈이라는 뜻으로, '헛된 영화나 덧없는 인생'을 비유하는 말.
- 二八靑春(이팔청춘) : 나이 열여섯 살쯤 된 젊은이.
- 九十春光(구십춘광) : 봄의 석 달 동안. 봄의 석 달 동안의 화창한 날씨.
- 春雉自鳴(춘치자명) : 봄철의 꿩이 스스로 운다는 뜻으로 시키거나 요구하지 않아도 제 스스로 알아서 함.

166

夏

여름 **하** [夂 부수]

본래 화려하게 꾸민 귀인의 모습을 본떠 '크다'의 뜻을 나타낸 것인데, 뒤에 '여름'의 뜻으로 쓰이게 되었다.

殷: 갑골문

秦: 소전체

漢: 예서체

參考 ※ 한 계절의 석달을 '孟(맹)·仲(중)·季(계)'로 나눈다. 孟夏(5월), 仲夏(6월), 季夏(7월)

※ '夏'는 '夂'(천천히 걸을 쇠) 부수자에 속하므로 '夊'(뒤쳐올 치)로 써서는 안 된다.

活用單語

- 常夏(상하) : 늘 계속되는 여름.
- 盛夏(성하) : 한여름.
- 夏至(하지) : 24절기의 하나. 망종과 소서 사이로 양력 6월 21일이나 22일이 된다. 해가 하지선에 이르면 북반구에서는 낮이 가장 길고 밤이 가장 짧다.
- 夏繭(하견) : 여름누에가 지은 고치.

聲符字(夏가 음으로 쓰이는 글자)

厦(큰집 하), 廈(큰집 하)

四字成語

- 冬扇夏爐(동선하로) : '겨울철의 부채와 여름철의 화로'라는 뜻으로, 때에 맞지 않아 쓸데없이 된 물건의 비유.
- 夏扇冬曆(하선동력) : 여름의 부채와 겨울의 책력이라는 뜻으로, 곧 '선물이 철에 맞음'을 이름.

167 秋

가을 추 [禾 부수]

본래 가을에 많은 메뚜기의 모양을 본떠 '가을'을 뜻하였으나, 뒤에 '禾(벼 화)'자와 '火(불 화)'자를 합쳐 '가을'을 뜻하게 되었다.

殷: 갑골문

秦: 소전체

漢: 예서체

參考 '秋'와 비슷한 글자는 秩(차례 질), 秒(시간단위 초), 科(과정 과)가 있다.

活用單語

- 如三秋(여삼추) : 三秋와 같다는 의미로, 기다리기에 지루하여 오랜 세월처럼 느껴진다는 말.
- 仲秋(중추) : 가을이 한창인 때, 즉, 음력 8월.
- 中秋(중추) : 음력 8월 보름. 추석(秋夕).
- 秋霜(추상) : 가을의 찬 서리. '두려운 위엄이나 엄한 형벌'의 비유.
- 秋波(추파) : 가을철의 잔잔하고 아름다운 물결. 은근한 정을 나타내는 눈짓. 환심을 사려고 아첨하는 은근한 태도나 기색.

聲符字(秋가 음으로 쓰이는 글자)

愁(근심 수), 楸(가래 추), 湫(다할 추), 鰍(미꾸라지 추), 鞦(그네 추)

四字成語

- 滿塘秋水(만당추수) : 못에 가득 찬 가을의 맑은 물.
- 一葉知秋(일엽지추) : '오동잎이 하나 떨어지는 것을 보고 가을이 온 것을 안다'는 뜻.
- 秋風落葉(추풍낙엽) : 가을바람에 흩어져 떨어지는 나뭇잎. '어떤 형세나 판국이 갑자기 기울어지거나 헤어져 흩어지는 모양'을 비유하는 말.

겨울 **동** [冫 부수]

본래 끈을 맺은 모양을 본뜬 것인데, 사계절의 끝인 '겨울'의 뜻으로 쓰이게 되었다. 뒤에 얼음을 뜻하는 '冫(빙)'이 더해진 글자이다.

參考 冬과 모양이 비슷한 글자로 '各(각각 각)'이 있다.

殷: 갑골문

秦: 소전체

漢: 예서체

活用單語

- 暖冬(난동) : 평균기온보다 높아 따뜻한 겨울.
- 冬眠(동면) : 동물이 겨울 동안 땅속, 물속 등에서 생활 활동을 멈추고 수면 상태에 있는 현상. 겨울잠.
- 越冬(월동) : 겨울을 넘김, 겨울을 남.
- 冬安居(동안거) : 스님들이 해마다 음력 시월 열엿샛날부터 그 이듬해 정월 보름날까지 일정한 곳에 들어앉아 수도하는 일.
- 冬至使(동지사) : 조선 때 해마다 동짓달에 명나라 또는 청나라에 보내던 사신.

聲符字(冬이 음으로 쓰이는 글자)

終(마칠 종), 疼(아플 동), 氡(라돈 동), 烔(불꽃 동)

四字成語

- 嚴冬雪寒(엄동설한) : 눈 내리는 깊은 겨울의 심한 추위.
- 冬溫夏淸(동온하청) : 부모에 효도함. 겨울은 따뜻하게, 여름은 시원하게 해드림.

旦

아침 **단** [日 부수]

해가 막 뜰 때는 해와 그림자가 서로 맞붙어 있음을 본떠 '아침'을 나타낸 글자이다.

周: 금문

秦: 소전체

漢: 예서체

參考 旦과 비슷한 글자로 且(또 차), 亘(건널 긍, 돌 선)이 있다.

活用單語

- 旦夕(단석) : 아침과 저녁.
- 元旦(원단) : 설날 아침.
- 一旦(일단) : 우선 한 번. 우선 잠깐.
- 歲旦(세단) : 정월 초하루 아침.
- 月旦評(월단평) : 인물에 대한 평.
- 黎旦(여단) : 여명(黎明).
- 震旦(진단) : 중국(中國)을 달리 이르는 말. 인도 사람이 중국(中國)을 치나스타나(China-sthana) 또는 치니스탄(Chinistan)이라고 불렀기 때문임.

聲符字(旦이 음으로 쓰이는 글자)

但(다만 단), 袒(웃통 벗을 단), 檀(박달나무 단), 壇(단 단), 亶(믿음 단), 担(떨칠 단), 澶(멀 단), 鴠(산박쥐 단), 勯(힘 다할 단), 繵(묶을 단)

四字成語

- 坐以待旦(좌이대단) : 밤중부터 일어나 앉아서 아침이 되기를 기다린다는 뜻으로, 성미가 매우 급함을 이르는 말.

夕 저녁 **석** [부수자]

초승달을 그려 밤이 되기 전의 '저녁'을 나타 낸 글자이다.

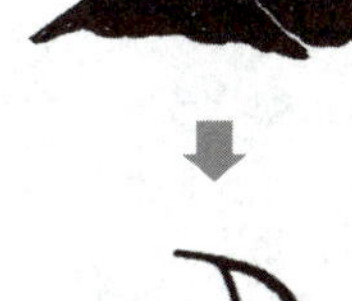

殷: 갑골문

秦: 소전체

漢: 예서체

部首位置

「夕」이 아래에 ①夜(밤 야) ②夢(꿈 몽)

「夕」이 왼쪽에 ①外(바깥 외)

「夕」이 거듭   ①多(많을 다)

活用單語

● 夕講(석강) : 임금이 신하들과 함께 저녁때 글을 강론함, 혹은 그 강론.

● 夕陽(석양) : 해질 때의 해, 혹은 그 햇빛. 노년(老年)을 비 유하여 이르는 말, 황혼.

聲符字(夕이 음으로 쓰이는 글자)

汐(썰물 석), 釛(실리키움 석), 邪(돌아누울 석)

四字成語

● 一朝一夕(일조일석) : 하루 아침이나 하루 저녁과 같 은 짧은 시일.

● 朝聞夕死(조문석사) : 아침에 참된 이치를 들어 깨달 으면 저녁에 죽어도 한이 없다는 말.

● 朝飯夕粥(조반석죽) : 아침에는 밥을 먹고, 저녁에는 죽을 먹는 정도의 구차한 생활.

● 朝變夕改(조변석개) : '아침저녁으로 뜯어고친다' 는 뜻으로, '계획이나 결정 따위가 일관성이 없이 자주 바뀌거나 고침' 을 비유하는 말.

일찍 **조** [日 부수]

해가 지평선의 풀 위로 솟아오르는 모양을 본 뜬 것이다.

殷: 갑골문

秦: 소전체

漢: 예서체

參考 ▶ '早' 자와 비슷한 글자

旱(가물 한, 旱害), 卓(높을/탁자 탁, 卓子)

活用單語

- 早急(조급) : 매우 서두르는 일.
- 早期(조기) : 이른 시기.
- 早速(조속) : 곧. 빨리. 서둘러.
- 早産(조산) : 달이 차기 전에 아이를 낳는 일.
- 早晚間(조만간) : 이르든지 늦든지 언제고. 앞으로 멀지 않아.
- 早熟(조숙) : 나이에 비해 올됨. 곡식이나 과일 따위가 일찍 익음.
- 早朝(조조) : 이른 아침.

聲符字(早가 음으로 쓰이는 글자)

朝(아침 조), 潮(밀물 조), 嘲(비웃을 조)

四字成語

- 早失父母(조실부모) : 어려서 부모를 여읨.
- 時機尙早(시기상조) : 때가 아직 덜 되어서 그 기회에는 이름.
- 早朝割引(조조할인) : 극장 등에서, 보통 오전에 입장 요금을 할인하는 일.

172

莫

말 **막**　[++ 부수]

해가 풀 속으로 지는 상태를 본뜬 '저물다'의 뜻을 나타낸 것이다. 뒤에 해가 지면 하던 일도 '말다'의 뜻으로 변하여, 다시 '暮(저물 모)'자를 만들었다.

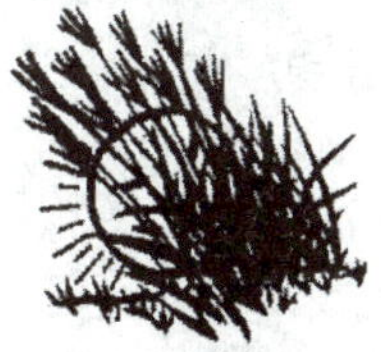

殷: 갑골문

秦: 소전체

漢: 예서체

參考 ▶ '莫' 자가 지금은 부정하거나 어떤 행동을 금지할 때 쓰이고, '저물다'의 뜻으로는 쓰이지 않는다.

活用單語

- 莫强(막강) : 힘이 더할 수 없이 셈.
- 莫大(막대) : 몹시 크거나 많음.
- 莫論(막론) : 말할 나위도 없이. 의논을 그만함.
- 莫重(막중) : 매우 귀중하고 중요함.

聲符字(莫이 음으로 쓰이는 글자)

漠(아득할 막), 幕(장막 막), 模(모범 모), 慕(사모할 모), 暮(저물 모), 膜(막 막), 寞(쓸쓸할 막)

四字成語

- 莫無可奈(막무가내) : 한번 정한 대로 고집하여 도무지 융통성이 없음.
- 莫上莫下(막상막하) : 더 낫고 더 못함의 차이가 없음.
- 莫逆之間(막역지간) : 벗으로서 아주 허물없는 사이.
- 後悔莫及(후회막급) : 일이 잘못된 뒤에 아무리 뉘우쳐도 어찌할 수가 없음.

173 今

이제 **금**　[人 부수]

본래 입 안에 음식물을 물고 있는 상태를 본떠
'지금' 의 뜻을 나타낸 것이다.

 '今' 자와 비슷한 글자로 '令(하여금 령)' 자가 있다.

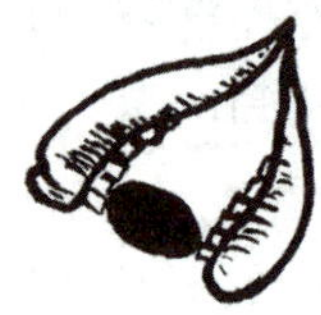

殷: 갑골문

秦: 소전체

漢: 예서체

- 古今(고금) : 옛날과 지금.
- 昨今(작금) : 어제와 오늘. 곧, 요즈음.
- 今年(금년) : 올해.
- 今世紀(금세기) : 지금의 세기.
- 方今(방금) : 바로 이제.

吟(읊을 음), 陰(그늘 음), 琴(거문고 금), 衾(이불 금), 衿(옷깃 금), 昑(밝을 금), 妗(외숙모 금)

- 今時初聞(금시초문) : 이제야 처음 들음.
- 東西古今(동서고금) : 동양(東洋)과 서양(西洋). 그리고 옛날과 오늘. 곧, '어디서나, 언제나' 의 뜻.
- 昨非今是(작비금시) : 전날에는 잘못이라고 생각되던 것이 오늘에 와서는 옳은 것으로 여겨짐.

옛 석 [日 부수]

본래 큰 홍수가 일어나 재해를 당했던 날을 나타낸 것인데, 그날은 잊을 수 없는 과거이므로 '옛날'의 뜻으로 쓰이게 되었다.

殷: 갑골문

秦: 소전체

漢: 예서체

參考 '昔' 자와 비슷한 글자로 旨(뜻 지), 晉(나라이름 진)이 있다.

活用單語

- 昔時(석시) : 옛적.
- 昔賢(석현) : 옛 현인(賢人).
- 古昔(고석) : 오랜 옛날.
- 昔人(석인) : 옛사람.
- 夙昔(숙석) : 좀 오래된 옛날.
- 昔年(석년) : 옛날. 지난해.

聲符字(昔이 음으로 쓰이는 글자)

惜(아낄 석), 鵲(까치 작)

四字成語

- 憶昔當年(억석당년) : 오래 전의 지난 일을 돌이켜 생각함.
- 今昔之感(금석지감) : 지금과 옛날을 비교할 때 차이가 매우 심하여 느껴지는 감정.
- 非今非昔(비금비석) : 어제 오늘의 일이 아니고 늘 그러함.

175

일찍 증 [日 부수]

본래 시루의 모양을 본뜬 것인데 '일찍'의 뜻으로 쓰이게 되어, 다시 '甑(시루 증)'자를 만들었다.

周: 금문

秦: 소전체

漢: 예서체

'曾'자와 모양이 비슷한 글자로 會(모일 회)가 있다.

- 未曾有(미증유) : 이제까지 한 번도 있어 본 적이 없음.
- 曾孫(증손) : 손자의 아들.
- 曾往(증왕) : 이미 지나가 버린 그때. 일찍이. 지난 때.
- 曾祖父(증조부) : 아버지의 할아버지.
- 曾祖母(증조모) : 아버지의 할머니.
- 曾祖考(증조고) : 돌아가신 증조부(曾祖父).
- 曾祖妣(증조비) : 돌아가신 증조모(曾祖母).

增(더할 증), 贈(줄 증), 甑(시루 증), 繒(비단 증), 層(층 층)

- 顯曾祖考(현증조고) : 신주(神主)에서나 축문(祝文)의 첫머리에서 '돌아가신 증조 할아버지'를 이르는 말.
- 孔孟顔曾(공맹안증) : 공자(孔子)와 맹자(孟子)와 안회(顔回)와 증삼(曾參)의 네 성현(聖賢).

15

千支類

간지류

18자

甲, 乙, 丙, 丁, 戊
己, 辛, 壬, 癸, 丑
卯, 辰, 巳, 午, 未
酉, 戌, 亥

갑옷 **갑** [田 부수]

본래 열매의 껍데기 모양을 본뜬 것인데, 뒤에 '갑옷'의 뜻으로, 또 '天干(천간)'의 뜻으로 변하였다.

參考 '甲' 자와 모양이 비슷한 글자로 申(납 신)이 있다.

周: 금문

活用單語

- 甲殼(갑각) : 게, 새우 등의 단단한 껍데기.
- 甲富(갑부) : 첫째가는 큰 부자.
- 同甲(동갑) : 육십갑자(六十甲子)가 같다는 뜻으로, 같은 해에 태어나 서로 같은 나이, 또는 나이가 같은 사람.
- 回甲(회갑) : 환갑(還甲).

秦: 소전체

聲符字(甲이 음으로 쓰이는 글자)

匣(갑 갑), 閘(수문 갑), 岬(산허리 갑), 鉀(갑옷 갑), 胛(어깨 갑), 押(누를 압), 鴨(오리 압), 狎(익숙할 압)

四字成語

漢: 예서체

- 甲論乙駁(갑론을박) : 갑이 논하면 을이 논박(論駁)한다는 뜻으로, 서로 자기의 주장을 내세우고 남의 주장을 반박(反駁)함.
- 六十甲子(육십갑자) : 천간(天干 : 甲乙丙丁戊己庚辛壬癸)과 지지(地支 : 子丑寅卯辰巳午未申酉戌亥)를 차례로 짝지어 예순 가지로 늘어놓은 것.

새 을 [부수자]

물 위에 있는 새의 모양을 본뜬 글자인데, 뒤에 '天干(천간)'의 뜻으로 쓰였다.

殷: 갑골문

秦: 소전체

漢: 예서체

部首位置

「乙」이 본자로 ①九(아홉 구) ②也(어조사 야)

「乙」이 오른쪽에 ①乳(젖 유) ②乾(하늘 건) ③亂(어지러울 란)

「乙」이 아래에 ①乞(빌 걸)

※ '乙' 자와 모양이 비슷한 글자로 己(몸 기), 已(이미 이), 巳(뱀 사), 卩(병부 절) 등이 있다.

活用單語

● 乙種(을종) : 사물의 제2류에 해당하는 종류. 갑종(甲種)의 다음.

● 甲乙(갑을) : 갑과 을을 아울러 이르는 말. 순서나 우열(優劣)을 나타내어 가리키는 말. 곧, 첫째와 둘째.

● 乙夜(을야) : 이경(二更)을 오야(五夜)의 하나로 일컫는 말. 밤 아홉 시부터 열한 시 사이.

四字成語

● 乙丑甲子(을축갑자) : 무슨 일이 제대로 되지 않고 그 순서가 뒤바뀜을 이르는 말.

● 怒甲移乙(노갑이을) : 갑에게 당한 노여움을 을에게 옮긴다는 뜻으로, 어떤 사람에게서 당한 노여움을 전혀 관계없는 다른 사람에게 화풀이함을 이르는 말.

178

남녘 **병** [一 부수]

본래 제사상의 모양을 본뜬 것인데, 뒤에 '天干(천간)'의 뜻으로 쓰이게 되었다.

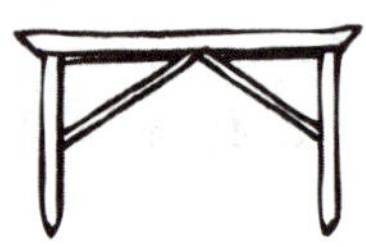

殷: 갑골문

秦: 소전체

漢: 예서체

參考 '丙' 자와 모양이 비슷한 글자로 內(안 내), 兩(두 량) 등이 있다.

活用單語

- 丙科(병과) : 조선시대에 과거(科擧) 합격자를 성적에 따라 나누던 등급의 셋째.
- 丙枕(병침) : 제왕(帝王)이 침소(寢所)에 드는 시각. 하룻밤을 갑, 을, 병, 정, 무의 오야(五夜)로 나누어서 병야(丙夜)를 제왕의 취침 시각으로 정하였음.
- 丙座(병좌) : 묏자리나 집터 등의 병방(丙方)을 등진 좌향(坐向).

聲符字(丙이 음으로 쓰이는 글자)

病(병 병), 炳(밝을 병), 昞(밝을 병), 柄(자루 병)

四字成語

- 丙吉牛喘(병길우천) : 한(漢)의 재상 병길(丙吉)이 소가 헐떡이는 것을 보고 시후(時候)가 조화를 잃은 것을 알고 치국(治國)에 더욱 주의를 기울였다는 옛일.
- 丙午丁未(병오정미) : 병오년(丙午年)과 정미년(丁未年). 재난(災難)이 많이 일어나는 액년(厄年). 예로부터 이 해에는 재난·전란(戰亂)이 많이 일어난다 하여 꺼렸음.

고무래 정 [一 부수]

본래 못대가리의 모양을 본뜬 것인데, 뒤에 '天干(천간)'의 뜻으로 변하였다. 다시 '釘(못 정)' 자를 만들었다.

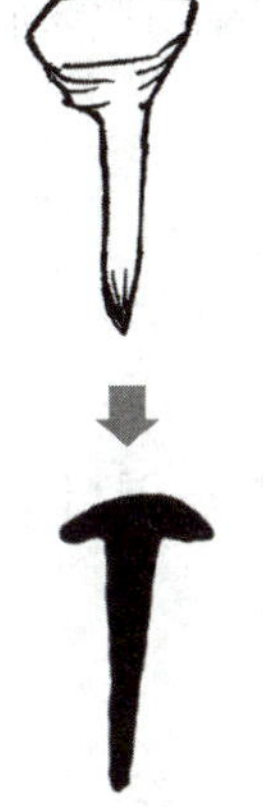

周: 금문

秦: 소전체

漢: 예서체

參考 실제 고무래와는 관계가 없으나, 글자 모양이 고무래와 비슷하여 붙여진 이름이다. 「丁」은 '젊은 남자, 일꾼, 하인' 등의 뜻으로도 쓰인다.

活用單語

- 兵丁(병정) : 병역(兵役)에 복무(服務)하는 장정(壯丁).
- 壯丁(장정) : 나이가 젊고 한창 힘을 쓰는 건장(健壯)한 남자.
- 男丁(남정) : 열다섯 살이 넘은 사내. 젊은 남자.
- 氷丁(빙정) : 얼음을 뜨거나 나르는 일꾼.
- 丁夜(정야) : 오야(五夜)의 넷째. 곧, 새벽 1시부터 3시까지.

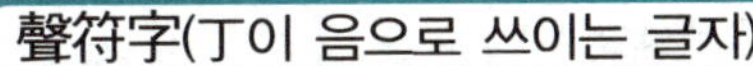

聲符字(丁이 음으로 쓰이는 글자)

頂(정수리 정), 町(밭두둑 정), 訂(고칠 정), 釘(못 정)

四字成語

- 目不識丁(목불식정) : 아주 간단한 글자인 '丁(정)'자를 보고도 그것이 고무래'임을 알지 못한다는 뜻으로, 아주 까막눈임을 이르는 말.
- 亞爾然丁(아이연정) : 아르헨티나.
- 黃口簽丁(황구첨정) : 조선말 때, 젖먹이를 군적에 올려 군포를 징수하던 일.

천간 **무** [戈 부수]

본래 도끼의 모양을 본뜬 것인데, 뒤에 '天干(천간)'의 뜻으로 변하였다.

殷: 갑골문

秦: 소전체

漢: 예서체

參考 ▶ '戊'와 모양이 비슷한 글자로 戌(개 술), 戍(수자리 수), 戉(도끼 월) 등이 있다.

活用單語

● 戊夜(무야) : 오야(五夜)의 다섯째. 곧, 새벽 3시부터 5시까지.
● 戊戌(무술) : 육십갑자(六十甲子)의 서른다섯째.

聲符字(戊가 음으로 쓰이는 글자)

茂(무성할 무)

四字成語

● 戊午士禍(무오사화) : 1498년(燕山君 4년) 김일손(金馹孫) 등 신진사류(新進士類)가 유자광(柳子光)을 중심으로 한 훈구파(勳舊派)에 의해 화를 입은 사건.
● 戊午史禍(무오사화) : 무오사화(戊午士禍)의 달리 쓰이는 말. 김종직(金宗直)의 조의제문(弔義帝文)이 발단이 되었다 하여 사(史)자를 씀.

몸 기 [부수자]

긴 끈의 모양을 본뜬 것인데, 뒤에 '天干(천간)'의 뜻으로 변하였다. 또한 자기 스스로를 가리키는 뜻으로 쓰이게 되어 '몸 기'로 일컫게 되었다.

殷: 갑골문

秦: 소전체

漢: 예서체

部首位置

「己」가 본자로 ①已(이미 이) ②巳(뱀 사) ③巴(땅이름 파)

「己」가 아래에 ①巷(거리 항)

「己」가 위에   ①巽(손괘 손)

活用單語

- 克己(극기) : 자기의 감정이나 욕심 등을 스스로 눌러 이김.
- 利己心(이기심) : 제 한 몸의 이익만 차리고 남의 이해는 돌아보지 않는 마음.
- 知己(지기) : 자기의 속마음을 지극(至極)하고 참되게 알아주는 벗.
- 己出(기출) : 자기가 낳은 자식.

聲符字(己가 음으로 쓰이는 글자)

忌(꺼릴 기), 起(일어날 기), 杞(나무 이름 기), 紀(벼리 기)

四字成語

- 平生知己(평생지기) : 평생을 두고 가까이 사귀는 친한 벗.
- 推己及人(추기급인) : 내 마음을 표준 삼아 남의 마음을 헤아림.
- 肥己之慾(비기지욕) : 자기 몸만 이롭게 하려는 욕심.
- 知彼知己(지피지기) : 적을 알고 나를 알아야 한다는 뜻으로, 적의 형편과 나의 형편을 자세히 알아야 한다는 의미.

182 辛

매울 **신** [부수자]

본래 죄인이나 노예의 문신에 썼던 침의 모양을 본뜬 것이다.

殷: 갑골문

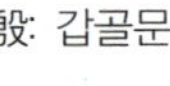

秦: 소전체

漢: 예서체

「辛」이 양쪽에　①辯(말씀 변) ②辨(분별할 변) ③辦(힘쓸 판)

「辛」이 오른쪽에　①辭(말씀 사) ②辟(임금 벽, 피할 피)

「辛」이 왼쪽에　①辣(매울 랄)

● 辛味(신미) : 매운맛.

● 苦辛(고신) : 괴롭고 쓰라림.

● 五辛(오신) : 매운맛을 내는 파, 마늘, 생강, 겨자, 후추의 다섯 가지.

● 辛辣(신랄) : 맛이 아주 쓰고 매움. 사물의 분석이나 비평이 아주 날카로움.

新(새 신), 莘(족두리풀 신)

● 千辛萬苦(천신만고) : 천 가지 매운 것과 만 가지 쓴 것이라는 뜻으로, 온갖 어려운 고비를 다 겪으며 심하게 고생함을 이르는 말.

● 艱難辛苦(간난신고) : 몹시 고되고 어렵고 맵고 쓰다는 뜻으로, 몹시 힘든 고생을 이르는 말.

북방 **임** [土 부수]

본래 실패의 모양을 본뜬 글자인데, 뒤에 '天干(천간)'의 뜻으로 쓰이게 되었다.

周: 금문

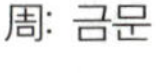

秦: 소전체

漢: 예서체

參考 ▶ '壬'과 보양이 비슷한 글자로 王(왕), 壬(줄기 정/청) 등이 있다. 廷(조정 정)의 壬(줄기 정)을 壬(북방 임)으로 써서는 안 된다.

活用單語

- 壬方(임방) : 이십 사방위의 하나. 정북(正北)에서 서로 15도의 방위를 중심으로 한 15도 각도 안의 방향.
- 壬年(임년) : 태세(太歲)의 천간(天干)이 壬으로 된 해. 임진년(壬辰年), 임자년(壬子年) 따위.
- 壬坐(임좌) : 묏자리나 집터 따위가 임방(壬方)을 등지고 앉은자리. 서북 방향을 등지고 앉은자리.

聲符字(壬이 음으로 쓰이는 글자)

任(맡길 임), 賃(품삯 임), 妊(아이 밸 임)

四字成語

- 壬丙兩亂(임병양란) : 임진왜란(壬辰倭亂)과 병자호란(丙子胡亂)을 아울러 일컫는 말.
- 壬午軍亂(임오군란) : 고종(高宗) 19(1882)년 6월에 구(舊) 군인들이 일으킨 반란.

북방 **계** [癶 부수]

본래 삼지창의 모양을 본뜬 글자인데, 뒤에 '天干(천간)'의 뜻으로 쓰이게 되었다.

周: 금문

秦: 소전체

漢: 예서체

參考 '癸' 자와 비슷한 글자로 '祭(제사 제)' 자가 있다.

活用單語

- 癸酉(계유) : 육십갑자(六十甲子)의 열 번째.
- 癸坐(계좌) : 묏자리나 집터 따위가 계방(癸方)을 등진 방향, 또는 그렇게 앉은자리.
- 癸時(계시) : 이십사시(二十四時)의 둘째 시. 오전 열시 반에서 한 시 반까지.
- 癸未字(계미자) : 조선 태종 3(1403)년 계미년에 만든 구리 활자.

聲符字(癸가 음으로 쓰이는 글자)

葵(해바라기 규), 揆(헤아릴 규), 睽(사팔눈 규)

四字成語

- 癸丑日記(계축일기) : 조선 광해군(光海君) 4년에 광해군이 어린 아우 영창대군(永昌大君)을 죽일 때 대군(大君)의 어머니 인목대비(仁穆大妃)의 원통한 정경을 어떤 궁녀가 기록한 글.

185

소 축 [一 부수]

본래 손으로 끈을 매는 모양을 본뜬 것인데, 뒤에 '地支(지지)'의 뜻으로 변하였다. 地支에서 '丑'은 소띠이므로 '소 축'으로 일컫게 되었다.

殷: 갑골문

秦: 소전체

漢: 예서체

參考 '丑'자가 地支의 뜻으로 쓰이게 되어, 다시 '紐(끈 뉴)'자를 만들었다. → 예 紐帶(유대)

'丑'이 다른 글자의 聲符(성부)로 쓰일 때는 「뉴, 추」로 발음된다.

活用單語

● 丑生(축생) : 사람이 축년(丑年), 곧 소해에 태어남.

● 丑年(축년) : 그 해의 지지(地支)가 丑으로 된 해. 을축년(乙丑年)·정축년(丁丑年) 따위.

● 丑方(축방) : 이십사방위(二十四方位)의 하나. 정북(正北)에서 동으로 30도의 방위를 중심으로 한 15도 각도 안의 방향.

聲符字(丑이 음으로 쓰이는 글자)

杻(감탕나무 뉴, 고랑 추), 鈕(인꼭지 뉴, 칼 추)

四字成語

● 鷄鳴丑時(계명축시) : 새벽닭이 축시(丑時), 곧 새벽 한 시에서 세 시 사이에 운다는 뜻에서, '축시'를 일컫는 말.

토끼 **묘** [卩 부수]

본래 문을 열어 놓은 모양을 본뜬 것인데, 뒤에 '地支(지지)'의 뜻으로 쓰였다.

殷: 갑골문

秦: 소전체

漢: 예서체

參考 ▶ '卯' 자가 다른 글자의 성부(聲符)로 쓰일 때는 「류, 무」로 된다.

예 柳(버들 류), 留(머무를 류), 劉(죽일 류), 貿(바꿀 무)

活用單語

- 卯生(묘생) : 묘년(卯年)에 난 사람. 토끼띠.
- 卯月(묘월) : 월건(月建)이 '卯'인 달. 곧 음력 이월(二月).
- 初卯(초묘) : 음력 정월(正月)의 첫 묘일(卯日).

聲符字(卯가 음으로 쓰이는 글자)

昴(별자리 이름 묘)

四字成語

- 己卯士禍(기묘사화) : 1519년(中宗 14) 남곤(南袞)·홍경주(洪景舟) 등의 훈구파(勳舊派)에 의해 조광조(趙光祖) 등의 신진사류(新進士類)가 축출된 사건.
- 寅葬卯發(인장묘발) : 묏자리를 잘 써서 장사지낸 뒤에 곧 운이 트이고 복을 받음.
- 丁卯胡亂(정묘호란) : 조선 인조 5(1627)년에, 후금이 침입한 난리. 인조는 강화로 피난하여 평화조약을 맺고 두 나라는 형제의 나라가 되었다.

187 辰

별 **진** [부수자]

본래 큰 조개껍데기를 손에 매어 가지고 벼이삭을 자르는 모양을 본뜬 것인데, 전갈 별자리 모양과 비슷하여 '별'의 뜻으로 쓰이게 되었다. 다시 '辰'자에 '虫(벌레 훼)'자를 더하여 '蜃(조개 신)'자를 만들었다.

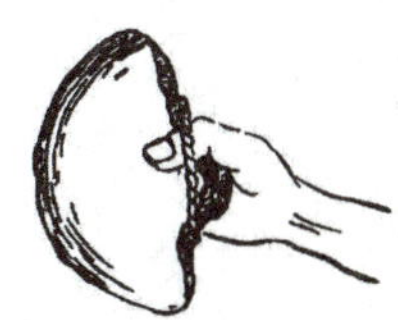

殷: 갑골문

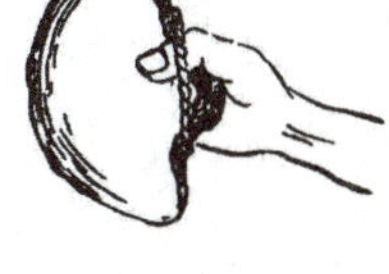

秦: 소전체

漢: 예서체

參考 '辰'자가 들어가는 해, 곧 甲辰, 丙辰, 戊辰 등의 출생자는 '용띠'이다.

'辰'자는 본래 '별'의 뜻일 때는 '신'으로 읽고, '地支(지지)'의 뜻일 때는 '진'으로 읽어야 한다.

活用單語

- 北辰(북신) : 북극성(北極星).
- 生辰(생신) : '생일(生日)'을 높여 이르는 말.
- 日辰(일진) : 날의 육십갑자(六十甲子). 그날의 운세.
- 誕辰(탄신) : 임금이나 성인(聖人)이 태어난 날.
- 辰韓(진한) : 삼한(三韓)의 하나. 삼국시대 이전에 지금의 경상도의 많은 부분과 충청도의 일부분에 걸쳐 있었던 나라. 뒤에 신라에 병합되었다.

聲符字(辰이 음으로 쓰이는 글자)

晨(새벽 신), 振(떨칠 진), 賑(구휼할 진)

四字成語

- 日月星辰(일월성신) : 해와 달과 별.
- 壬辰倭亂(임진왜란) : 조선 선조 25(1592) 년에, 일본이 침범하여 7년 동안 싸운 전쟁.

뱀 사 [부수자]

본래 태아의 모양을 본뜬 것인데, 뒤에 '뱀'의 뜻으로 쓰이게 되어, 다시 '己(몸 기)' 자를 만들었다.

殷: 갑골문

秦: 소전체

漢: 예서체

參考 ▶ '巳' 자와 비슷한 글자

已(이미 이) – 已往(이왕), 不得已(부득이)

己(몸 기) – 自己(자기)

活用單語

- 巳生(사생) : 사람이 사년(巳年), 곧 뱀해에 태어남. 뱀띠.
- 巳年(사년) : 해의 지지(地支)가 '巳'로 된 해. 을사년(乙巳年) · 정사년(丁巳年) · 기사년(己巳年) 따위.
- 上巳(상사) : 삼짇날. 음력 3월 3일.

聲符字(巳가 음으로 쓰이는 글자)

祀(제사 사)

四字成語

- 巳進申退(사진신퇴) : 벼슬아치가 아침 사시(巳時)에 출근하고 저녁 신시(申時)에 퇴근하던 일.
- 乙巳士禍(을사사화) : 조선 명종 원(1545)년에 윤원형의 무리가 윤임 및 그 일가와 일당을 죽이거나 멀리 귀양보낸 일.
- 乙巳勒約(을사늑약) : 조선 광무 9(1905)년에 일본이 한국의 외교권을 빼앗기 위하여 강제적으로 맺은 다섯 조항으로 된 조약. '을사조약' 이라고도 하는 것은 잘못된 것임.

189

낮 오 [十 부수]

오전 11시에서 오후 1시까지를 가리키므로 '낮 오'라고 일컫게 되었다.

殷: 갑골문

秦: 소전체

漢: 예서체

參考 ※ 본래 절굿공이의 모양을 본뜬 것인데, 뒤에 '地支(지지)'의 뜻으로 변하여 다시 '杵(공이 저)'를 만들었다. 地支의 '午'는 시간으로 오전 11시에서 오후 1시까지를 가리키므로 '낮 오'라고 일컫게 되었다.

※ '午' 자와 비슷한 글자는 '牛(소 우), 半(반 반), 乎(어조사 호), 干(방패 간), 于(어조사 우)'가 있다.

活用單語

- 端午(단오) : 예전에는 풍년을 빌던 제삿날이었으나, 요즈음에는 단오떡을 해 먹고 여자는 창포물에 머리를 감고 그네를 뛰며, 남자는 씨름 등을 하고 노는 명절로서 음력 오월 초닷새.
- 午睡(오수) : 낮잠.
- 午前(오전) : 子正(자정)으로부터 낮 열두 시까지의 동안. 아침부터 正午(정오)까지의 동안.

聲符字(午가 음으로 쓰이는 글자)

昨(낮 오), 仵(짝 오), 忤(거스를 오)

四字成語

- 甲午更張(갑오경장) : 조선 고종 31(갑오, 1894)년에 개화당이 정권을 잡고 재래의 문물제도를 근대식으로 고친 정치 개혁.
- 戊午史禍(무오사화) : 조선 연산군 4(1498)년 유자광의 무리인 훈구파가 〈성종실록〉에 실린 사초 〈弔義帝文〉을 트집잡아 김종직을 중심으로 한 사림파에 대해 일으킨 사화. 戊午士禍(무오사화)

190

아닐 **미** [木 부수]

나무의 가지와 무성한 잎을 본뜬 것인데, 뒤에 '地支(지지)'의 뜻으로 변하였다. 또한 부정의 뜻으로 쓰이게 되어 '아닐 미'로 일컫게 되었다.

殷: 갑골문

秦: 소전체

漢: 예서체

參考 '未' 자와 모양이 비슷한 글자로 末(끝 말), 朱(붉을 주) 등이 있다.

活用單語

- 未來(미래) : 아직 오지 않은 때.
- 未滿(미만) : 정한 수효나 정도에 차지 못함.
- 未婚(미혼) : 아직 결혼하지 않음.
- 未開拓(미개척) : 아직 개척하지 못하거나 않음.
- 未曾有(미증유) : 아직까지 한 번도 있어 본 적이 없음.

聲符字(未가 음으로 쓰이는 글자)

味(맛 미), 妹(손아랫누이 매)

四字成語

- 前代未聞(전대미문) : 지난 시대에는 들어본 적이 없다는 뜻으로, 매우 놀랍거나 새로운 일을 이르는 말.
- 前人未踏(전인미답) : 이전(以前) 사람이 아직 밟지 않았다는 뜻으로, 지금까지 아무도 손을 대거나 발을 디딘 일이 없음.
- 前人未發(전인미발) : 이전 사람이 아직 밝히지 않았거나 발명하지 않은 일.

닭 **유**　[부수자]

술항아리 모양을 본떠 '술'을 뜻한 것인데, 뒤에 닭띠를 나타내는 '地支(지지)'의 뜻으로 변하였고, 물을 뜻하는 'ⅰ(삼수변)'을 더해 '酒(술 주)' 자가 되었다.

殷: 갑골문

秦: 소전체

漢: 예서체

部首位置

「酉」가 아래에　① 酋(두목 추) ② 醫(의원 의)　③ 醬(장 장)

「酉」가 왼쪽에　① 醉(취할 취) ② 配(짝 배)　③ 酸(초 산)
　　　　　　　④ 酷(독할 혹) ⑤ 酌(따를 작)　⑥ 酢(초 초)
　　　　　　　⑦ 酬(갚을 수) ⑧ 酊(술취할 정) ⑨ 醜(더러울 추)

「酉」가 오른쪽에　① 酒(술 주)

活用單語

- 癸酉(계유) : 육십갑자의 열 번째.
- 酉生(유생) : 사람이 유년(酉年), 곧 닭해에 태어남. 닭띠.
- 酉月(유월) : 월건(月建)의 지지(地支)가 '酉'로 된 달, 즉 음력 팔월.
- 酉年(유년) : 해의 지지(地支)가 '酉'로 된 해. 을유년(乙酉年) · 정유년(丁酉年) · 기유년(己酉年) 따위.

聲符字((酉가 음으로 쓰이는 글자)

猶(오히려 유), 猷(꾀 유)

四字成語

- 卯坐酉向(묘좌유향) : 집터나 묏자리 등이 동쪽을 등지고 서쪽을 바라보는 좌향(坐向).

192 戌

개 **술** [戈 부수]

본래 도끼의 모양을 본뜬 글자인데, 뒤에 '地支(지지)'의 '개띠'를 뜻하는 글자로 쓰이게 되었다.

殷: 갑골문

秦: 소전체

漢: 예서체

參考 '戌'과 '戍(수자리 수)'를 구별해야 한다.

活用單語

- 甲戌(갑술) : 육십갑자(六十甲子)의 열한 번째.
- 戌生(술생) : 사람이 술년(戌年), 곧 개해에 태어남. 개띠.
- 戌時(술시) : 십이시(十二時)의 열한째 시. 오후 일곱 시부터 아홉 시까지. 이십사시(二十二時)의 스물한째 시. 오후 일곱 시 반부터 여덟 시 반까지.
- 戌年(술년) : 태세(太歲)의 지지(地支)가 '戌'인 해. 갑술년(甲戌年)·병술년(丙戌年)·무술년(戊戌年) 따위.

四字成語

- 庚戌國恥(경술국치) : 경술년(1910년)에 당한 나라의 수치라는 뜻으로 일컫는 말.
- 甲戌獄事(갑술옥사) : 조선 숙종 20(갑술, 1694) 년에 남인이 폐비 민씨의 복위를 꾀하는 소론 일파를 없애려다가 도리어 화를 입은 일.

돼지 해 [亠 부수]

돼지의 모양을 본뜬 것인데, '地支(지지)'의 글자로 쓰이게 되었다.

殷: 갑골문

秦: 소전체

漢: 예서체

參考 ▶ 부수자 '亠'를 '돼지 해(亥)의 머리'라고 쓰고 있으나, 音은 「두」이지만 본래부터 뜻은 없던 글자이다.

活用單語

● 亥生(해생) : 사람이 해년(亥年), 곧 돼지해에 태어남. 돼지띠.
● 亥年(해년) : 해의 지지(地支)가 '亥'로 된 해. 을해년(乙亥年)·정해년(丁亥年)·기해년(己亥年) 따위.
● 亥方(해방) : 이십사방위(二十四方位)의 하나. 정북(正北)에서 서쪽으로 30도의 방위를 중심으로 한 15도 각도 안.

聲符字(亥가 음으로 쓰이는 글자)

該(갖출 해), 核(씨 핵), 骸(뼈 해), 駭(놀랄 해)

四字成語

● 辛亥革命(신해혁명) : 중국 청(淸)나라의 선통(宣統) 2년(1911년, 辛亥年)에 일어난 중국 최초의 민주 혁명.
● 己亥迫害(기해박해) : 조선 헌종 5(기해, 1839)년에 프랑스 신부를 비롯한 천주교도 70여 명을 처형한 천주교 박해 사건.

羊頭狗肉 양두구육

양두구육(羊頭狗肉)의 '구(狗)'는 '개'의 뜻으로서, 본래는 '懸羊頭賣狗肉(현양두매구육)' 곧 양의 머리를 걸어 놓고 개고기를 판다는 말이 약해져서 '양두구육'이 되었다.

본래 안자춘추(晏子春秋)에서 유래된 고사로서, 춘추시대 제(齊)나라 영공(靈公)은 어여쁜 여자에게 남장을 시켜 즐기는 별난 취미가 있었다. 이 일이 민간에 전래되어 제나라에는 남장미인이 날로 늘어갔다.

임금은 이를 막으려 했으나, 좀체로 줄어들지 않자, 임금은 안자(晏子)에게 그 이유를 물었다. 안자는 궁중에서는 여자들에게 남장을 시키면서 백성들에게만 금하는 것은 마치 소머리를 문에다 걸고 안에서는 말고기를 파는 것과 같다고 말하였다. 영공은 곧 궁중에서 남장을 금했더니, 오래지 않아 제나라 전체에 남장미인이 없어졌다는 것이다.

요즘 정치형태의 '양두구육'도 윗물에서부터 흐려져 있음을 깨달아야 할 것이다.

16

部首類

부수류

18자

冫, 宀, 厂, 广, 艹
辶, 邑, 阜, 巾, 示
爿, 穴, 罒, 欠, 夂
殳, 走, 疒

얼음 빙 [부수자]

본래 물이 얼어 솟아오른 모양을 본뜬 것이다. 부수자로만 쓰이며, 이 부수자는 '얼음' 또는 '차다'의 뜻으로 쓰인다.

部首位置

「冫」이 아래에 ①冬(겨울 동)

「冫」이 왼쪽에 ①冷(찰 랭) ②凍(얼 동) ③冲(빌 충)
④冶(불릴 야) ⑤冰(얼음 빙)

※ '水'를 '氵'의 형태로 쓸 때「삼수변」이라 한 데서 '冫'을「이수변」이라 칭했으나,「얼음 빙」이라고 해야 한다. 冰과 氷은 같은 자로 얼음 빙이다.

殷: 갑골문

活用單語

●氷菓(빙과) : 얼음 과자. 아이스크림.
●氷庫(빙고) : 얼음을 간직해 두는 창고(倉庫).
●氷板(빙판) : 얼음 바닥. 얼음이 덮인 길바닥.
●結氷(결빙) : 물이 얾.

秦: 소전체

四字成語

●如履薄氷(여리박빙) : 얇은 얼음을 밟듯, 매우 위태로운 상태나 매우 조심스런 행동.
●氷姿玉質(빙자옥질) : 얼음같이 투명(透明)한 모습과 옥과 같이 뛰어난 바탕이라는 뜻으로, 용모와 재주가 모두 뛰어남. 매화(梅花)의 이칭(異稱).

漢: 예서체

집 면 [부수자]

초가집 모양을 본뜬 것인데, '갓머리'라고 한 것은 글자의 모양이 '갓'과 비슷해서 생긴 부수의 명칭일 뿐이다. 본래는 '집 면'이라고 읽어야 한다.

部首位置

「宀」이 위에

① 守(지킬 수) ② 安(편안 안) ③ 宇(집 우)
④ 宅(집 택) ⑤ 完(완전할 완) ⑥ 官(벼슬 관)
⑦ 宜(마땅 의) ⑧ 定(정할 정) ⑨ 宗(마루 종)
⑩ 宏(클 굉) ⑪ 宋(송나라 송) ⑫ 客(손 객)
⑬ 宣(베풀 선) ⑭ 室(집 실) ⑮ 家(집 가)
⑯ 宮(집 궁) ⑰ 密(빽빽할 밀) ⑱ 寄(부칠 기)
⑲ 宿(잘 숙) ⑳ 富(부자 부) ㉑ 寒(찰 한)
㉒ 寧(편안 녕) ㉓ 實(열매 실) ㉔ 察(살필 찰)
㉕ 寫(베낄 사) ㉖ 寶(보배 보) ㉗ 審(살필 심)
㉘ 寤(깰 오) ㉙ 寢(잘 침) ㉚ 寵(괼 총)
㉛ 宵(밤 소) ㉜ 宿(잘 숙) ㉝ 寡(적을 과)

殷: 갑골문

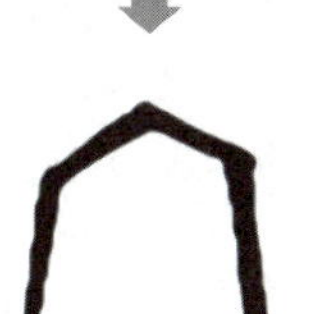

秦: 소전체

漢: 예서체

四字成語

● 百家爭鳴(백가쟁명) : 〔중국 춘추전국(春秋戰國) 시대에 많은 사상가가 나와 많은 학설을 주장한 데에서〕 많은 학자나 논객(論客)들이 온갖 학설과 이론을 거침없이 내세우며 논쟁하는 일.

196

언덕 한 [부수자]

본래 언덕의 튀어나온 벼랑을 본뜬 글자이다.
'민엄호'는 부수의 명칭일 따름이다. 본래는
'언덕 한'이라고 읽는다.

「厂」이 위에 ①厚(두터울 후) ②原(언덕 원) ③厭(싫을 염)
④厄(재앙 액)　⑤厓(언덕 애) ⑥厥(그　궐)
⑦厖(클　방)

殷: 갑골문

秦: 소전체

漢: 예서체

●厚顏無恥(후안무치) : 얼굴이 두껍고 부끄러움이 없
다라는 뜻으로, 뻔뻔스러워 부끄러워할 줄 모름.

●燎原之火(요원지화) : 무서운 형세로 타 나가는 벌판
의 불이라는 뜻으로, 세력이 매우 대단하여 막을 수
없음을 비유적으로 이르는 말.

●燃眉之厄(연미지액) : 눈썹에 불이 붙은 것처럼 매우
급하게 닥친 액화(厄禍).

●厭世主義(염세주의) : 인생이나 세상을 괴롭고 귀찮
은 것으로 여기는 주의(생각이나 태도).

바위집 **엄** [부수자]

산 밑에 지은 집의 모양을 본뜬 것이다. 부수자로만 쓰이며, 이 부수자 밑에 쓰인 글자는 字音을 나타낸다. '엄호'는 부수의 명칭이고, 본래는 '바위집 엄'이다.

殷: 갑골문

秦: 소전체

漢: 예서체

部首位置

「广」이 위에

①床(상　상)　②序(차례 서)　③庚(별　경)
④府(관청 부)　⑤底(밑　저)　⑥店(가게 점)
⑦度(법도 도)　⑧庫(곳집 고)　⑨廳(관청 청)
⑩庭(뜰　정)　⑪座(자리 좌)　⑫康(편안 강)
⑬庵(암자 암)　⑭庸(떳떳할 용)　⑮庶(뭇　서)
⑯廓(둘레 곽)　⑰廣(넓을 광)　⑱廢(폐할 폐)
⑲廉(청렴할 렴)

四字成語

- 坐不安席(좌불안석) : 앉아도 자리가 편안하지 않다는 뜻으로, 마음이 불안하거나 걱정스러워서 한군데에 가만히 앉아 있지 못하고 안절부절못하는 모양을 이르는 말.
- 壽福康寧(수복강녕) : 오래 살고 복되며 건강하고 편안함.
- 公序良俗(공서양속) : 공공질서와 선량한 풍속. 법률 사상의 지도적 이념으로서 법률 행위를 판단하는 기준이 되는 사회적 타당성.
- 寬仁大度(관인대도) : 너그럽고 어질며 도량이 큼.

풀 **초** [부수자]

풀싹이 돋아나는 모양을 본뜬 것이다. 본래는 '艸' 자인데 '++'의 부수자로 되었다. '++' 밑에 쓰는 글자는 모두 식물 이름이나 식물과 관계 있는 글자이다.

殷: 갑골문

秦: 소전체

漢: 예서체

部首位置

「++」가 위에

①花(꽃 화)	②苦(쓸 고)	③芳(꽃다울 방)
④藥(약 약)	⑤若(같을 약)	⑥英(꽃부리 영)
⑦蘭(난초 란)	⑧草(풀 초)	⑨莊(장엄할 장)
⑩苗(모 묘)	⑪苔(이끼 태)	⑫荒(거칠 황)
⑬莫(말 막)	⑭荷(멜 하)	⑮芽(싹 아)
⑯菊(국화 국)	⑰萌(싹틀 맹)	⑱華(빛날 화)
⑲落(떨어질 락)	⑳萬(일만 만)	㉑葉(잎 엽)
㉒著(나타날 저)	㉓蓋(덮을 개)	㉔蒙(어릴 몽)
㉕蒐(모을 수)	㉖蒼(푸를 창)	㉗蓮(연 련)
㉘蔬(나물 소)	㉙薄(얇을 박)	㉚藏(감출 장)
㉛茂(무성할 무)	㉜藝(재주 예)	㉝薰(향풀 훈)

四字成語

- 莫逆之友(막역지우) : 마음이 맞아 서로 거스르는 일이 없는, 허물이 없이 아주 친한 친구.
- 秋風落葉(추풍낙엽) : '가을바람에 흩어져 떨어지는 나뭇잎' 이라는 뜻으로, 어떤 형세나 세력이 갑자기 기울어지거나 단번에 헤어져 흩어짐의 비유.

쉬엄쉬엄갈 착 [부수자]

네거리에 사람의 다리를 그려 '가다'의 뜻을 나타낸 것인데, 부수자로만 쓰이게 되었다. 본래는 '辵(착)'자인데, '辶(착받침→책받침)'으로 명칭이 변하였다.

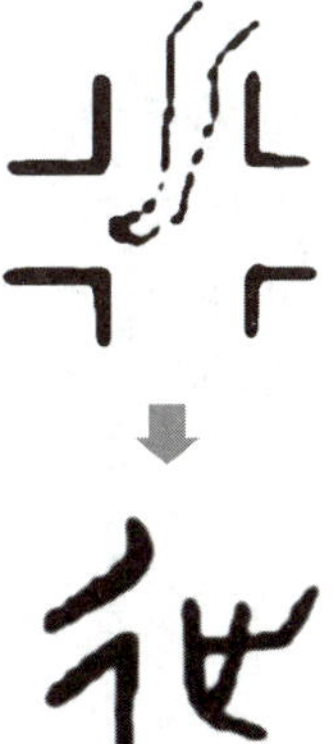

殷: 갑골문

秦: 소전체

漢: 예서체

部首位置

「辶」이 왼쪽 아래에

①遠(멀 원)	②返(돌아올 반)	③迎(맞을 영)
④迫(핍박할 박)	⑤述(베풀 술)	⑥送(보낼 송)
⑦逆(거스를 역)	⑧追(따를 추)	⑨退(물러갈 퇴)
⑩逃(도망할 도)	⑪連(이을 련)	⑫迅(빠를 신)
⑬迷(미혹할 미)	⑭適(마침 적)	⑮途(길 도)
⑯逍(거닐 소)	⑰逢(만날 봉)	⑱速(빠를 속)
⑲造(지을 조)	⑳逐(쫓을 축)	㉑通(통할 통)
㉒透(꿰뚫을 투)	㉓逸(편안할 일)	㉔週(돌 주)
㉕進(나아갈 진)	㉖過(지날 과)	㉗達(통달할 달)
㉘避(피할 피)	㉙道(길 도)	㉚遂(드디어 수)
㉛邊(가 변)	㉜運(운전 운)	㉝違(어길 위)
㉞遊(놀 유)	㉟遣(보낼 견)	㊱近(가까울 근)
㊲迹(자취 적)	㊳選(가릴 선)	㊴遺(남길 유)

四字成語

● 沙鉢通文(사발통문) : 호소문이나 격문(檄文) 따위를 쓸 때에 누가 주모자(主謀者)인가를 알지 못하도록 서명에 참여한 사람들의 이름을 사발 모양으로 둥글게 삥 돌려 적은 통문.

고을 **읍** [부수자]

본래 성 안에 사람이 있는 것을 본뜬 것인데, 뒤에 '邑'의 형태로 변하여 다시 'ß'의 부수자로 쓰이게 되었다.

殷: 갑골문

秦: 소전체

漢: 예서체

部首位置

「ß」이 오른쪽에 ①邪(어찌 나) ②邦(나라 방) ③郊(들 교)
　　　　　　　④郎(사내 랑) ⑤郡(고을 군) ⑥郭(성 곽)
　　　　　　　⑦鄕(시골 향) ⑧都(도읍 도) ⑨邪(간사할 사)
　　　　　　　⑩部(떼　부) ⑪郵(우편 우) ⑫鄙(더러울 비)
　　　　　　　⑬鄭(나라이름 정)

四字成語

● 錦衣還鄕(금의환향) : 비단옷 입고 고향에 돌아온다는 뜻으로, 출세하여 고향에 돌아옴을 이르는 말.

● 邯鄲之夢(한단지몽) : 중국 하북성(河北省)의 한단에서 꾼 꿈이라는 뜻으로, 인생의 부귀영화(富貴榮華)는 일장춘몽(一場春夢)과 같이 허무함을 이르는 말.

● 百里南邦(백리남방) : 멀고 먼 남쪽 나라.

● 紀念郵票(기념우표) : 국가적으로 특별히 기념하기 위해 발행하는 우표.

201

언덕 **부** [부수자]

올라갈 수 있게 층계로 된 언덕의 모양을 본뜬 것이다.

殷: 갑골문

秦: 소전체

漢: 예서체

參考 '阜'의 형태에서 부수자로 쓸 때는 'ß'의 형태로 '좌부방' 이라고 일컫는다.

部首位置

「ß」가 왼쪽에

①防(막을 방)	②附(붙일 부)	③阿(언덕 아)
④限(한정 한)	⑤降(내릴 강)	⑥院(집 원)
⑦除(덜 제)	⑧陣(진칠 진)	⑨陶(질그릇 도)
⑩阻(막힐 조)	⑪陸(뭍 륙)	⑫陵(큰언덕 릉)
⑬陰(그늘 음)	⑭陳(베풀 진)	⑮陷(빠질 함)
⑯階(섬돌 계)	⑰隊(무리 대)	⑱隆(클 륭)
⑲陽(볕 양)	⑳障(막을 장)	㉑際(사이 제)
㉒隣(이웃 린)	㉓隨(다를 수)	㉔險(험할 험)

四字成語

- 陽動作戰(양동작전) : 자기편의 기도(企圖)를 숨기고 적의 판단을 틀리게 하기 위하여 어떤 행동을 이상하게 드러내어 적의 주의를 그쪽으로 쏠리게 하는 작전.
- 降者不殺(항자불살) : 항복하는 사람은 죽이지 아니함.
- 隔牆之隣(격장지린) : 담을 사이에 한 가까운 이웃.
- 無限軌道(무한궤도) : 수레 앞뒤 바퀴를 긴고리 모양의 벨트로 휩싸 둘러 궤도 노릇을 하게 한 장치.
- 夫唱婦隨(부창부수) : 남편이 주장하고 아내가 이에 잘 따름.

수건 **건** [부수자]
수건을 나무에 걸어 놓은 모양을 본뜬 것이다.

殷: 갑골문

秦: 소전체

漢: 예서체

部首位置

「巾」이 아래에   ①市(저자 시)   ②布(베　포)   ③希(바랄 희)
  ④帝(임금 제)   ⑤帶(띠　대)   ⑥席(자리 석)
  ⑦常(떳떳 상)   ⑧幕(막　막)   ⑨幣(화폐 폐)
  ⑩帛(비단 백)   ⑪幇(도울 방)

「巾」이 왼쪽에   ①帳(휘장 장)   ②帆(돛　범)   ③帽(모자 모)
「巾」이 오른쪽에 ①師(스승 사)   ②帥(장수 수)

活用單語

- 葛巾(갈건) : 갈포(葛布)로 만든 두건.
- 宕巾(탕건) : 예전에 벼슬아치가 갓 아래에 받쳐 쓰던, 말총을 잘게 세워서 앞쪽은 낮고 뒤쪽은 높아 턱이 지도록 뜬 관.
- 頭巾(두건) : 베로 위는 막고 밑은 네모가 지게 만들어 喪中(상중)에 남자 喪制(상제)나 어른이 된 服人(복인)이 머리에 쓰는 쓰개.
- 網巾(망건) : 상투 있는 사람이 머리카락이 흩어지지 않도록 머리에 두르는 물건.

四字成語

- 屈巾祭服(굴건제복) : 상가에서 상주가 두건 위에 쓰는 건(巾)인 굴건과 제복.
- 着巾束帶(착건속대) : 건을 쓰고 띠를 띤다는 뜻으로, 관복을 갖추어 입음.

203

보일 시 [부수자]

고인돌의 모양을 본떠 神의 뜻으로 쓰인 것인데, 뒤에 '보이다'의 뜻으로 변했다. 다른 글자의 변으로 쓸 때는 'ネ'(보일시변)의 형태로 쓰인다.

殷: 갑골문

秦: 소전체

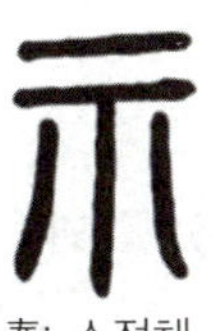

漢: 예서체

部首位置

「示」가 아래에 ①票(표　표)　②祭(제사 제)　③禁(금할 금)
　　　　　　　④禦(막을 어)

「示」가 왼쪽에 ①社(토지신 사) ②祈(빌　기)　③祀(제사 사)
　　　　　　　④神(귀신 신)　⑤祖(할아비 조) ⑥祝(빌　축)
　　　　　　　⑦祥(상서 상)　⑧祿(녹　록)　⑨福(복　복)
　　　　　　　⑩祠(사당 사)　⑪禪(봉선 선) ⑫禮(예도 례)
　　　　　　　⑬禱(빌　도)

活用單語

- 揭示(게시) : 여러 사람에게 알리기 위하여 내붙이거나 걸어 두루 보게 하거나 그런 글.
- 誇示(과시) : 자랑하여 보임. 사실보다 크게 나타내 보임.
- 默示(묵시) : 은연중에 뜻을 나타내어 보임. 간섭하지 않고 묵묵히 보기만 함.

聲符字(示가 음으로 쓰이는 글자)

視(볼 시, '示'가 성부로 쓰였기 때문에 '見' 부수자에 속함.)

四字成語

- 發踪指示(발종지시) : 사냥개를 풀어 짐승 있는 곳을 가리켜 잡게 한다는 뜻으로, 방도(方道)를 가르쳐 무엇을 어떻게 하라고 하는 지시.

204

장수 **장** [부수자]

본래 나무로 만든 침상의 형태를 세워서 본뜬 것인데, '뉘'의 부수자로 쓰이게 되었다.

殷: 갑골문

秦: 소전체

漢: 예서체

部首位置

「爿」이 왼쪽에 ①牀(평상 상) ②牆(담장 장) ③牁(배말뚝 가) ④牂(암양 장) ⑤牄(먹는 소리 장)

※ '將'(장수 장)은 '寸'(마디 촌) 부수자에, '狀'(문서 장)은 '犬'(개 견) 부수자에 속한다.

活用單語

- 寢牀(침상) : 누워 자게 만든 평상.
- 平牀(평상) : 좁은 나무오리나 널빤지로 바닥을 만든 침상. 널평상과 살평상의 두 가지가 있다.
- 越牆(월장) : 담 넘이.

聲符字 (爿이 음으로 쓰이는 글자)

將(장수 장), 狀(문서 장), 莊(풍성할 장), 醬(젓갈 장), 奬(권면할 장)

四字成語

- 臥牀痲痹(와상마비) : 오랫동안 앓아 누운 사람에게 나타나는 증상. 몸이 쇠약한 데다가 오랫동안 다리를 뻗고 있어서 다리를 놀릴 수 없게 된다.
- 乘夜越牆(승야월장) : 밤을 타서 남의 집의 담을 넘어 들어감.

205 穴

구멍 **혈** [부수자]
동굴의 모양을 본뜬 글자이다.

周: 금문

秦: 소전체

漢: 예서체

部首位置

「穴」이 위에 ①究(궁구할 구) ②空(빌 공) ③突(부딪힐 돌)
④窓(창 창) ⑤窮(궁할 궁) ⑥穿(뚫을 천)
⑦窺(엿볼 규) ⑧竊(훔칠 절) ⑨窟(굴 굴)

活用單語

- 經穴(경혈) : 침을 놓거나 뜸을 뜨기에 알맞은 자리.
- 竪穴(수혈) : 아래로 파 내려간 구멍.
- 六穴砲(육혈포) : 총알을 넣는 구멍이 여섯 개가 있는 권총.
- 砲穴(포혈) : 안에서 포를 쏠 수 있게 참호(塹壕)나 성벽에 뚫은 구멍.
- 太陽穴(태양혈) : 사람의 몸에 침을 놓는 자리의 하나. 귀의 위, 눈의 옆쪽. 즉 무엇을 씹으면 움직이는 곳.

聲符字(穴이 음으로 쓰이는 글자)

岤(산굴 혈), 泬(내뿜을 혈)

四字成語

- 銅山金穴(동산금혈) : 풍성한 자원(資源)이나 재원(財源)을 가리키는 말.
- 死則同穴(사즉동혈) : 죽어서 남편과 아내가 하나의 무덤에 같이 묻힘.
- 巖穴之士(암혈지사) : 속세를 떠나 깊은 산속에 숨어 사는 선비.

206

그물 **망** [부수자]

그물 모양을 본뜬 것이다.

殷: 갑골문

秦: 소전체

漢: 예서체

「冖」이 위에 ①罔(그물 망) ②罟(그물 고) ③罪(허물 죄)
④置(둘 치) ⑤罰(벌줄 벌) ⑥署(마을 서)
⑦罷(파할 파) ⑧羅(그물 라) ⑨罵(욕할 매)
⑩罹(근심 리)

● 罔極(망극) : 임금이나 부모의 은혜가 워낙 커서 갚을 길
이 없다.
● 輕犯罪(경범죄) : 보통 즉결심판으로 구류(拘留)나 과료(科
料) 따위에 처해지는 가벼운 범죄.
● 拘置(구치) : 형을 집행하려고 죄인을 잡아 가둠.
● 罹災民(이재민) : 재해(災害)를 입은 사람.
● 歐羅巴(구라파) : 유럽의 음역(音譯).

● 怪狀罔測(괴상망측) : 말할 수 없이 이상하고 묘함.
● 叩頭謝罪(고두사죄) : 머리를 조아려 사죄함.
● 圍籬安置(위리안치) : 가시로 울타리를 만들어 그 안
에 가둠.
● 綾羅錦繡(능라금수) : 명주실로 짠 피륙의 총칭.

207

欠

하품 흠 [부수자]

사람이 크게 하품하는 모양을 본뜬 글자이다.
'缺'(이지러질 결)자의 약자로 쓰는 것은 잘못이
다.

殷: 갑골문

秦: 소전체

漢: 예서체

部首位置

「欠」이 오른쪽에 ①次(버금 차) ②欲(하고자 할 욕) ③欺(속일 기)
④歌(노래 가) ⑤歎(탄식할 탄) ⑥歡(기쁠 환)
⑦欣(기쁠 흔) ⑧款(정성 관) ⑨歇(쉴 헐)

活用單語

- 欠缺(흠결) : 일정한 수효(數爻)에서 부족이 생김.
- 欠伸(흠신) : 하품과 기지개.
- 欠縮(흠축) : 일정한 수효에서 부족함이 생김.
- 欠乏(흠핍) : 이지러져서 모자람.

聲符字(欠이 음으로 쓰이는 글자)

欽(흠모 흠), 歆(흠향 흠, '欠'이 부수자 겸 성부로 쓰임)

四字成語

- 欠身答禮(흠신답례) : 몸을 굽혀서 하는 답례.
- 欣喜雀躍(흔희작약) : 너무 좋아서 뛰며 기뻐함.
- 望洋之歎(망양지탄) : 힘이 미치지 못한 상태에서 탄식.
- 晩時之歎(만시지탄) : 기회를 놓쳐 뒤늦었음을 안타
까워하는 탄식.

칠 복 [부수자]

손에 막대기를 잡은 모양을 본떠 '치다'의 뜻을 나타낸 것이다.

殷: 갑골문

秦: 소전체

漢: 예서체

參考 ※ 부수자로만 쓰이는데, 다른 글자의 등에 붙는 글자로 '글월 문(文)' 자와 비슷해서 부수명칭으로 '등글월문' 이라고 한다.

※ 'ㅋ→又'의 자형은 손을 상형한 것이다.

部首位置

「攵」이 오른쪽에 ① 收(거둘 수) ② 改(고칠 개) ③ 攻(칠 공)
④ 放(놓을 방) ⑤ 政(정사 정) ⑥ 故(옛 고)
⑦ 效(효험 효) ⑧ 敎(가르칠 교) ⑨ 救(건질 구)

活用單語

- 未收(미수) : 돈이나 물건을 아직 다 거두어들이지 못함.
- 收容(수용) : 사람이나 물건을 일정한 곳에 거두어서 넣음.
- 改備(개비) : 갈아내고 다시 장만하여 갖춤.
- 故意(고의) : 일부러 하는 생각이나 태도. 자기 행위의 결과가 어떠하리라는 것을 알면서도 그 행위를 하는 심리 상태.

四字成語

- 改過遷善(개과천선) : 지난날의 허물을 고치고 착하게 됨.
- 故事成語(고사성어) : 고사를 바탕으로 하여 이뤄진 관용어구(慣用語句).

창 **수**　[부수자]
본래 손에 긴 창을 잡은 모양을 본뜬 것이다.

周: 금문

秦: 소전체

漢: 예서체

參考　※ '등글월문(攵)' 보다 더 갖추었다는 뜻으로 '갖
은등글월 문' 이라고 일컫는 부수자의 명칭이다.

部首位置

「殳」가 오른쪽에　①段(층계 단)　②殺(죽일 살)　③毀(헐　훼)
　　　　　　　　　④殷(성할 은)　⑤殿(대궐 전)　⑥毆(때릴 구)
　　　　　　　　　⑦毅(굳셀 의)

活用單語

● 多段階(다단계) : 여러 단계.
● 絞殺(교살) : 목을 옭아 죽임.
● 貶毀(폄훼) : 남을 깎아내려 헐뜯음.
● 毆打(구타) : 사람을 때림.

四字成語

● 三段論法(삼단논법) : 대전제·소전제의 두 명제로
　부터 결론인 판단을 내리는 간접추리.
● 矯角殺牛(교각살우) : 뿔을 바로잡으려다 소를 죽인
　다는 뜻으로, 결점이나 흠을 고치려다가 그 정도가
　지나쳐서 도리어 일을 그르친다는 말.

달릴 **주** [부수자]
사람이 달려가는 모양을 본뜬 글자이다.

周: 금문

秦: 소전체

漢: 예서체

部首位置

「走」가 왼쪽 아래에 ①起(일어날 기)　②越(넘을 월) ③趣(달릴 취)
　　　　　　　　　　④超(뛰어넘을 초) ⑤赴(나아갈 부)
　　　　　　　　　　⑥趙(나라이름 조) ⑦趨(달릴 추)

活用單語

- 競走(경주) : 빨리 달리기를 겨루는 일, 또는 그 경기.
- 繼走(계주) : 이어달리기.
- 奔走(분주) : 매우 바쁘고 수선스러움.
- 自走砲(자주포) : 전차(戰車) 등에 고정시켜서 이동과 사격
  이 쉬운 야포(野砲).

四字成語

- 高飛遠走(고비원주) : 높이 날고 멀리 달림이라는 뜻
  으로, 멀리 달아나 자취를 감춤.
- 東奔西走(동분서주) : 사방으로 이리저리 몹시 바쁘
  게 돌아다님.
- 夜半逃走(야반도주) : 밤도주.
- 走馬看山(주마간산) : 말을 타고 달리면서 산천을 구
  경한다는 뜻으로, 천천히 살펴볼 여가가 없이 '바쁘
  게 대강대강 보고 지남' 을 비유하는 말.
- 走馬加鞭(주마가편) : 달리는 말에 채찍질을 더함.
  곧, 정진(精進)하는 사람을 한층 권장함.

211

병질 **엄** [부수자]

본래 사람이 아파서 땀을 흘리며 침대에 누워 있는 모양을 본뜬 것인데, 병과 관계되는 부수자로만 쓰인다.

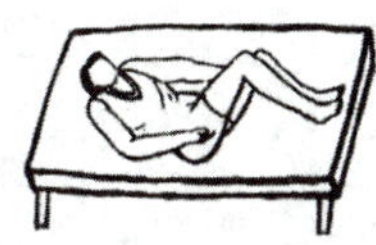

部首位置

「疒」이 위에 ①病(병   병) ②疾(병   질) ③症(병증세 증)
④痛(아플 통) ⑤疫(병   역) ⑥痒(가려울 양)
⑦痍(상처 이) ⑧痕(흉터 흔) ⑨療(병고칠 료)
⑩癡(어리석을 치) ⑪癖(버릇 벽)

殷: 갑골문

活用單語

● 癩病(나병) : 문둥병. 한센병.
● 痼疾(고질) : 오래도록 낫지 않아 고치기 어려운 병. 오래 된 나쁜 버릇이나 폐단(弊端).
● 憤痛(분통) : 분하여 마음이 아픔.

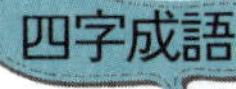

秦: 소전체

四字成語

● 同病相憐(동병상련) : 같은 병을 앓는 사람끼리 서로 가엾게 여김. 어려운 처지에 있는 사람끼리 동정하고 도움.
● 煙霞痼疾(연하고질) : 아름다운 경치를 사랑하는 굳어진 버릇.
● 叩盆之痛(고분지통) : 장자(莊子)가 아내가 죽었을 때 흙으로 만든 장구인 분(盆)을 치면서 노래했다는 고서에서 나온 말로, 아내가 죽은 슬픔을 비유하는 말.
● 大聲痛哭(대성통곡) : 큰 소리로 슬프게 욺.

漢: 예서체

多多益善 다다익선

　한(漢)나라 때 한신(韓信)은 항우(項羽)의 졸개로서 별로 대우를 받지 못하자, 유방(劉邦)을 찾아갔으나, 역시 별 희망이 없어 도망쳐 버렸다.

　소하(蕭何)는 한신의 사람됨을 알고 유방에게 고하지도 않고 도망간 한신을 찾아가 데리고 왔다.

　유방은 소하를 꾸짖으며 그동안 많은 병사들이 도망갔는데, 하필 한신은 군법을 어기면서까지 찾아왔느냐고 물었다. 소하는 자신 있게 앞으로 장군으로 만들 만한 인물이라고 천거하였다.

　한신은 드디어 대원수가 되어 놀라운 지략을 발휘하여 항우를 무찌르고 천하를 통일하였다.

　한 고조(高祖)가 된 유방은 한신에게 내가 군사를 이끈다면 몇 명이나 지휘할 수 있겠느냐고 물었다. 폐하께서는 십만 군사를 지휘할 수 있습니다. 그러면 그대가 지휘한다면? 하고 물으니, 저는 '다다익선(多多益善)' 곧 많으면 많을수록 좋습니다. 라고 대답한데서 '多多益善' 이란 성어가 오늘날까지 전해지게 되었다.

　수전노(守錢奴)가 재물을 탐하여 '多多益善' 이란 말을 쓴다면 잘못된 말임을 알아야 할 것이다.

17

동태류 ①

21자

入, 之, 去, 止, 言
行, 力, 見, 生, 步
至, 及, 比, 立, 竝
共, 包, 交, 回, 求, 用

212 入

들 입 [부수자]

송곳의 형태를 본떠 '들어가다' 의 뜻을 나타낸 글자이다.

殷: 갑골문

秦: 소전체

漢: 예서체

部首位置

「入」이 위에 ①全(온전 전) ②俞(나을 유)

「入」이 안에 ①內(안 내) ②兩(둘 량)

※ 일본 활자체에서는 '內'로 쓴다.

活用單語

- 介入(개입) : 어떤 일에 끼어듦.
- 購入(구입) : 물건을 사들임.
- 突入(돌입) : 갑자기 세차게 뛰어듦. 세차게 들어섬.
- 沒入(몰입) : 어떤 일에 깊이 파고들거나 빠짐. 죄인의 재산을 몰수하고 그 가족을 관청의 종으로 잡아들이던 일.
- 歲入(세입) : 국가나 지방 자치 단체의 한 회계 연도 동안의 총 수입을 가리키는 말.

四字成語

- 單刀直入(단도직입) : 한 칼로 적을 거침없이 쳐서 들어감. 문장이나 말에서 머리말이나 다른 이야기를 빼고 곧바로 그 요점으로 들어감.
- 本第入納(본제입납) : '본집으로 들어가는 것' 이라는 뜻으로, 자기 집으로 편지할 때 편지 겉봉 받는 이 주소란의 자기 이름 다음에 쓰는 말.
- 漸入佳境(점입가경) : 갈수록 좋아짐.

갈 지 [丿 부수]

땅 위에 발을 그리어 '가다'의 뜻을 나타낸 글자이다. 뒤에 조사 '의'로 쓰이게 되었다.

殷: 갑골문

秦: 소전체

漢: 예서체

參考 '之東之西'하면 '동으로 갈까 서로 갈까 갈팡질팡함'을 이르는 말이다. '國之語音'의 '之'는 '의'의 뜻으로 쓰인 어조사이다. 또 代名詞로서 사람이나 사물을 대신하여 목적어로도 쓰임.

聲符字(之가 음으로 쓰이는 글자)

芝(영지 지)

四字成語

- 竿頭之勢(간두지세) : '장대 끝에 선 형세'라는 뜻으로, '몹시 위태로운 형세'를 이르는 말.
- 感之德之(감지덕지) : 분수에 넘쳐 매우 고맙게 여기는 모양.
- 隔世之感(격세지감) : 그리 오래지 아니한 동안에 아주 바뀌어서 딴 세대(世代)가 된 것 같은 느낌.
- 傾國之色(경국지색) : 나라 안에 으뜸가는 미인, 임금이 혹하여 나라가 뒤집혀도 모를 만한 재주 혹은 그런 재주를 가진 사람.
- 股肱之臣(고굉지신) : 임금이 가장 믿는 중신(重臣).
- 苦肉之計(고육지계) : 적을 속이기 위해 제 몸을 괴롭히는 일까지도 무릅쓰면서 꾸미는 계책(計策).
- 結者解之(결자해지) : '맺은 사람이 풀어야 한다'라는 뜻으로, '자기가 관계했거나 저지르거나 한 일에 대하여는 자신이 그 일을 해결해야 한다.'는 말.

214

갈 **거** [厶 부수]

사람이 문턱을 나가는 상태를 본뜬 글자이다.

參考 '去' 자가 다른 글자와 어울려 쓰이는 글자

法(법 법) 예 憲法(헌법)

怯(겁낼 겁) 예 卑怯(비겁)

活用單語

- 去年(거년) : 지난해, 작년.
- 去就(거취) : 사람이 어디로 가거나 다니거나 하는 동태(動態). 어떤 사태(事態)에 대하여 자기의 처지를 밝혀 취하는 태도.
- 過去(과거) : 지나간 때. 지나간 일이나 생활. 말하고 있는 때보다 이전의 행동이나 상태를 나타내는 시간 범주.
- 收去(수거) : 늘어 놓인 물품 따위를 거두어 감.

聲符字(去가 음으로 쓰이는 글자)

祛(빌 거)

四字成語

- 去弊生弊(거폐생폐) : 폐단(弊端)을 없애려다 도리어 딴 폐단이 생기는 것.
- 去頭截尾(거두절미) : 머리와 꼬리를 잘라 버림. 사실의 줄거리만 말하고 부차적인 것은 빼어 버림.
- 歸去來辭(귀거래사) : 중국 진(晉)나라의 도연명(陶淵明)이 벼슬을 사직하고 고향으로 돌아가면서 지은 시. 세속을 떠나 전원생활을 누리겠다는 뜻을 담고 있다.

그칠 지 [부수자]

본래 발자국을 그린 것인데, 뒤에 '그치다'의 뜻으로 쓰이게 되어, 다시 '趾(발자국 지)'자를 만들었다.

殷: 갑골문

秦: 소전체

漢: 예서체

部首位置

「止」가 위에   ①步(걸음 보) ②歲(해 세)

「止」가 아래에 ①正(바를 정) ②武(호반 무) ③歷(지날 력)
　　　　　　　④歸(돌아갈 귀)

「止」가 왼쪽에 ①此(이 차)

活用單語

- 防止(방지) : 어떤 일이나 현상이 일어나지 못하게 막음.
- 沮止(저지) : 막아서 못하게 함.
- 停止(정지) : 중도에서 멎거나 그침.
- 終止(종지) : 끝을 냄, 끝이 남, 끝. 악곡의 끝이나 중도에서 끝의 느낌을 주도록 2-3개의 화음(和音)을 연결한 것.

聲符字(止가 음으로 쓰이는 글자)

址(터 지), 沚(물가 지), 祉(복 지), 趾(발 지), 芷(구리때 지)

四字成語

- 行動擧止(행동거지) : 몸으로 움직이는 모든 짓.
- 明鏡止水(명경지수) : 맑은 거울과 움직이지 않는 물. 잡념과 가식(假飾)과 허욕(虛慾)이 없이 아주 맑고 깨끗한 마음.
- 止於止處(지어지처) : 정처 없이 어디든지 이르는 곳에서 머물러 잠. 일이나 행동을 사리(事理)에 맞추어 그쳐야 옳을 곳에서 그침.

216

말씀 **언** [부수자]

본래 입에 피리를 물고 소리를 내는 모양을 본뜬 것인데, 뒤에 '말씀'의 뜻으로 변하였다.

殷: 갑골문

秦: 소전체

漢: 예서체

部首位置

「言」이 왼쪽에 ①計(설계 계) ②訂(고칠 정) ③記(기록할 기)
　　　　　　 ④訓(교훈 훈) ⑤訪(찾을 방) ⑥設(베풀 설)
　　　　　　 ⑦訟(송사할 송) ⑧訴(호소할 소) ⑨詞(말　 사)
　　　　　　 ⑩詠(읊을 영) ⑪評(평할 평) ⑫討(칠　 토)
　　　　　　 ⑬請(청할 청) ⑭許(허락할 허) ⑮詐(속일 사)
　　　　　　 ⑯診(볼　 진) ⑰誇(자랑할 과) ⑱護(보호할 호)
　　　　　　 ⑲讀(읽을 독) ⑳詳(자세할 상)

「言」이 아래에 ①譽(기릴 예) ②警(경계할 경) ③誓(맹서할 서)

活用單語

● 格言(격언) : 사리(事理)에 맞고 교훈이 될 만한 짤막한 말.
● 空言(공언) : 실행 없는 빈말. 근거 없는 풍설.
● 金言(금언) : 생활의 본보기가 될 귀중한 내용을 가진 짧은 어구(語句). 부처의 입에서 나온 불멸의 법어(法語).

四字成語

● 甘言利說(감언이설) : 남의 비위에 맞추어 하는 달콤한 말과 이로운 조건을 내세워 꾀는 말.
● 巧言令色(교언영색) : 아첨하느라고 교묘하게 꾸며대는 말과 알랑거리는 태도.
● 身言書判(신언서판) : 과거에 인물을 고르는 표준으로 삼았던 네 가지 조건, 곧 신수(身手), 말씨, 문필(文筆), 판단력(判斷力).

갈 **행**　[부수자]

본래 네거리의 모양을 본뜬 것인데, 거리는 곧 사람이 다니는 곳이므로 '가다'의 뜻으로 쓰이게 되었다.

周: 금문

秦: 소전체

漢: 예서체

部首位置

「行」이 가운데에 ① 術(꾀 술) ② 街(거리 가) ③ 衛(지킬 위)
④ 衝(찌를 충) ⑤ 衡(저울대 형)

※ '行' 자가 '항'으로도 발음된다. 예 行列(항렬)

活用單語

- 敢行(감행) : 과감하게 행함.
- 强行(강행) : 어려움을 무릅쓰고 행함. 마지못해 억지로 행함.
- 擧行(거행) : 의식이나 행사를 행함. 명령대로 행함.
- 慣行(관행) : 전부터 관례가 되어 행함. 자주 행함. 숙달하여 잘함.
- 新行(신행) : 혼행(婚行). 왕비로 간택(揀擇)되어 입궁하는 일.
- 施行(시행) : 실지로 행함. 법령(法令)을 공포(公布)한 뒤에 그 효력을 발생시킴.

四字成語

- 微服潛行(미복잠행) : 남이 알아보지 못하게 미복으로 넌지시 다님.
- 試行錯誤(시행착오) : 어떤 목표나 과제를 해결할 때까지 여러 가지의 시행과 실패를 되풀이하면서 추구하는 일.
- 繡衣夜行(수의야행) : '비단옷 입고 밤길 걷기'라는 뜻으로, '영광스러운 일을 남에게 알리지 않음'을 가리키는 말.

218

힘 력 [부수자]

힘쓸 때 팔의 모양을 본떠 '힘'의 뜻을 나타낸 글자이다.

殷: 갑골문

秦: 소전체

漢: 예서체

「力」이 아래에　①努(힘쓸 노)　②劣(못할 렬)　③勇(날랠 용)
　　　　　　　④募(모을 모)　⑤務(힘쓸 무)　⑥勝(이길 승)
　　　　　　　⑦勞(일할 로)　⑧勢(기세 세)

「力」이 왼쪽에　①加(더할 가)

「力」이 오른쪽에　①功(공　공)　②助(도울 조)　③動(움직일 동)
　　　　　　　④勤(부지런할 근)　⑤勸(권할 권)　⑥劫(으를 겁)
　　　　　　　⑦劾(캐물을 핵)　⑧勉(힘쓸 면)　⑨勅(조서 칙)
　　　　　　　⑩勳(공　훈)

● 功力(공력) : 애쓰는 힘. 불도(佛道)를 닦아서 얻은 공덕(功德)의 힘.

● 耐久力(내구력) : 오래 견디는 힘.

● 努力(노력) : 무엇을 이루려고 마음과 몸을 써서 들이는 힘. 무엇을 이루려고 애를 쓰고 힘을 들임.

● 勞力(노력) : 힘을 들이어 일함, 또는 그 힘.

● 務實力行(무실역행) : 참되고 실속 있도록 힘써 실행함.

● 不可抗力(불가항력) : 사람의 힘으로는 도저히 저항할 수 없는 힘. 외부에서 발생한 사고에서 사회 통념상의 주의나 예방으로는 방지할 수 없는 일.

219

見

볼 **견** [부수자]

바라보는 사람의 눈을 강조하여 본뜬 글자이다.

殷: 갑골문

秦: 소전체

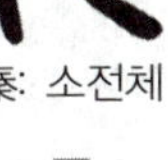

漢: 예서체

部首位置

「見」이 아래에　①覺(깨달을 각) ②覽(볼 람)

「見」이 오른쪽에 ①規(법 규)　　②視(볼 시) ③親(어버이 친)
　　　　　　　　　④觀(볼 관)

活用單語

- 見聞(견문) : 보고 들음.
- 見習(견습) : 남이 하는 일을 직접 보면서 익힘.
- 見積(견적) : 어떤 일에 소요되는 비용 등을 미리 어림잡아 계산함, 혹은 그 계산, 어림셈.

聲符字(見이 음으로 쓰이는 글자)

現(나타날 현), 峴(고개 현), 睍(염탐할 현), 晛(햇살 현)

四字成語

- 見利思義(견리사의) : 눈앞에 이익(利益)이 보이면 의리(義理)를 생각함.
- 見蚊拔劍(견문발검) : 모기를 보고 칼을 뺀다는 뜻으로, 사소한 일에도 크게 성내어 덤빔.
- 見物生心(견물생심) : 실물(實物)을 보면 욕심이 생김.
- 目不忍見(목불인견) : 눈으로 차마 볼 수 없음.
- 見而知之(견이지지) : 실지로 보고 알아냄.

220

날 생 [부수자]

풀 싹이 땅에서 돋아나는 모양을 본뜬 글자이다.

殷: 갑골문

秦: 소전체

漢: 예서체

部首位置

「生」이 아래에 ①産(낳을 산)

「生」이 왼쪽에 ①甥(생질 생)

　※ '生'과 비슷한 글자 : 主(임금 주), 毛(털 모), 去(갈 거),
　　失(잃을 실)

活用單語

- 更生(갱생) : 거의 죽을 지경에서 다시 살아남. 마음을 잡아 다시 옳은 생활에 들어섬.
- 共生(공생) : 같이 삶. 종류가 다른 두 생물이 서로 해를 주지 않고 양쪽 또는 한쪽이 도움을 받으면서 함께 사는 일.
- 寄生(기생) : 어떤 생물이 다른 생물에 붙어서 영양을 섭취하며 사는 것. 스스로 생활하지 못하고 남에게 기대어 생활하는 것.
- 門下生(문하생) : 권세(權勢)가 있는 집에 드나드는 사람. 문하에서 배우는 제자.

聲符字(生이 음으로 쓰이는 글자)

甥(생질 생), 牲(희생 생), 笙(생황 생)

四字成語

- 各自圖生(각자도생) : 제각기 살아 나갈 방도(方道)를 꾀함.
- 救命圖生(구명도생) : 구차스럽게 겨우 목숨을 보전하여 살아감. '苟命徒生' 으로 씀.
- 起死回生(기사회생) : 죽을 뻔하다가 도로 살아남.

걸을 보 [止 부수]

두 발을 그리어 걸어가는 뜻을 나타낸 글자이다.

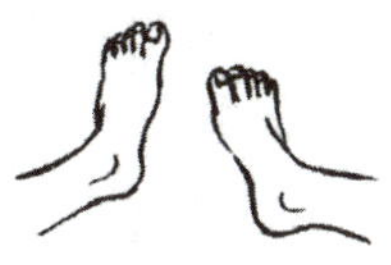

殷: 갑골문

秦: 소전체

漢: 예서체

參考 '步'를 일본에서는 「歩」의 형태로 쓴다.

'步' 자가 다른 부수와 어울려 쓰이는 글자로 涉(건널 섭), 陟(오를 척)이 있다.

活用單語

● 步兵(보병) : 도보로 전투하는 군사.

● 徒步(도보) : 탈것을 타지 않고 걸어가는 것.

● 步哨(보초) : 초소(哨所)에서 경비를 맡아보는 사람.

● 競步(경보) : 육상 경기의 하나로 한쪽 발이 땅에 떨어지기 전에 다른 발이 땅에 닿게 하여 빨리 걷는 경기.

● 進步(진보) : 시간의 경과와 함께 사물의 내용이나 정도가 차차 향상하여 가는 것.

四字成語

● 七步之才(칠보지재) : 일곱 걸음에 시를 짓는 재주라는 뜻으로, 시를 빨리 잘 짓는 재주를 이르는 말.

● 邯鄲之步(한단지보) : 함부로 자기 본분을 버리고 남의 행위를 따라 하면 두 가지 모두 잃는다는 것을 이르는 말. 어떤 사람이 한단이란 도시에 가서 그곳의 걸음걸이를 배우려다 미처 배우지 못하고, 본래의 걸음걸이도 잊어버려 기어서 돌아왔다는 데에서 유래한다.

部首位置

「至」가 아래에 ①臺(집 대)
「至」가 왼쪽에 ①致(이룰 치)

殷: 갑골문

秦: 소전체

活用單語

- 至極(지극) : 극진한 데까지 이름. 극한(極限). 몹시.
- 至當(지당) : 지극히 당연함.
- 遝至(답지) : 한군데로 몰려들거나 몰려옴.
- 至毒(지독) : 몹시 독함. 매우 심하거나 모짊.
- 夏至(하지) : 24절기(二十四節氣)의 하나.

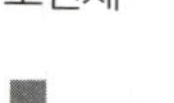

漢: 예서체

四字成語

- 自初至終(자초지종) : 처음부터 끝까지의 과정.
- 至上命令(지상명령) : 절대로 복종(服從)해야 할 명령.
- 至高至純(지고지순) : 더할 수 없이 높고 순수함.
- 至誠感天(지성감천) : '지극한 정성(精誠)에는 하늘도 감동한다' 라는 뜻으로, 무엇이든 정성껏 하면 하늘이 움직여 좋은 결과를 맺는다는 뜻.

223

及

미칠 **급** [又 부수]

본래 가는 사람을 뒤에서 손으로 잡는 모양을 본떠, '미치다'의 뜻으로 되었다.

殷: 갑골문

秦: 소전체

漢: 예서체

活用單語

● 及第(급제) : 과거(科擧)에 합격함.

● 普及(보급) : (문물 등을) 많은 사람들에게 두루 미치게 하여 누릴 수 있게 하는 것.

● 言及(언급) : (어떤 문제에 대하여) 어떤 의견을 나타내거나 판단을 내려 말하는 것.

● 波及(파급) : 어떤 일의 영향 따위가 다른 데로 미쳐 번짐.

● 及其也(급기야) : 마침내. 필경(畢竟)에는. 마지막에는.

聲符字(及이 음으로 쓰이는 글자)

級(등급 급), 汲(길을 급), 伋(속일 급), 扱(거둘 급)

四字成語

● 過猶不及(과유불급) : '지나침은 미치지 못함과 같다'는 뜻으로, 중용(中庸)이 가장 중요함을 강조한 말.

● 後悔莫及(후회막급) : 일이 잘못된 뒤에 아무리 뉘우쳐도 어찌할 수가 없음.

● 學如不及(학여불급) : 학문(學問)은 미치지 못함과 같으니 쉬지 말고 노력해야 함을 이르는 말.

224

견줄 비 [부수자]

두 사람이 나란히 서 있는 모습을 본뜬 글자이다.

殷: 갑골문

秦: 소전체

漢: 예서체

部首位置

「比」가 위에　　　①毖(삼갈 비)

「比」가 오른쪽에　①毗(도울 비)

※ '比'자와 모양이 비슷한 글자에 「此(이 차)」가 있다.

活用單語

- 比準(비준) : 서로 견주어 비추어 봄.
- 比肩(비견) : 앞서거나 뒤서지 않고 어깨를 나란히 한다는 뜻으로, 낫고 못할 것이 없이 정도가 서로 비슷함을 이르는 말.
- 比喩(비유) : 어떤 사물을 표현함에 있어서 그와 비슷한 다른 사물을 빌려 표현하는 일.
- 比較(비교) : 둘 이상의 것을 견주어 차이·우열(優劣)·공통점 따위를 살피는 것.

聲符字(比가 음으로 쓰이는 글자)

庇(덮을 비), 批(비평할 비), 秕(쭉정이 비)

四字成語

- 千里比隣(천리비린) : 천 리나 되는 먼 곳도 이웃과 같이 됨.
- 比翼連理(비익연리) : 암수가 각각 눈 하나에 날개가 하나씩이라서 짝을 짓지 않으면 날지 못한다는 비익조(比翼鳥)와 한 나무의 가지가 다른 나무의 가지와 맞붙어서 서로 결이 통한 연리지(連理枝)라는 뜻으로, 부부의 사이가 깊고 화목(和睦)함을 비유해 이르는 말.

225

立

殷: 갑골문

秦: 소전체

漢: 예서체

部首位置

「立」이 위에　①童(아이 동) ②章(글월 장)　③竟(마침내 경)

「立」이 왼쪽에 ①端(끝 단)　②站(역마을 참) ③竣(마칠 준)

「立」이 거듭　①競(다툴 경) ②竝(아우를 병)

　※ '立' 자와 비슷한 글자로 「丘(언덕 구)」가 있다.

活用單語

- 立憲(입헌) : 헌법을 제정함.
- 建立(건립) : (건물이나 기념비 등을) 만들어 세우는 것.
  (기관·조직체 등을) 새로 조직하는 것.
- 確立(확립) : (체계·견해·조직 등을) 확고하게 세우는 것.
- 起立(기립) : 일어섬.
- 對立(대립) : 의견이나 처지, 또는 속성 등이 서로 맞섬.

聲符字(立이 음으로 쓰이는 글자)

笠(삿갓 립), 粒(낟알 립), 砬(돌소리 립), 泣(울 읍)

四字成語

- 立身揚名(입신양명) : 출세하여 이름을 세상에 떨침.
- 孤立無援(고립무원) : 고립되어 구원을 받을 데가 없음.
- 三權分立(삼권분립) : 국가의 통치권을 입법권(立法權), 사법권(司法權), 행정권(行政權)으로 나누고 따로 따로 독립시키는 일.

226 竝

아우를 병 [立 부수]

두 사람이 나란히 서 있는 모양을 본뜬 글자이다.

殷: 갑골문

秦: 소전체

漢: 예서체

活用單語

- 竝稱(병칭) : 둘 이상을 아울러서 일컬음.
- 竝發(병발) : 한꺼번에 두 가지 이상의 일이 일어남.
- 竝行(병행) : 나란히 함께 감. 한꺼번에 아울러서 행함.
- 竝列(병렬) : 나란히 벌여 섬. 나란히 벌여 세움.
- 竝擧(병거) : 어떤 사실이나 보기를 들어 말할 때, 두 가지 이상을 아울러 듦.
- 竝設(병설) : 두 가지 이상을 한곳에 아울러 설비하거나 함께 설치함.

四字成語

- 竝行不悖(병행불패) : 두 가지 일을 한꺼번에 치르더라도 사리에 어그러짐이 없음.
- 乞不竝行(걸불병행) : '동냥은 여럿이 함께 하지 않는다' 는 뜻으로, 요구하는 사람이 여럿이면 그것을 얻기가 어려움을 이르는 말.

227

함께 공 [八 부수]

본래 두 손으로 그릇을 들어올리는 모양을 본 떠 '함께'라는 뜻으로 쓰이게 되었다.

周: 금문

秦: 소전체

漢: 예서체

參考 '共'과 모양이 비슷한 글자로 「兵(군사 병)」, 「其 (그 기)」, 「具(갖출 구)」 등이 있다.

活用單語

● 共感(공감) : 남의 감정, 의견, 주장 따위에 대하여 자기도 그렇다고 느낌, 또는 그렇게 느끼는 기분.

● 共著(공저) : 책을 둘 이상의 사람이 함께 지음, 또는 그렇 게 지은 책.

● 共同體(공동체) : 목적이나 이념을 같이하는 집단이나 단 체. 같이하는 두 사람 이상의 모임.

聲符字(共이 음으로 쓰이는 글자)

供(이바지할 공), 恭(공손할 공), 拱(두 손 맞잡을 공)

四字成語

● 共同聲明(공동성명) : 둘 이상의 개인이나 단체나 나 라들이 목적을 같이하는 일에 대해 합의한 내용을 공동으로 발표하는 성명.

● 天人共怒(천인공노) : 하늘과 사람이 함께 분노(憤怒) 한다는 뜻으로, 누구나 분노할 만큼 증오(憎惡)스러 움, 또는 도저히 용납될 수 없음의 비유.

● 不共戴天之讐(불공대천지수) : 한 하늘에서 더불어 살 수 없는 원수(怨讐)라는 뜻으로, 어버이의 원수를 이름.

쌀 포　[勹 부수]

본래 배 안에 있는 아이의 모양을 본뜬 것인데, '싸다' 의 뜻으로 쓰이게 되었다.

參考　'包' 와 모양이 비슷한 글자로 「卮(잔 치)」, 「危(위태할 위)」 등이 있다.

殷: 갑골문

秦: 소전체

漢: 예서체

活用單語

- 包袋(포대) : 피륙 · 가죽 · 종이 따위로 만든 자루.
- 包括(포괄) : 일정한 대상이나 현상 따위를 어떤 범위나 한계 안에 모두 끌어넣음.
- 包攝(포섭) : 상대편을 자기편으로 감싸 끌어들임. 어떤 개념이 보다 일반적인 개념에 포괄되는 종속(從屬) 관계.
- 包容(포용) : 너그럽게 받아들임.
- 包裝(포장) : 물건을 싸서 꾸림.

聲符字(包가 음으로 쓰이는 글자)

胞(태 포), 抱(안을 포), 飽(배부를 포), 砲(돌쇠뇌 포)

四字成語

- 八包大商(팔포대상) : 조선시대에 중국 청나라로 가는 사신을 따라가 홍삼(紅蔘)을 팔 수 있도록 허가된 의주(義州) 상인. 생활에 걱정이 없는 사람을 가리키는 말.

사귈 교 [亠 부수]

본래 사람이 두 다리를 꼬고 있는 모습을 본뜬 것인데, '사귀다'의 뜻으로 쓰이게 되었다.

周: 금문

秦: 소전체

漢: 예서체

參考 '交'와 모양이 비슷한 글자로 「父(아버지 부)」, 「爻(육효 효)」, 「文(글월 문)」 등이 있다.

活用單語

● 交代(교대) : 서로 번갈아드는 사람 또는 그 일.
● 交流(교류) : 근원이 다른 물줄기가 서로 섞이어 흐름. 문화(文化)나 사상(思想) 따위가 서로 통함.
● 交友(교우) : 벗을 사귐, 또는 그 벗.
● 交涉(교섭) : 어떤 일을 이루기 위해 서로 의논하고 절충함.
● 社交(사교) : 서로 교제(交際)함. 사회적인 교제, 사회생활에 있어서의 사귐.

聲符字(交가 음으로 쓰이는 글자)

校(학교 교), 郊(들 교), 較(비교할 교)

四字成語

● 莫逆之交(막역지교) : 아주 허물없는 사귐.
● 管鮑之交(관포지교) : 중국의 관중(管仲)과 포숙아(鮑叔牙)의 우정이 퍽 두터웠다는 고사에서, 아주 친한 친구 사이의 사귐을 이름.

돌아올 **회**　[口 부수]

본래 연못의 물이 빙빙 도는 모양을 본뜬 것인데, '돌다'의 뜻으로 쓰이게 되었다.

周: 금문

秦: 소전체

漢: 예서체

參考 "나는 이 학교의 5회 졸업생으로 30년 전을 회상(回想)하니 감회가 무량하다."

活用單語

- 回顧(회고) : 돌아다봄. 지나간 일을 돌이켜 생각하여 봄.
- 挽回(만회) : 바로잡아 회복(回復)함.
- 回避(회피) : 몸을 피하여 만나지 아니함. 이리저리 피함.
- 迂回(우회) : 곧바로 가지 않고 멀리 돌아서 감.

聲符字(回가 음으로 쓰이는 글자)

廻(돌 회), 徊(노닐 회)

四字成語

- 起死回生(기사회생) : 죽을 뻔하다가 다시 살아남.
- 回歸本能(회귀본능) : 동물 특히 어류 따위가 태어난 곳에서 다른 곳으로 이동하여 성장한 뒤, 산란(産卵)을 위하여 태어난 곳으로 다시 되돌아오는 습성.
- 回避不得(회피부득) : 피하고자 하여도 피할 수가 없음.
- 北回歸線(북회귀선) : 북위 23도 27분의 위선. 춘분에 적도에 있는 해가 점점 북으로 향해 하지에 이 선에 이르렀다가 다시 남으로 돌아가므로 '하지선'이라고도 한다.

구할 **구** [水 부수]

본래 가죽 옷의 모양을 본뜬 것인데, 뒤에 '구하다'의 뜻으로 쓰였다.

周: 금문

秦: 소전체

漢: 예서체

參考 '求' 자는 '水' 부수자에 속한다. 그러나 본래 물과 관계없는 글자이다.

活用單語

● 求乞(구걸) : 남에게 물건·돈·곡식 따위를 거저 달라고 비는 일.

● 渴求(갈구) : 몹시 애타게 구하는 것.

● 追求(추구) : (어떤 일이나 대상을) 이루거나 얻기 위해 노력하여 구하는 것.

● 求道(구도) : 불법(佛法)의 도를 탐구(探究)함. 안심입명(安心立命)의 길을 찾음.

聲符字(求가 음으로 쓰이는 글자)

救(구원할 구), 球(공 구)

四字成語

● 苛斂誅求(가렴주구) : 가혹하게 세금을 거둬들이고 백성의 재물을 억지로 빼앗음.

● 反求諸己(반구저기) : '잘못을 자신(自身)에게서 찾는다' 라는 뜻으로, 어떤 일이 잘못 되었을 때 남의 탓을 하지 않고 그 일이 잘못된 원인(原因)을 자기(自己) 자신(自身)에게서 찾아 고쳐 나간다는 의미(意味).

쓸 용 [부수자]

본래 종의 모양을 본뜬 것인데, 뒤에 '쓰다'의 뜻으로 변하였다.

殷: 갑골문

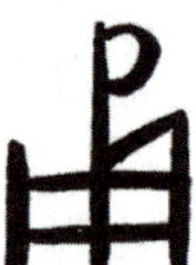

秦: 소전체

漢: 예서체

參考 ▶ '用' 자의 풀이에는 학설이 구구하다. 본래 짐승의 우리를 본떴다고 하는 이도 있고, 점치는 도구로 갑골(甲骨)을 걸어 놓은 시렁과 관계있다고 하는 이도 있다.

活用單語

- 用件(용건) : 볼일.
- 用品(용품) : 쓰는 물건. 필요한 물품.
- 信用(신용) : 믿어 의심(疑心)하지 아니함.
- 兼用(겸용) : 하나로써 두 가지 이상에 겸하여 씀.
- 雇用(고용) : 품삯을 주고 사람을 부림.
- 濫用(남용) : 정해진 규정(規定)이나 범위(範圍)를 벗어나서 함부로 쓰거나 행사(行使)함.

聲符字(用이 음으로 쓰이는 글자)

俑(허수아비 용), 涌(샘솟을 용), 踊(뛸 용)

四字成語

- 無用之物(무용지물) : 쓸모가 없는 사람이나 물건.
- 經世致用(경세치용) : 학문은 세상을 다스리는 데에 실질적인 이익을 줄 수 있는 것이어야 한다는 유교(儒教)상의 한 주장.
- 用之不竭(용지불갈) : 아무리 써도 닳거나 말라 없어지지 아니함.

18

動態類

동태류 ②

20자

易, 束, 反, 大, 小
甘, 亡, 無, 失, 良
互, 先, 永, 司, 曲
直, 成, 飛, 鬪, 爭

바꿀 **역** ［日 부수］

본래 한 그릇의 물을 다른 그릇에 옮기는 것을 본뜬 것인데, 뒤에 '바꿀 역', '쉬울 이'의 뜻으로 쓰이게 되었다.

周: 금문

秦: 소전체

漢: 예서체

參考 '易'을 도마뱀의 모양을 상형한 글자가 변형된 것으로 보는 이도 있고, 日(날 일)과 月(달 월)의 合體字(합체자)로 보는 이도 있다.

活用單語

- 易學(역학) : 주역(周易)의 괘(卦)를 해석하여 음양(陰陽) 변화의 원리와 이치를 연구하는 학문.
- 貿易(무역) : 이곳 물건과 저곳 물건을 팔고 삼.
- 安易(안이) : 너무 쉽게 여기는 태도나 경향이 있음.
- 容易(용이) : 어렵지 아니하고 매우 쉬움.
- 賤易(천이) : 천하게 보고 업신여김.

聲符字(易이 음으로 쓰이는 글자)

錫(주석 석)

四字成語

- 易地思之(역지사지) : 처지를 바꾸어서 생각하여 봄.
- 萬古不易(만고불역) : 오랜 세월을 두고 바뀌지 않음.
- 少年易老學難成(소년이로학난성) : 주자의 권학문에 나오는 시귀로 '소년은 늙기 쉬우나 학문을 이루기는 어렵다'는 말로, 시간을 아껴 배우기를 힘쓰라는 말.

234

束

묶을 속 [木 부수]

끈으로 나무를 여러 개 묶어 놓은 모양을 본뜬 글자이다.

周: 금문

秦: 소전체

漢: 예서체

參考 ▶ '束' 자와 모양이 비슷한 글자로 「束(가시 자)」가 있다.

예 刺(찌를 자/척), 剌(어그러질 랄)

活用單語

● 束縛(속박) : 어떤 행위나 권리의 행사를 자유로이 하지 못하도록 강압적으로 얽어매거나 제한함.
● 結束(결속) : 뜻이 같은 사람끼리 굳게 한 덩이로 뭉치는 것.
● 拘束(구속) : 행동이나 의사(意思)의 자유를 제한하는 것.
● 團束(단속) : 주의를 기울여 다잡거나 보살핌.

聲符字(束이 음으로 쓰이는 글자)

速(빠를 속), 涑(헹굴 속)

四字成語

● 束手無策(속수무책) : '손을 묶인 듯이 어찌할 방책(方策)이 없어 꼼짝 못하게 된다' 는 뜻으로, 뻔히 보면서 어찌할 바를 모르고 꼼짝 못한다는 뜻.
● 口頭約束(구두약속) : 말로써 맺는 약속.
● 拘束令狀(구속영장) : 피의자(被疑者)의 신체를 구속할 수 있는 명령서.

돌이킬 반 [又 부수]

본래 깃털 따위를 손으로 뒤집는 모양을 본뜬 글자이다.

殷: 갑골문

秦: 소전체

漢: 예서체

參考 '反' 자와 모양이 비슷한 글자로 「及(미칠 급)」, 「友(벗 우)」, 「乃(이에 내)」, 「久(오랠 구)」 등이 있다.

活用單語

- 反擊(반격) : 되받아 공격함.
- 反旗(반기) : 반란(反亂)을 일으킨 무리가 그 표시로 드는 기. 반대의 뜻을 나타내는 행동이나 표시.
- 違反(위반) : 법률, 명령, 약속 따위를 지키지 않고 어김.
- 反芻(반추) : 소나 양 같은 짐승이 한번 삼킨 음식을 올려 다시 씹는 일. 거듭 생각하여 음미(吟味)하는 일.

聲符字(反이 음으로 쓰이는 글자)

返(돌아올 반), 叛(배반할 반), 飯(밥 반)

四字成語

- 擧一反三(거일반삼) : '물건의 한 구석을 들어 가르쳐 주면 다른 세 구석은 스스로 헤아려 안다' 는 뜻으로, 재지(才智)가 총명함을 이름.
- 反哺之孝(반포지효) : '까마귀 새끼가 자라서 늙은 어미에게 먹이를 물어다 주는 효' 라는 뜻으로, 자식이 커서 어버이의 은혜에 보답하는 효성을 이름.

大

큰 대　[부수자]

본래 어른이 정면으로 서 있는 모습을 본떠서 아이의 대칭으로 뜻을 나타낸 것인데, 뒤에 '크다'의 뜻으로 쓰이게 되었다.

殷: 갑골문

秦: 소전체

漢: 예서체

部首位置

「大」가 본자로　①夫(지아비 부)　②天(하늘 천)　③太(클 태)
　　　　　　　　④央(가운데 앙)　⑤夷(큰활 이)

「大」가 위에　　①奇(기이할 기)　②奉(받들 봉)

「大」가 밑에　　①契(맺을 계)

活用單語

- 大概(대개) : 대부분. 대강(大綱). 대충.
- 大吉(대길) : 매우 길함. 운수(運數)가 썩 좋음.
- 巨大(거대) : 엄청나게 큼.
- 寬大(관대) : 마음이 너그럽고 큼.

四字成語

- 怒發大發(노발대발) : 몹시 성을 냄.
- 大同小異(대동소이) : 큰 차이 없이 거의 같음.
- 高官大爵(고관대작) : 지위(地位)가 높은 큰 벼슬자리. 그 직위(職位)에 있는 사람.
- 誇大妄想(과대망상) : 자기의 현실 상태를 턱없이 과장해서 사실이거니 하고 믿는 생각.
- 茫茫大海(망망대해) : 한없이 크고 넓은 바다.
- 拍掌大笑(박장대소) : 손뼉을 치면서 크게 웃음.

237 小

작을 **소** [부수자]
본래 빗방울이 떨어지는 모양을 본뜬 것인데,
'작다'의 뜻으로 쓰이게 되었다.

↓

殷: 갑골문

↓

秦: 소전체

↓

漢: 예서체

參考 「小」가 위에 ①少(적을 소) ②尖(뾰족할 첨) ③尙 (오히려 상)

※ '小'는 크기가 「작다」의 뜻이고 '少'는 양이 「적다」 의 뜻으로 서로 다르다.

活用單語

●小女(소녀) : 키나 몸이 작은 여자아이.

●狹小(협소) : 좁고 작음.

●小康(소강) : 병이 조금 나아진 기색(氣色)이 있음. 소란(騷亂)이나 분란(紛亂), 혼란(混亂) 따위가 그치고 조금 잠잠함.

●縮小(축소) : 줄여서 작게 만듦.

四字成語

●過小評價(과소평가) : 실제보다 지나치게 낮게(작게) 하는 평가.

●黃口小兒(황구소아) : '부리가 누런 새 새끼같이 어린아이' 라는 뜻으로, 철없이 미숙한 사람을 낮잡아 이르는 말.

●針小棒大(침소봉대) : '바늘 만한 것을 몽둥이 만하다고 말함' 이란 뜻으로, 곧, 작은 일을 크게 과장(誇張)하여 말함을 이름.

●寓話小說(우화소설) : 동식물이나 기타 사물을 의인화(擬人化)하여 쓴 소설.

달 甘 [부수자]

입 안에 음식물을 물고 있는 모양을 본떠, '달
다'의 뜻을 나타낸 글자이다.

殷: 갑골문

秦: 소전체

漢: 예서체

部首位置

「甘」이 위에 ① 甚(심할 심)
   ※「甚」의 자형으로 써서는 안 된다.

活用單語

- 甘橘(감귤) : 밀감.
- 甘味(감미) : 단맛.
- 甘受(감수) : 책망(責望)이나 괴로움 따위를 달갑게 받아들임.
- 甘雨(감우) : 알맞은 때에 내리는 비. 가뭄 끝에 오는 반가운 비.

聲符字(甘이 음으로 쓰이는 글자)

柑(감자나무 감), 紺(감색 감), 疳(감병 감)

四字成語

- 甘呑苦吐(감탄고토) : '달면 삼키고 쓰면 뱉는다'는 뜻으로, 자신의 비위에 따라서 사리(事理)의 옳고 그름을 판단함을 이르는 말.
- 甘言利說(감언이설) : '달콤한 말과 이로운 이야기'라는 뜻으로, 남의 비위(脾胃)에 맞도록 꾸민 달콤한 말과 이로운 조건을 내세워 남을 꾀하는 말.
- 苦盡甘來(고진감래) : '쓴 것이 다하면 단 것이 온다.'라는 뜻으로, 고생 끝에 낙이 온다라는 말.

망할 **망** [亠 부수]

본래 소경이 지팡이를 짚고 가는 모양을 본뜬 것인데, 뒤에 '없다' 또는 '죽다'의 뜻으로 쓰이게 되어, 다시 「盲(소경 맹)」자를 만들었다.

殷: 갑골문

秦: 소전체

漢: 예서체

參考 '亡'이 「황」의 발음으로 쓰이기도 한다.

예 荒(거칠 황), 肓(명치끝 황), 慌(어리둥절할 황)

活用單語

- 亡兆(망조) : 망할 징조(徵兆).
- 滅亡(멸망) : 망하여 없어짐.
- 逃亡(도망) : 피하거나 쫓기어 달아남.
- 興亡(흥망) : 흥하거나 망함.

聲符字(亡이 음으로 쓰이는 글자)

忙(바쁠 망), 忘(잊을 망), 望(바랄 망), 罔(없을 망), 網(그물 망)

四字成語

- 多岐亡羊(다기망양) : '달아난 양을 찾으려 할 때 갈림길이 많아 끝내는 양을 잃는다'는 뜻으로, 학문의 길이 여러 갈래로 나뉘어 있어서 진리(眞理)를 얻기 어려움을 이르는 말.
- 亡國之歎(망국지탄) : 나라가 망하여 없어진 것에 대한 한탄(恨歎).
- 脣亡齒寒(순망치한) : '입술을 잃으면 이가 시리다'는 뜻으로, '가까운 사이의 한쪽이 망하면 다른 한쪽도 그 영향을 받아 온전(穩全)하기 어려움을 비유하여 이르는 말.

240

없을 무 [火 부수]

본래 사람이 깃털장식을 들고 춤추는 모습을 본뜬 것인데, 춤출 때는 남녀노소 구별이 '없다'는 뜻으로 쓰이게 되었다.

參考 '無'자가 '없다'는 뜻으로 전의되자 「舞(춤출 무)」를 다시 만들었다.

活用單語

- 無禮(무례) : 예의(禮儀)에 벗어남. 도리(道理)에 어긋난 짓을 함.
- 無謀(무모) : 꾀가 없음. 앞뒤를 헤아리는 깊은 생각이나 분별력이 없음.
- 虛無(허무) : 아무것도 없이 텅 빔. 무가치하고 무의미하게 느껴져 매우 허전하고 쓸쓸함.
- 全無(전무) : 전혀 없음. 아주 없음.

殷: 갑골문

聲符字(無가 음으로 쓰이는 글자)

撫(어루만질 무), 蕪(거칠 무), 憮(어루만질 무)

秦: 소전체

四字成語

- 感慨無量(감개무량) : 마음속에서 느끼는 감동이나 느낌이 끝이 없음, 또는 그 감동이나 느낌.
- 無味乾燥(무미건조) : 재미나 멋이 없이 메마름.
- 角者無齒(각자무치) : '뿔이 있는 짐승은 날카로운 이가 없다'는 뜻으로, 한 사람이 여러 가지 재주나 복을 다 가질 수 없다는 말.
- 莫無可奈(막무가내) : 도무지 어찌할 수 없음.

漢: 예서체

잃을 **실** [大 부수]

손에서 어떤 물건을 떨어뜨리는 모양을 나타낸 글자이다.

殷: 갑골문

秦: 소전체

漢: 예서체

參考 ▶ '失' 자와 모양이 비슷한 글자로 「夫(사나이 부)」, 「矢(화살 시)」, 「夭(일찍 죽을 요)」 등이 있다.

活用單語

- 得失(득실) : 얻음과 잃음. 이익과 손해.
- 過失(과실) : 실수나 부주의 등으로 인한 잘못.
- 失敗(실패) : 일을 그르침. 목적을 이루지 못함.
- 失言(실언) : 실수로 잘못 말함, 또는 그 말.

聲符字(失이 음으로 쓰이는 글자)

秩(차례 질), 迭(갈마들 질)

四字成語

- 記憶喪失(기억상실) : 자기와 관계 깊은 어떤 사실이나 어떤 시간 내에 있었던 일이 생각나지 않게 되는 일.
- 大驚失色(대경실색) : 몹시 놀라 얼굴빛이 변함.
- 啞然失色(아연실색) : 뜻밖의 일에 너무 놀라 얼굴빛이 변함.
- 千慮一失(천려일실) : '천 번 생각에 한 번 실수'라는 뜻으로, 슬기로운 사람이라도 여러 가지 생각 가운데에는 잘못되는 것이 있을 수 있음을 이르는 말.

242

어질 **량** [艮 부수]

본래 도량형기의 모양을 본뜬 것인데, 뒤에 '어질다'의 뜻으로 쓰이게 되었다.

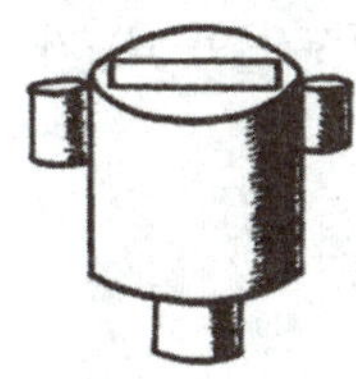

周: 금문

秦: 소전체

漢: 예서체

參考 ▶ '良' 자와 모양이 비슷한 글자로 「艮(괘이름 간)」이 있다.

活用單語

- 不良(불량) : 행실이나 성질 따위가 나쁨. 질이나 상태 등이 좋지 않음.
- 改良(개량) : (질이나 성능, 구조 등을) 더 낫거나 편리하게 고치는 것.
- 良好(양호) : 매우 좋음.
- 良心(양심) : 사람의 본마음. 인간 고유의 선심(善心).

聲符字(良이 음으로 쓰이는 글자)

浪(물결 랑), 郎(사내 랑), 朗(밝을 랑), 廊(행랑 랑)

四字成語

- 良禽擇木(양금택목) : 좋은 새는 나무를 가려서 둥지를 튼다는 뜻으로, 현명한 선비는 군주를 가려서 섬김을 비유적으로 이르는 말.
- 美風良俗(미풍양속) : 아름답고 좋은 풍속.
- 賢母良妻(현모양처) : 어진 어머니이면서 또한 착한 아내.
- 良藥苦口(양약고구) : '좋은 약은 입에 쓰다'는 뜻으로, 충언(忠言)은 귀에 거슬리나 결국은 자신을 이롭게 한다는 말.

243

서로 **호** [二 부수]

본래 서로 돌리어 새끼를 꼬는 연장의 모양을 본뜬 것인데, 뒤에 '서로'의 뜻으로 쓰이게 되었다.

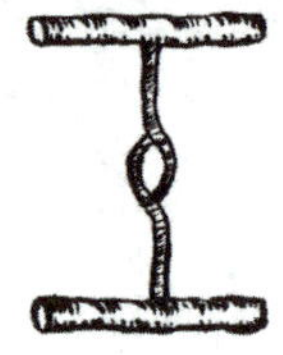

周: 금문

秦: 소전체

漢: 예서체

參考 '互' 자와 모양이 비슷한 글자로 「瓦(기와 와)」가 있다.

예 靑瓦(청와)

活用單語

- 相互(상호) : 피차가 서로.
- 互惠(호혜) : 서로 특별한 혜택을 주고받는 일.
- 互稱(호칭) : 서로 부름, 또는 그 이름.
- 互換(호환) : 서로 맞바꿈.
- 互讓(호양) : 서로 사양하고 양보함.
- 互選(호선) : 특정한 사람이 모여 그 가운데에서 어떠한 사람을 골라 뽑는 방법.

四字成語

- 互角之勢(호각지세) : 역량(力量)이 서로 비슷비슷하여 우열을 가리기 어려운 형세.
- 互有長短(호유장단) : 서로 나은 점과 못한 점이 있음.
- 相互作用(상호작용) : 서로 작용하고 영향을 미치는 일.
- 互惠條約(호혜조약) : 제삼국보다 유리한 조건을 서로 제공하기로 하고 맺는 두 국가 간의 조약.

먼저 선 [儿 부수]

한 사람의 앞에 발자국을 그리어, 먼저 간 사람이 있었음을 뜻한 글자이다.

參考 '先' 자와 모양이 비슷한 글자로 「光(빛 광)」, 「允(진실로 윤)」, 「充(채울 충)」 등이 있다.

活用單語

- 先例(선례) : 지금까지 있어 온 예.
- 先驅(선구) : 어떤 사상(思想)이나 일에 있어서 앞선 사람.
- 先考(선고) : 돌아가신 아버지.
- 先鋒(선봉) : 본대(本隊)에 앞서서 가는 부대(部隊). 맨 먼저 어떤 일을 행동하거나 주장하는 사람.

聲符字(先이 음으로 쓰이는 글자)

銑(끌 선), 跣(맨발 선), 詵(많을 선)

四字成語

- 先見之明(선견지명) : 앞을 내다보는 안목(眼目)이라는 뜻으로, 장래를 미리 예측하는 날카로운 견식(見識)을 두고 이르는 말.
- 先行條件(선행조건) : 앞서 행해야 할 조건.
- 先公後私(선공후사) : 공적인 일을 먼저 하고 사사로운 일은 뒤로 돌림.
- 率先垂範(솔선수범) : 앞장서서 하여 모범을 보이는 것.

殷: 갑골문

秦: 소전체

漢: 예서체

길 영 [水 부수]

본래 사람이 물속에서 헤엄치는 모양을 본뜬 글자인데 뒤에 물줄기가 '길다'는 뜻으로 쓰이게 되었다. 다시 「泳(헤엄칠 영)」자를 만들었다.

殷: 갑골문

秦: 소전체

漢: 예서체

參考 '永'자와 모양이 비슷한 글자로 「冰(얼음 빙)」, 「求(구할 구)」, 「汞(수은 홍)」 등이 있다.

活用單語

● 永劫(영겁) : 매우 긴 시간. 영원한 세월.

● 永眠(영면) : 영원히 잠든다는 뜻으로, '죽음'을 이르는 말.

● 永遠(영원) : 어떤 상태가 끝없이 이어짐, 또는 시간을 초월하여 변하지 아니함.

● 永永(영영) : 아주 오래도록. 아주 영원히.

● 永訣(영결) : 죽은 사람과 산 사람이 영원히 이별함.

聲符字(永이 음으로 쓰이는 글자)

泳(헤엄칠 영), 詠(읊을 영)

四字成語

● 永久不變(영구불변) : 끝없이 오래도록 변하지 않음.

● 永生不滅(영생불멸) : 영원히 삶을 누리어 사라지지 아니함.

● 永久長川(영구장천) : 한없이 길고 오랜 세월. 언제까지나 늘.

● 永字八法(영자팔법) : 한나라 채옹(蔡邕)이 고안한 서법전수의 한 방법. 영(永)자 한 글자로써 모든 글자에 공통되는 여덟 가지 쓰기를 아는 법.

맡을 사 [口 부수]

손을 입에 대고 큰소리를 지르는 모양을 본떠, 명령하여 맡은 책임을 실행하다의 뜻으로 쓰이게 되었다.

殷: 갑골문

秦: 소전체

漢: 예서체

參考 '司' 자와 모양이 비슷한 글자로 「可(옳을 가)」, 「同(한가지 동)」 등이 있다.

活用單語

- 監司(감사) : 관찰사(觀察使).
- 大司憲(대사헌) : 사헌부(司憲府)의 으뜸 벼슬.
- 司諫院(사간원) : 조선 때 삼사(三司)의 하나로, 임금께 간(諫)하는 일을 맡아보았음.
- 司令官(사령관) : 군대 등에서 군, 함대(艦隊) 따위를 지휘, 통솔하는 직책(職責).
- 司會者(사회자) : 회의나 예식 등의 진행을 맡아보는 사람.

聲符字(司가 음으로 쓰이는 글자)

詞(말씀 사), 嗣(이을 사), 祠(사당 사), 飼(먹일 사)

四字成語

- 百官有司(백관유사) : 조정(朝廷)의 많은 관리(官吏).
- 司法機關(사법기관) : 사법권의 행사를 담당하는 독립된 국가 기관으로 '법원(法院)'을 일컫는 말.

굽을 곡 [曰 부수]

본래 누에를 올리는 굴곡진 잠박의 모양을 본 뜬 것인데, 뒤에 '굽다'의 뜻으로 쓰이게 되었다.

參考 '曲'자와 모양이 비슷한 글자로 「典(법 전)」이 있다.

周: 금문

秦: 소전체

漢: 예서체

活用單語

- 曲折(곡절) : 꼬불꼬불함. 까닭. 자세한 사정. 복잡한 내용.
- 作曲(작곡) : 악곡(樂曲)을 창작함, 또는 그 악곡.
- 曲盡(곡진) : 간곡하게 정성(精誠)을 다함.
- 曲藝(곡예) : 주로 구경거리로 부리는 재주. 하찮은 기술이나 재능.

四字成語

- 曲學阿世(곡학아세) : 학문을 굽히어 세상에 아첨(阿諂)한다는 뜻으로, 정도(正道)를 벗어난 학문으로 세상 사람에게 아첨함을 이르는 말.
- 坊坊曲曲(방방곡곡) : 나라 안의 모든 곳. 한 군데도 빠짐이 없는 모든 곳.
- 迂餘曲折(우여곡절) : 이리저리 굽음. 여러 가지로 뒤얽힌 복잡한 사정(事情)이나 변화.
- 不問曲直(불문곡직) : '굽음과 곧음을 묻지 않는다'는 뜻으로, 옳고 그름을 가리지 않고 함부로 일을 처리함.

248

直 곧을 직 [目 부수]

본래 눈의 시선이 똑바로 보는 것을 본뜬 글자이다.

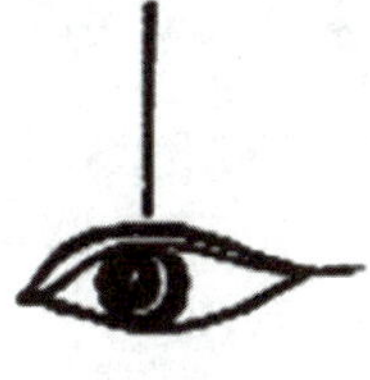
周: 금문

秦: 소전체

漢: 예서체

參考 ‘直’ 자와 모양이 비슷한 글자로 「眞(참 진)」, 「看(볼 간)」, 「省(살필 성)」, 「盾(방패 순)」 등이 있다.

活用單語

● 直立(직립) : 똑바로 섬. 꼿꼿이 섬.
● 直視(직시) : 똑바로 봄. 직접 봄.
● 愚直(우직) : 어리석고 고지식함.
● 剛直(강직) : 기질(氣質)이 꼿꼿하고 곧음.

聲符字(直이 음으로 쓰이는 글자)

植(심을 식), 値(값 치), 置(둘 치), 稙(올벼 직)

四字成語

● 單刀直入(단도직입) : ‘혼자서 한 자루의 칼을 휘두르며 적진(敵陣)으로 곧장 쳐들어간다’ 는 뜻으로, 쓸데없는 말을 늘어놓지 않고 곧바로 하고자 하는 말을 함.
● 直系家族(직계가족) : 직계에 속하는 가족. 곧, 부모·자녀 등.
● 是非曲直(시비곡직) : ‘옳고 그르고 굽고 곧음’ 의 뜻으로, ‘잘잘못’ 을 일컫는 말.

249

이룰 성 [戈 부수]

본래 도끼로 나무토막을 쪼개는 모양을 본뜬 것인데, 뒤에 '이루다'의 뜻으로 쓰이게 되었다.

殷: 갑골문

秦: 소전체

漢: 예서체

參考 '이룰 성'자를 '成'의 자형으로 쓰면 옳지 않다. 「丁(정)」이 성부로 되어있기 때문이다.

活用單語

- 成功(성공) : 목적을 이룸. 공(功)을 세움.
- 結成(결성) : 단체를 짜 이룸.
- 構成(구성) : 부분이나 요소들을 모아서 일정한 전체를 짜 이룸, 또는 그 짜임.
- 成熟(성숙) : 익음. 다 자람. 사물이 완성 단계에 들어섬.

聲符字(成이 음으로 쓰이는 글자)

誠(정성 성), 盛(성할 성), 城(성 성)

四字成語

- 故事成語(고사성어) : 옛날 있었던 일에서 만들어진 어구(語句).
- 積小成大(적소성대) : 작은 것도 쌓이면 크게 됨.
- 有志事成(유지사성) : 목표를 두고 꾸준히 노력하면 마침내 뜻대로 이루어 냄. 뜻이 있으면 일이 이루어짐.

250

飛

날 비 [부수자]

새가 날개를 펴서 나는 모양을 세워서 본뜬 글자이다.

殷: 갑골문

秦: 소전체

漢: 예서체

「飛」가 오른쪽에 ①飜(뒤칠 번)

- 飛報(비보) : 급한 통지(通知). 급히 알림.
- 飛躍(비약) : 높이 뛰어오름. 급속히 진보함.
- 飛行(비행) : 공중(空中)으로 날아가거나 날아다님.
- 飛虎(비호) : '나는 듯이 빠르게 달리는 범'이라는 뜻으로, 용맹(勇猛)스럽고 날래다는 비유.

- 白雲孤飛(백운고비) : 타향에서 고향에 계신 부모를 생각함. 멀리 떠나온 자식이 어버이를 사모(思慕)하여 그리는 정.
- 鳶飛魚躍(연비어약) : '하늘에 솔개가 날고 물속에 고기가 뛰어 노는 것이 자연스럽고 조화로운데, 이는 솔개와 물고기가 저마다 나름대로의 타고난 길을 가기 때문이다'라는 뜻으로, 만물이 저마다의 법칙에 따라 자연스럽게 살아가면, 전체적으로 천지(天地)의 조화를 이루게 되는 것이 자연의 오묘(奧妙)한 도(道)임을 말함.

251

싸울 **투** [鬥 부수]

본래 두 사람이 손으로 머리를 잡고 싸우는 것을 본뜬 글자이다. 뒤에 '斲(깎을 착)' 자를 더하여 '鬭'의 형태로 바뀌었고, 다시 '鬪'의 형태로 바뀌었다. 약자로는 '闘'와 같이 쓴다.

殷: 갑골문

秦: 소전체

漢: 예서체

參考 '門(문 문)' 자와 구별해서 써야 한다.

活用單語

- 鬪士(투사) : 전투나 투쟁에 나선 사람. 사회 운동 등에서 정의(正義)를 위해 투쟁하는 사람.
- 奮鬪(분투) : 있는 힘을 다하여 싸우거나 노력하는 것.
- 死鬪(사투) : 죽을힘을 다하여 싸우는 것.
- 健鬪(건투) : 어려움에 굴하지 않고 꿋꿋하게 잘 싸우는 것.
- 拳鬪(권투) : 양손에 글러브를 끼고 상대방의 상반신을 치고 막는 운동 경기.

四字成語

- 孤軍奮鬪(고군분투) : 후원(後援)이 없는 외로운 군대가 힘에 벅찬 적군(敵軍)과 맞서 온힘을 다하여 싸움, 또는 홀로 여럿을 상대로 싸움.
- 泥田鬪狗(이전투구) : '진탕에서 싸우는 개' 라는 뜻으로, 명분(名分)이 서지 않는 일로 몰골 사납게 싸움.
- 惡戰苦鬪(악전고투) : '어려운 싸움과 괴로운 다툼' 이라는 뜻으로, 매우 어려운 조건을 무릅쓰고 힘을 다하여 고생스럽게 싸움.

다툴 쟁 [爪 부수]

두 사람이 손으로 물건을 잡고 서로 빼앗는 상태를 본떠, '다투다'의 뜻으로 쓰이게 되었다.

殷: 갑골문

秦: 소전체

漢: 예서체

參考 '爭'과 모양이 비슷한 글자로 「尹(다스릴 윤)」, 「君(임금 군)」 등이 있다.

活用單語

- 爭點(쟁점) : 쟁송(爭訟)의 중심이 되는 점.
- 爭奪(쟁탈) : 서로 빼앗으려고 다툼. 다투어 빼앗음.
- 競爭(경쟁) : 같은 목적에 대하여 이기거나 앞서려고 서로 겨룸.
- 抗爭(항쟁) : (적이나 불의한 세력에) 대항(對抗)하여 싸우는 것.

聲符字(爭이 음으로 쓰이는 글자)

淨(깨끗할 정), 靜(고요할 정), 諍(간할 쟁), 錚(징 쟁), 箏(쟁 쟁)

四字成語

- 骨肉相爭(골육상쟁) : '뼈와 살이 서로 다툼'의 뜻으로, 형제나 같은 민족끼리 서로 다툼을 뜻함.
- 蝸角之爭(와각지쟁) : '달팽이의 더듬이 위에서 싸운다'는 뜻으로, 하찮은 일로 벌이는 싸움을 비유적으로 이르는 말.
- 蚌鷸之爭(방휼지쟁) : '도요새와 조개의 다툼'이란 뜻으로, 둘이 서로 다투다가 이익을 제삼자에게 빼앗김의 비유.

臥薪嘗膽 와신상담

오(吳)왕 합려(闔閭)는 월(越)나라를 공격하자, 월(越)왕 구천(勾踐)은 수리(橋李)에서 격파하였다. 이 싸움에서 합려는 부상을 당하여 죽게 되자, 임종(臨終)에 태자인 부차(夫差)에게 "너는 구천이 이 아비를 죽였다는 것을 잊지 말라."고 유언하였다.

부차는 환국하여 복수할 것을 잊지 않기 위하여 땔나무(薪: 섶 신) 위에서 자며, 방 입구에 사람을 세워 놓고 출입할 때마다 "부차여, 너는 월나라 군대가 너의 아버지를 죽인 것을 잊었는가?"라고 외치게 했다.

월왕 구천은 부차가 복수하려는 사실을 알고, 선수를 치기 위하여 대부 범려(范蠡)의 만류에도 불구하고 군대 5천 명을 이끌고 회계(會稽)로 돌격하였다.

그러나 오왕 부차에게 포위당하자 오(吳)의 재상인 백비(伯嚭)에게 막대한 뇌물(賂物)을 보내어 구천 부부가 부차의 노비(奴婢)가 될 것을 교섭하여 결국 화의를 맺었다.

구천은 부차가 병중에 있을 때는 그의 똥 맛을 볼 정도로 거짓 충성을 다하여 환심을 얻은 뒤 귀국하여, 쓸개(膽: 쓸개 담)를 걸러 놓고 수시로 맛보며 복수를 준비하여 결국 20년 만에 오나라를 격파하였다.

와신상담(臥薪嘗膽)이란 말은 섶에 눕고, 쓸개를 맛보다의 뜻으로, 오왕 부차와 월왕 구천이 서로 복수하는 고사에서 만들어진 합작 사자성어이다. (출전: 史記)

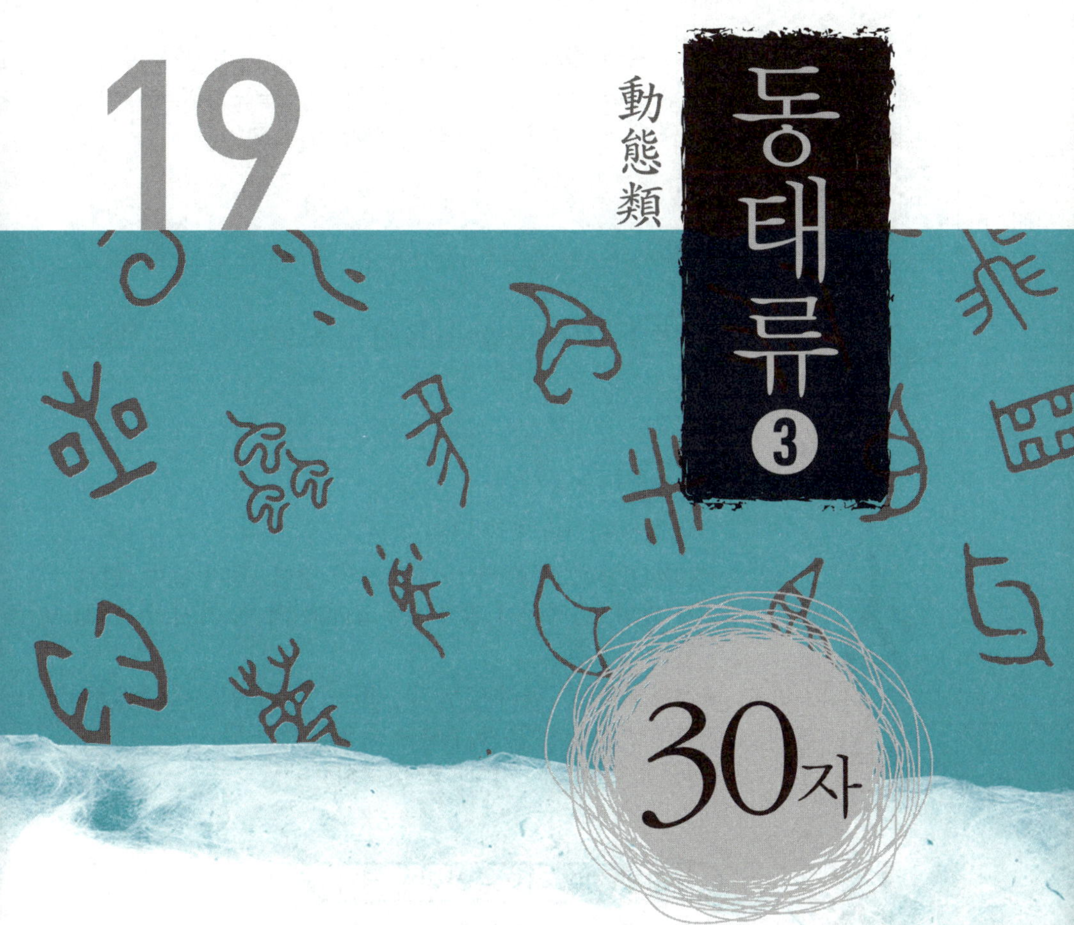

19

奇, 看, 弗, 非, 勿,
具, 保, 孝, 安, 休,
降, 乘, 射, 從, 豊,
集, 奉, 受, 爲, 拜,
兼, 尊, 齊, 興, 畢,
雙, 盡, 業, 商, 卽

253

말 물 [勹 부수]

본래 칼로 물건을 썰 때, 칼에 부스러기가 붙은 것을 본뜬 것인데, 부스러기는 쓸모 없다는 뜻에서 '말다'의 부정사로 쓰이게 되었다.

周: 금문

秦: 소전체

漢: 예서체

參考 '勿'과 모양이 비슷한 글자로 「刀(칼 도)」, 「刃(참을 인)」, 「勻(고를 균)」 등이 있다.

活用單語

- 勿論(물론) : 더 말할 나위 없음.
- 四勿(사물) : 예(禮)가 아니면 보지 말며, 듣지 말며, 말하지 말며, 움직이지 말라는 유교(儒敎)의 네 가지의 금(禁)하는 가르침.
- 勿驚(물경) : '놀라지 말라', 또는 '놀랍게도'의 뜻으로, 엄청난 것을 말할 때 겁주는 뜻으로 쓰는 말.
- 勿忘草(물망초) : 지칫과의 여러해살이풀.

聲符字(勿이 음으로 쓰이는 글자)

物(만물 물), 沕(아득할 물), 忽(문득 홀)

四字成語

- 勿失好機(물실호기) : 좋은 기회를 놓치지 않음.
- 過勿憚改(과물탄개) : 잘못이 있으면 즉시 고치기를 꺼리지 말라는 뜻.
- 非禮勿視(비례물시) : 예가 아니면 보지도 말라는 뜻.

아닐 **비** [부수자]

본래 새의 날개를 본뜬 것인데, 새의 날개를 잡아 날아가지 못하게 하는 데서 '아니다'의 부정사로 쓰이게 되었다.

周: 금문

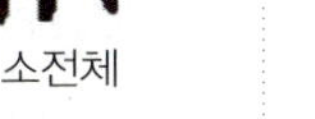

秦: 소전체

漢: 예서체

參考 '非'와 모양이 비슷한 글자로「韭(부추 구)」,「韮(韭와 同字)」등이 있다.

活用單語

- 非理(비리) : 바른 이치(理致)나 도리(道理)에서 어그러짐.
- 非番(비번) : 당번(當番)이 아님.
- 非行(비행) : 잘못되거나 그릇된 행위.
- 似而非(사이비) : 겉으로 보기에는 비슷한 듯하지만 근본적으로는 아주 다른 것.

聲符字(非가 음으로 쓰이는 글자)

悲(슬플 비), 匪(비적 비), 誹(헐뜯을 비), 俳(광대 배)

四字成語

- 非一非再(비일비재) : 한두 번이 아님. 번번이 그러함.
- 是是非非(시시비비) : '옳은 것은 옳다, 그른 것은 그르다고 한다'는 뜻으로, 사리(事理)를 공정하게 판단함을 이르는 말.
- 非夢似夢(비몽사몽) : 꿈인지 생시인지 어렴풋한 상태.
- 過恭非禮(과공비례) : 지나친 공손(恭遜)은 오히려 예의(禮儀)에 벗어남.

아닐 **불** [弓 부수]

본래 비뚤어진 화살을 묶어 바르게 잡는 모양을 본뜬 것인데, 不定詞의 뜻으로 쓰이게 되었다.

殷: 갑골문

秦: 소전체

漢: 예서체

參考 ▶ '不(아닐 불)' 보다 강한 부정(否定)의 뜻으로 쓰인다.

活用單語

- 弗豫(불예) : 즐겁지 않음. 바뀌어, 번민(煩悶)함.
- 弗貨(불화) : 달러를 단위로 하는 화폐(貨幣), 즉 미국의 화폐.
- 弗治(불치) : 명령에 따르지 않음, 또는 그 사람.
- 弗弗(불불) : 크게 일어나는 모양. 찬성(贊成)하지 않는 모양.
- 弗素(불소) : 플루오르(fluorine). 할로겐 원소의 하나로 자극적인 냄새가 나는 연한 황록색의 기체.

聲符字(弗이 음으로 쓰이는 글자)

佛(부처 불), 拂(떨칠 불), 彿(비슷할 불)

四字成語

- 弗咸文化(불함문화) : 백두산(白頭山)을 중심으로 하여 우리 민족을 근간(根幹)으로 이루어진 고대 문화.
- 阿弗利加(아불리가) : 아프리카.
- 弗詢之謀(불순지모) : 여러 사람과 상의하지 않고 독단적으로 정한 모책(謀策).

볼 간 [目 부수]

손을 눈 위에 대고 멀리 바라보는 모습을 본뜬 글자이다.

殷: 갑골문

秦: 소전체

漢: 예서체

參考 '眊' 자는 '看' 의 俗字.

活用單語

- 看過(간과) : 대강 보아 넘기다 빠뜨림. 예사로이 보아 넘김.
- 看做(간주) : 그렇다고 침.
- 看破(간파) : 속내를 꿰뚫어 알아차림.
- 看護(간호) : 다쳤거나 앓고 있는 환자나 노약자(老弱者)를 보살펴 돌봄.
- 看板(간판) : 가게 따위에서 상호, 업종 등을 써서 내거는 표지(標識).

四字成語

- 看雲步月(간운보월) : '고향(故鄕) 생각이 간절하여 낮이면 고향 쪽 구름을 보고, 밤이면 달을 보며 거닌다' 는 뜻.
- 走馬看山(주마간산) : '말을 타고 달리면서 산을 바라본다' 는 뜻으로, 바빠서 자세히 살펴보지 않고 대강 보고 지나감을 이름.
- 矮子看戲(왜자간희) : '난쟁이가 키가 작아 구경꾼들 뒤에서 구경은 못하고 남들이 보고 얘기하는 소리를 듣고 자기가 본 체, 아는 체한다' 는 뜻으로, 아무 것도 모르면서 남이 말하면 자기도 같이 아는 척하고 떠드는 사람을 이르는 말.

奇 기이할 **기** [大 부수]

본래 사람이 말을 탄 모양을 본떠 '타다'의 뜻을 나타낸 글자인데, 뒤에 '기이하다'의 뜻으로 변하였다. 다시 「騎(말탈 기)」자를 만들었다.

周: 금문

秦: 소전체

漢: 예서체

參考 ▶ '奇'의 자형에서 '大'를 '六'의 형태로 쓰면 안 된다. 부수가 '大'이기 때문이다.

活用單語

- 奇怪(기괴) : 괴상(怪常)하고 기이(奇異)함. 이상(異常) 야릇함.
- 奇妙(기묘) : 진기(珍奇)하고 이상함. 유별나게 교묘(巧妙)함.
- 奇跡(기적) : 상식으로는 생각할 수 없는 기이한 일.
- 新奇(신기) : 새롭고 별나 기이함.
- 奇智(기지) : 기발(奇拔)하고 특출한 지혜.
- 獵奇(엽기) : 비정상적이고 괴이한 일이나 사물에 흥미를 느끼고 찾아다님.

聲符字(奇가 음으로 쓰이는 글자)

寄(부칠 기), 畸(떼기밭 기), 騎(말탈 기)

四字成語

- 奇想天外(기상천외) : 보통 사람으로는 짐작(斟酌)도 할 수 없을 만큼 생각이 기발하고 엉뚱함.
- 奇巖怪石(기암괴석) : 기이하게 생긴 바위와 괴상하게 생긴 돌.

쉴 휴 [人 부수]

사람이 나무 밑에서 쉬는 모습을 본뜬 글자이다.

殷: 갑골문

秦: 소전체

漢: 예서체

參考 '体育(체육)'의 '体'는 '體'의 俗字로 '休'자와 비슷하니 잘 구별해야 한다.

活用單語

- 休戰(휴전) : 교전국(交戰國)이 서로 합의하여 전쟁을 일시 중지하는 일.
- 連休(연휴) : 이틀 이상 계속되는 휴일.
- 休憩所(휴게소) : 길을 가는 사람들이 잠깐 동안 머물러 쉴 수 있도록 마련하여 놓은 장소.
- 休職(휴직) : 일정한 기간 직무(職務)를 쉬는 일.

聲符字(休가 음으로 쓰이는 글자)

烋(아름다울 휴)

四字成語

- 有給休暇(유급휴가) : 봉급(俸給)이 지급되는 휴가.
- 不眠不休(불면불휴) : '자지도 않고 쉬지도 않는다' 는 뜻으로, 조금도 쉬지 않고 힘써 일함을 이르는 말.
- 閑話休題(한화휴제) : '쓸데없는 이야기는 그만하고' 라는 뜻으로, 글을 쓸 때, 한동안 본론(本論)에서 벗어난 이야기를 써 내려가다가 다시 본론으로 돌아갈 때 쓰는 말.

편안 **안** [宀 부수]

여자가 집 안에 조용히 앉아 있는 모양을 그려 '편안함'을 나타낸 글자이다.

殷: 갑골문

秦: 소전체

漢: 예서체

參考 ▶ '安' 자는 '宀(집 면)' 부수자에 속한다.

活用單語

- 安堵(안도) : 사는 곳에서 평안(平安)히 지냄. 어떤 일이 잘 진행되어 마음을 놓음.
- 安樂(안락) : 몸과 마음이 편안하고 즐거움.
- 安穩(안온) : 조용하고 편안함. (날씨가) 따뜻하고 바람이 잔잔함.
- 不安(불안) : 안심(安心)이 되지 않아 마음이 조마조마함. 분위기 따위가 술렁거리어 뒤숭숭함.

聲符字(安이 음으로 쓰이는 글자)

媕(아첨 미), 峛(산 이름 미), 楣(처마 미), 湄(물가 미)

四字成語

- 安貧樂道(안빈낙도) : 가난한 생활을 하면서도 편안한 마음으로 도를 즐김.
- 居安思危(거안사위) : 평안할 때에도 위험과 곤란이 닥칠 것을 생각하며 잊지 말고 미리 대비(對備)해야 함.
- 安分知足(안분지족) : 편한 마음으로 제 분수를 지키며 만족을 앎.

효도 **효** [子 부수]

본래 아이가 노인을 부추겨 가는 모습을 본떠, '효도'의 뜻을 나타낸 글자이다.

周: 금문

秦: 소전체

漢: 예서체

參考 '孝' 자와 비슷한 글자에 '考(생각할 고)' 자가 있다.

예 考察(고찰)

活用單語

- 孝心(효심) : 효도하는 마음.
- 忠孝(충효) : 충성(忠誠)과 효도.
- 孝道(효도) : 어버이를 잘 받드는 도리(道理).
- 孝誠(효성) : 마음을 다해 어버이를 잘 섬기는 정성(精誠).
- 三孝(삼효) : 세 가지의 효행(孝行)을 뜻하는 말. 어버이를 우러러 받들고 어버이를 욕되게 하지 않으며, 어버이를 잘 봉양(奉養)하는 일.

聲符字(孝가 음으로 쓰이는 글자)

哮(으르렁거릴 효), 酵(술밑 효)

四字成語

- 反哺之孝(반포지효) : '까마귀 새끼가 자라서 늙은 어미에게 먹이를 물어다 주는 효'라는 뜻으로, 자식이 자란 후에 어버이의 은혜를 갚는 효성을 이르는 말.
- 孝悌忠信(효제충신) : 어버이에 대한 효도, 형제끼리의 우애, 임금에 대한 충성과 벗 사이의 믿음, 즉 군자가 지켜야 할 덕목(德目)을 이름.

保 지킬 **보** [人 부수]

어른이 아이를 업고 있는 모양을 본떠 '보살피
다'의 뜻으로 쓰인 글자이다.

參考   ※ '呆' 자는 단독으로 쓰면 '어리석을 매'로서 치
매(癡呆)의 뜻으로 쓰인다.

活用單語

● 保菌(보균) : 병균을 몸속에 지니고 있음.
● 安保(안보) : 편안히 보전함. 안전(安全) 보장(保障)의 준말.
● 保護(보호) : 돌보아 지킴.
● 保育(보육) : 어린아이를 돌보아 기름, 또는 그 일.

聲符字(保가 음으로 쓰이는 글자)

堡(작은성 보), 褓(포대기 보)

殷: 갑골문

秦: 소전체

漢: 예서체

四字成語

● 身元保證(신원보증) : 고용(雇用) 계약에서, 사용자가
고용된 사람 때문에 입게 될지도 모르는 손해의 배
상(賠償)을 보증인이 담보(擔保)하는 계약.
● 明哲保身(명철보신) : 총명하고 사리(事理)에 밝아 이
치에 맞게 일을 잘 처리하고 자신을 잘 보전함.
● 保國勳章(보국훈장) : 국가 안보에 있어서 공이 큰
사람에게 주는 훈장.

262

갖출 **구**　[八 부수]

본래 두 손으로 솥을 들어올리는 모양을 본뜬 것인데, 뒤에 '갖추다'의 뜻으로 쓰이게 되었다.

周: 금문

秦: 소전체

漢: 예서체

參考　'具' 자와 비슷한 글자

예 俱(함께 구, 俱存), 且(또 차, 且置)

活用單語

- 具體(구체) : 전체를 구비(具備)함. 개체(個體)가 특수한 형체, 성질을 갖춤.
- 具現(구현) : 내용이 실제적으로 드러나거나 드러나게 함.
- 工具(공구) : 기계 따위를 만들거나 분해·조립하는 데 쓰이는 기구.
- 裝身具(장신구) : 몸치장을 하는 데 쓰는 제구(諸具), 비녀, 목걸이, 반지, 귀고리 따위.

聲符字(具가 음으로 쓰이는 글자)

俱(함께 구), 塤(방죽 구), 椇(호깨나무 구)

四字成語

- 具眼之士(구안지사) : 안목(眼目)과 식견(識見)이 있는 선비.
- 百惡具備(백악구비) : 사람의 됨됨이가 고약하여 온갖 나쁜 점은 다 갖추고 있음.
- 電氣器具(전기기구) : 전기를 열, 빛, 동력원(動力源) 따위로 이용한 기구.

풍년 풍 [豆 부수]

그릇에 먹을 것을 풍성하게 담아 놓은 모양을 본뜬 글자이다.

殷: 갑골문

秦: 소전체

漢: 예서체

參考 '豊' 자의 正字는 '豐' 과 같이 써야 한다. '豊' 자는 본래 '굽놓은 그릇 례' 자이다.

活用單語

- 豊年(풍년) : 농사가 잘 된 해.
- 豊富(풍부) : 넉넉하고 많음.
- 豊足(풍족) : 부족함이 없이 넉넉함.
- 豊饒(풍요) : 물질적으로 아주 많고 넉넉함.
- 豊作(풍작) : 풍년이 든 농사.
- 豊漁(풍어) : 물고기가 많이 잡힘.
- 凶豊(흉풍) : 흉년(凶年)과 풍년.

四字成語

- 豊年花子(풍년화자) : '풍년 거지' 라는 속담의 한역 (漢譯)으로, 여러 사람이 다 이익을 볼 때에 혼자 빠져 이익을 못 봄을 이르는 말.
- 豊年飢饉(풍년기근) : 풍년은 들었으나 곡가(穀價)가 너무 싸서 농민에게 타격이 심한 현상.
- 豊取刻與(풍취각여) : 많이 가지고도 조금 줌.

264

따를 종 [彳 부수]

앞사람의 뒤를 따르는 모양을 본뜬 글자인데,
뒤에 자획을 더하였다.

殷: 갑골문

秦: 소전체

漢: 예서체

參考 '從' 자와 모양이 비슷한 글자로 徒(무리 도), 徙
(옮길 사) 등이 있다.

活用單語

● 順從(순종) : 순순히 따름.

● 從軍(종군) : 군대를 따라 싸움터로 나감.

● 從事(종사) : 어떤 일에 마음과 힘을 다함. 어떤 일을 일삼
아서 함.

● 屈從(굴종) : 제 뜻을 굽혀서 남에게 복종(服從)함.

● 盲從(맹종) : 덮어놓고 따름.

聲符字(從이 음으로 쓰이는 글자)

縱(세로 종), 慫(권할 종)

四字成語

● 面從腹背(면종복배) : 보는 앞에서는 순종하는 체하
면서, 속으로는 다른 마음을 먹음.

● 白衣從軍(백의종군) : 벼슬 없이 군대를 따라 싸움터
로 감.

● 類類相從(유유상종) : 같은 무리끼리 서로 사귐.

● 舍己從人(사기종인) : 자기의 이전(以前) 행위를 버리
고 타인의 선행(善行)을 본떠 행함.

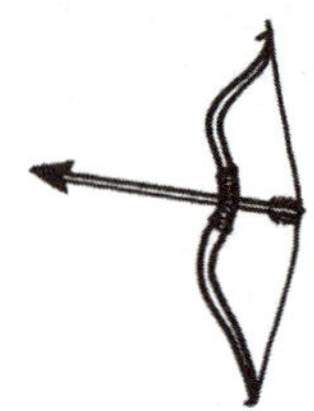

殷: 갑골문

秦: 소전체

漢: 예서체

參考 '射' 자와 모양이 비슷한 글자로, 軀(몸 구), 躬(몸 궁) 등이 있다.

活用單語

- 射擊(사격) : 총, 대포, 활 등으로 쏨.
- 注射(주사) : 주사기를 써서 핏줄이나 살 속에 약이나 다른 물질을 넣는 일.
- 反射(반사) : 한 방향으로 나아가던 파동(波動)이나 입자선(粒子線) 따위가 다른 물체에 부딪쳐서 되돌아오는 현상.
- 噴射(분사) : 액체나 기체에 압력을 가하여 뿜어 내보냄.
- 射倖心(사행심) : 요행(僥倖)을 바라는 마음.
- 日射病(일사병) : 한여름에 태양의 직사광선을 받아서 생기는 병.

聲符字(射가 음으로 쓰이는 글자)

謝(사례할 사)

四字成語

- 射石爲虎(사석위호) : '돌을 범인 줄 알고 쏘았더니 돌에 화살이 꽂혔다'는 뜻으로, 성심(誠心)을 다하면 아니 될 일도 이룰 수 있음.
- 威脅射擊(위협사격) : 상대에게 겁을 주려고 하는 사격.
- 直射光線(직사광선) : 정면으로 곧게 비치는 빛살.

266

탈 **승** [ノ 부수]

본래 사람이 나무 위에 오르는 모습을 본뜬 것인데, 뒤에 '타다' 의 뜻으로 변하였다.

殷: 갑골문

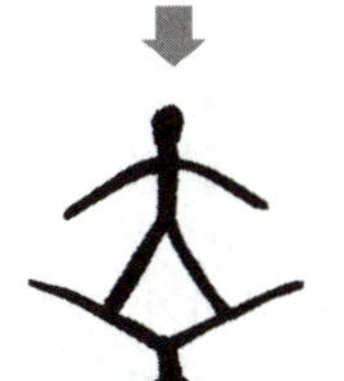
秦: 소전체

漢: 예서체

參考 '乘' 자와 모양이 비슷한 글자로 乖(어그러질 괴)가 있다.

活用單語

- 乘客(승객) : 차나 배를 탄 손님.
- 乘勢(승세) : 유리한 형세나 기회를 탐.
- 同乘(동승) : 함께 탐.
- 乘降(승강) : 차, 배, 비행기 따위를 타고 내림.
- 搭乘(탑승) : 비행기 · 배 · 수레 따위에 탐.

聲符字(乘이 음으로 쓰이는 글자)

剩(남을 잉)

四字成語

- 乘勝長驅(승승장구) : 싸움에서 이긴 기세(氣勢)를 타고 멀리까지 적을 몰아 쫓음.
- 加減乘除(가감승제) : 더하기와 빼기와 곱하기와 나누기.
- 萬乘之國(만승지국) : '일만 대의 병거(兵車)를 동원할 수 있는 나라' 라는 뜻으로, 천자(天子)의 나라를 이르는 말.
- 乘風破浪(승풍파랑) : '먼 곳까지 불어 가는 바람을 타고 끝없는 바다의 파도를 헤치고 배를 달린다' 는 뜻으로, 원대한 뜻이 있음을 이르는 말.

267 降

내릴 강 [阜(阝) 부수]

본래 사람이 언덕을 내려오는 상태를 본뜬 글자이다.

殷: 갑골문

秦: 소전체

漢: 예서체

參考 '降' 자는 '항복할 항' 자로도 쓰인다.
예 降伏(항복)

活用單語

- 降雪(강설) : 눈이 내림, 또는 내린 눈.
- 降雨(강우) : 비가 옴, 또는 내린 비.
- 降等(강등) : 등급을 낮춤.
- 下降(하강) : 공중에서 아래쪽으로 내림. 기온 따위가 내림.
- 沈降(침강) : 가라앉음.
- 誕降(탄강) : '하늘에서 세상에 내린다'는 뜻으로, 임금이나 성인(聖人)이 세상에 남을 이르는 말.
- 降伏(항복) : 적이나 상대편의 힘에 눌리어 굴복(屈服)함.

四字成語

- 淸心降火(청심강화) : 심경(心境)의 열을 풀어 화기(火氣)를 내림.
- 降河回遊(강하회유) : 민물에 사는 뱀장어·숭어 따위가 알을 낳기 위하여 한동안 바다로 내려가는 일.
- 降者不殺(항자불살) : 항복하는 사람은 죽이지 아니함.

절 배 [手 부수]

본래 손에 신장대를 잡은 모양을 본뜬 것인데, 뒤에 '절하다'의 뜻으로 변하였다.

殷: 갑골문

秦: 소전체

漢: 예서체

參考 ▶ '拜' 자는 '拜' 자의 俗字이다.

活用單語

- 拜謁(배알) : 윗사람을 삼가 만나 뵘.
- 敬拜(경배) : 공경하여 절함.
- 歲拜(세배) : 섣달 그믐이나 정초(正初)에 하는 인사.
- 拜上(배상) : '절하며 올림'의 뜻으로, 편지 끝의 자기 이름 밑에 쓰는 말.
- 崇拜(숭배) : 거룩하게 높여 공경함.
- 參拜(참배) : 신이나 부처에게 배례(拜禮)함.

聲符字(拜가 음으로 쓰이는 글자)

湃(물결 이는 모양 배)

四字成語

- 叩頭百拜(고두백배) : 머리를 조아리며 몇 번이고 거듭 절함.
- 百拜謝罪(백배사죄) : 수없이 절을 하며 용서를 빎.
- 自賤拜他(자천배타) : 제 것은 천대하고 남의 것을 숭배함.
- 偶像崇拜(우상숭배) : 신 이외의 사람이나 물체를 신앙의 대상으로서 숭배하는 일.

할 위 [爪 부수]

본래 손으로 코끼리를 잡고 부리는 모습을 본 뜬 것인데, 뒤에 '하다'의 뜻으로 쓰이게 되었다.

殷: 갑골문

秦: 소전체

漢: 예서체

參考 '爲' 자와 모양이 비슷한 글자로 焉(어찌 언), 烏(까마귀 오) 등이 있다.

活用單語

- 爲民(위민) : 백성을 위함.
- 爲始(위시) : 시작함. 비롯함.
- 爲主(위주) : 주로 함. 제일로 함.
- 行爲(행위) : 사람이 의지를 가지고 행하는 짓.
- 爲政者(위정자) : 정치를 행하는 사람.

聲符字(爲가 음으로 쓰이는 글자)

僞(거짓 위)

四字成語

- 磨斧爲針(마부위침) : '도끼를 갈아 바늘을 만든다'는 뜻으로, 아무리 이루기 힘든 일도 끊임없는 노력과 끈기 있는 인내(忍耐)로 성공하고야 만다는 뜻.
- 轉禍爲福(전화위복) : '화가 바뀌어 오히려 복이 된다'는 뜻으로, 언짢은 일이 계기가 되어 오히려 좋은 일이 생김.
- 爲國忠節(위국충절) : 나라를 위한, 충성스러운 절개(節槪).

받을 수 [又 부수]

본래 제사를 지낼 때, 제물(祭物)을 담은 그릇을 서로 주고받는 모습을 본뜬 글자이다.

殷: 갑골문

秦: 소전체

漢: 예서체

参考 '受' 자가 '받다' 의 뜻으로만 쓰이게 되므로 '주다' 의 뜻을 나타내는 '授(줄 수)' 자를 다시 만들었다.

活用單語

- 受難(수난) : 어려움을 당함.
- 受賞(수상) : 상을 받음.
- 受胎(수태) : 아이를 뱀.
- 受講(수강) : 강습(講習)이나 강의(講義)를 받음.
- 受諾(수락) : (요구를) 받아들이어 승낙함.
- 引受(인수) : 물건이나 권리를 건네 받음.
- 甘受(감수) : 책망이나 괴로움 따위를 달갑게 받아들임.

聲符字(受가 음으로 쓰이는 글자)

授(줄 수)

四字成語

- 同門受學(동문수학) : 한 스승 밑에서 함께 학문을 닦고 배우는 것.
- 引受引繼(인수인계) : 업무(業務) 따위를 넘겨받고 물려줌.
- 受恩罔極(수은망극) : 임금이나 어버이로부터 받은 은혜가 끝이 없음.

271

받들 **봉** [大 부수]

본래 사람이 옥을 받들고 있는 모양을 본뜬 글자이다.

周: 금문

秦: 소전체

漢: 예서체

參考 '奉' 자와 비슷한 글자

예 奏(아뢸 주), 泰(클 태), 秦(나라이름 진)

活用單語

● 奉仕(봉사) : 국가나 사회 또는 남을 위하여 자신을 돌보지 아니하고 힘을 바쳐 애씀.
● 奉養(봉양) : 부모 등 웃어른을 받들어 섬김.
● 奉安(봉안) : 신주(神主)나 화상(畫像)을 받들어 모심.
● 奉呈(봉정) : 문서나 문집 따위를 삼가 받들어 올림.
● 信奉(신봉) : 사상(思想)이나 학설(學說), 교리(敎理) 따위를 옳다고 믿고 받듦.

聲符字(奉이 음으로 쓰이는 글자)

俸(녹 봉), 捧(받들 봉), 棒(몽둥이 봉)

四字成語

● 屢代奉祀(누대봉사) : 여러 대의 조상의 제사를 받듦.
● 滅私奉公(멸사봉공) : 사(私)를 버리고 공(公)을 위하여 힘써 일함.
● 上奉下率(상봉하솔) : 위로는 부모님을 모시고, 아래로는 아내와 자식을 거느림.

모일 **집** [隹 부수]

본래는 새들이 나무 위에 모여 앉은 모양을 본뜬 것인데, '모으다'의 뜻으로 쓰이게 되었다.

周: 금문

秦: 소전체

漢: 예서체

參考 ※본래 '雧'과 같이 만든 글자인데, 지금은 '集'과 같이 간략히 쓴다.

活用單語

- 集結(집결) : 한데 모임, 또는 모음.
- 集團(집단) : 모임. 떼. 단체.
- 集中(집중) : (어떤 일·현상·대상 등이) 한 곳이나 한 대상에, 또는 한정된 짧은 시간에 몰리거나 쏠리게 함.
- 結集(결집) : 한데 모여 뭉침. 한데 모아 뭉침.
- 募集(모집) : 사람이나 물품을 일정한 조건 아래 널리 구하여 모음.
- 蒐集(수집) : 여러 가지 재료를 찾아 모음.
- 徵集(징집) : 물건을 거두어 모음. 국가가 병역(兵役) 의무자를 불러 소집함.

聲符字(集이 음으로 쓰이는 글자)

潗(샘솟을 집), 鏶(판금 집)

四字成語

- 集小成大(집소성대) : 작은 것이 모여 큰 것을 이룸.
- 雲集霧散(운집무산) : '구름처럼 모이고 안개처럼 흩어진다'는 뜻으로, 별안간 많은 것이 모이고 흩어짐.

273

마칠 **필**　[田 부수]

본래 손잡이가 달린 그물의 모양을 본뜬 것인데, 망 속에 들어간 새는 삶을 마쳐야 하기 때문에 '마치다'의 뜻으로 쓰이게 되었다.

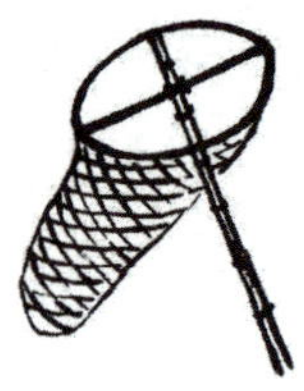

殷: 갑골문

秦: 소전체

漢: 예서체

參考 '畢' 자와 비슷한 글자

例 罘(포갤 루)

活用單語

- 畢竟(필경) : 마침내. 결국.
- 畢生(필생) : 생명이 다할 때까지.
- 未畢(미필) : 아직 다 끝내지 못함.
- 畢納(필납) : 납세(納稅)나 납품(納品) 따위를 끝냄.
- 檢査畢(검사필) : 검사를 마침.
- 畢業(필업) : 하던 사업이나 학업을 마침.
- 畢命(필명) : 생명이 끝나는 일.

四字成語

- 檢認定畢(검인정필) : 검인정을 마침.
- 納稅畢證(납세필증) : 납세를 마쳤다는 증서(證書).
- 登記畢證(등기필증) : 등기가 되었음을 증명하기 위해 등기소에서 교부하는 증명서.

일어날 **흥** [臼 부수]

본래 네 손으로 우물틀을 드는 모양을 본뜬 것인데, '일어나다'의 뜻으로 쓰이게 되었다.

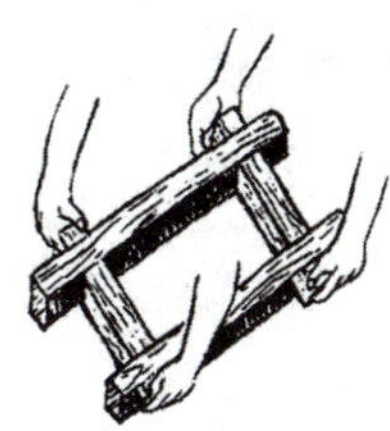

殷: 갑골문

秦: 소전체

漢: 예서체

參考 '興'자는 '臼(절구 구)' 부수자에 속한다. 절구와는 관계가 없는데 사전에서 '興'자를 '臼' 부수자에 넣은 것은 잘못이다.

活用單語

- 興味(흥미) : 재미. 흥취(興趣). 어떤 대상에 특별히 관심이 끌리는 감정.
- 興奮(흥분) : 자극에 의하여 일시적으로 신경이 고조되는 현상.
- 興廢(흥폐) : 흥함과 폐함.
- 感興(감흥) : 마음에 깊이 느끼어 일어나는 흥취.
- 復興(부흥) : 쇠퇴하였던 것이 다시 일어나는 것, 또는 다시 일어나게 하는 것.
- 卽興(즉흥) : 즉석에서 일어나는 흥치(興致).

四字成語

- 興亡盛衰(흥망성쇠) : 흥하고 망함과 성하고 쇠함.
- 民族中興(민족중흥) : 쇠잔(衰殘)했던 민족이 다시 일어남.
- 興仁之門(흥인지문) : 동대문(東大門).
- 興盡悲來(흥진비래) : '즐거운 일이 지나가면 슬픈 일이 닥쳐온다'는 뜻으로, 세상일이 순환(循環)됨을 가리키는 말.

가지런할 제 [부수자]

본래 이삭의 크기가 가지런한 모양을 본떠서 '고르다' 의 뜻을 나타낸 글자이다.

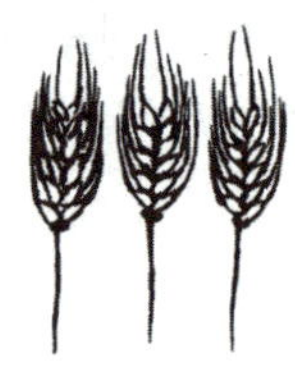

殷: 갑골문

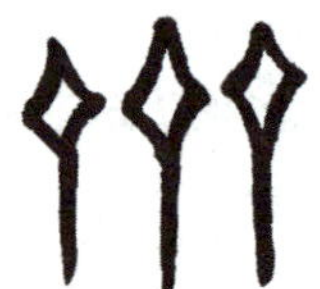

秦: 소전체

漢: 예서체

參考 '齊' 자와 비슷한 글자로 '齋(집 재)' 가 있다.

活用單語

- 均齊(균제) : 고루 가지런함.
- 齊唱(제창) : 여러 사람이 다 같이 소리를 가지런히 하여 부름. 하나의 선율(旋律)을 여럿이 같이 노래 부름.
- 整齊(정제) : 정돈하여 가지런히 하는 것. 격식에 맞게 차려 입고 매무새를 바르게 함, 혹은 격식에 맞고 매무새가 바름.
- 一齊(일제) : '여럿이 한꺼번에 함' 의 뜻을 나타내는 말.

聲符字(齊가 음으로 쓰이는 글자)

劑(약 지을 제), 濟(건널 제), 霽(갤 제), 臍(배꼽 제)

四字成語

- 經國齊世(경국제세) : 나라를 잘 다스려 도탄(塗炭)에 빠진 백성을 구제함.
- 兩鳳齊飛(양봉제비) : '두 마리의 봉황(鳳凰)이 나란히 날아간다' 는 뜻으로, '형제가 함께 영달(榮達)함' 을 비유하는 말.
- 修身齊家(수신제가) : 몸과 마음을 닦아 수양하고 집 안을 다스림.

尊

높을 **존** [寸 부수]

본래 두 손으로 술그릇을 받들어 올리는 모양을 본뜬 것인데, '공경하여 높이다'의 뜻으로 쓰이게 되었다.

殷: 갑골문

秦: 소전체

漢: 예서체

參考 '樽(술통 준)' 자의 本字이다.

活用單語

- 尊敬(존경) : 받들어 공경함.
- 尊重(존중) : 높이고 중하게 여김.
- 尊嚴(존엄) : 인물이나 지위 따위가 감히 범할 수 없을 정도로 높고 엄숙(嚴肅)함.
- 尊銜(존함) : 남을 높이어 그의 이름을 이르는 말.
- 家尊(가존) : 자기의 아버지 또는 남의 아버지를 높여 이르는 말.
- 自尊心(자존심) : 남에게 굽히지 않고 자기 몸이나 마음을 스스로 높이는 마음.

聲符字(尊이 음으로 쓰이는 글자)

樽(술통 준), 遵(좇을 준)

四字成語

- 唯我獨尊(유아독존) : 세상에 나보다 존귀(尊貴)한 사람은 없다는 말, 또는 자기만 잘났다고 자부하는 독선적인 태도의 비유.
- 尊卑貴賤(존비귀천) : (지위·신분 따위의) 높고 낮음과 귀하고 천함.

겸할 **겸** [八 부수]

본래 손으로 벼 두 포기를 합쳐 잡은 모양을 본뜬 글자이다.

周: 금문

秦: 소전체

漢: 예서체

參考 '兼' 자와 비슷한 글자로 秉(잡을 병)이 있는데, '秉'은 벼 포기를 하나만 잡은 글자이다.

活用單語

- 兼備(겸비) : 아울러 갖춤.
- 兼任(겸임) : 두 가지 이상의 직무(職務)를 겸하여 맡아 봄.
- 兼德(겸덕) : 겸손한 덕성(德性).
- 兼床(겸상) : 두 사람 이상이 함께 먹도록 차린 음식상, 또는 그렇게 상을 차림.
- 併兼(병겸) : 어떤 일을 한데 어울러서 겸하는 것.

聲符字(兼이 음으로 쓰이는 글자)

謙(겸손할 겸), 慊(찐덥지 않을 겸), 鎌(낫 겸), 廉(청렴할 렴)

四字成語

- 才學兼有(재학겸유) : 재주와 학식을 다 갖춤.
- 晝夜兼行(주야겸행) : 밤낮 쉬지 않고 감. 밤낮없이 일을 함.
- 兼人之勇(겸인지용) : 혼자서 몇 사람을 당해 낼 만한 용기.
- 剛柔兼全(강유겸전) : (성품이) 굳센 면과 부드러운 면을 함께 갖추고 있음.

곧 즉 [卩 부수]

본래 몸을 굽혀 곧 밥을 먹으려는 모습을 본뜬 것인데, '곧' 의 뜻으로 쓰이게 되었다.

周: 금문

秦: 소전체

漢: 예서체

參考 ※ '卽' 자는 '郞' 의 형태로 쓰면 안 된다.

活用單語

- 卽刻(즉각) : 그때 바로.
- 卽時(즉시) : 곧 그때.
- 卽決(즉결) : 그 자리에서 즉시로 의결(議決)하거나 결정함.
- 卽答(즉답) : 질문이나 요구에 대해서 바로 그 자리에서 대답함.
- 卽死(즉사) : 그 자리에서 죽음.
- 卽興(즉흥) : 그 자리에서 일어나는 흥치(興致).
- 不然卽(불연즉) : 그러하지 않으면.

聲符字(卽이 음으로 쓰이는 글자)

節(마디 절)

四字成語

- 一觸卽發(일촉즉발) : 조금 건드리기만 하여도 곧 폭발할 것 같은 몹시 위험한 상태.
- 非朝卽夕(비조즉석) : 아침이 아니면 곧 저녁이라는 뜻으로, 어떤 일의 시기가 임박(臨迫)했음을 이르는 말.

장사 **상** [口 부수]

본래 청동기의 모양을 본뜬 것인데, '商나라의 이름'으로 쓰였다. 뒤에 商나라가 망하자 유민들이 사방에 장사꾼으로 떠돌게 되어, '장사 상'자가 되었다.

殷: 갑골문

秦: 소전체

漢: 예서체

參考 ▶ '商' 자와 비슷한 글자
예 高(높을 고), 帝(임금 제), 毫(터럭 호)

活用單語

● 商店(상점) : 상품을 파는 가게.
● 商號(상호) : 상인이나 회사가 영업상 자기를 표시하는 명칭.
● 巨商(거상) : 밑천을 많이 가지고 하는 장사, 또는 그 사람.
● 褓負商(보부상) : 봇짐 장수와 등짐 장수를 같이 합쳐서 이르던 말.
● 露店商(노점상) : 길가나 길바닥에 물건을 펴놓고 파는 장사, 또는 그 장수.

四字成語

● 士農工商(사농공상) : 선비, 농민, 장인(匠人), 상인. 유교(儒敎)의 영향으로 고려 · 조선 시대에 직업에 따라 형성된 사회 계급.
● 爛商討議(난상토의) : 충분히 의견을 나누어 토의함.
● 八包大商(팔포대상) : 중국으로 보내던 사대사행(事大使行)에 수행하여 홍삼(紅蔘)을 파는 허가를 맡았던 의주(義州) 상인. 생활에 걱정이 없는 사람을 가리키는 말.

업 **업** [木 부수]

본래 종이나 북을 매어 다는 나무틀을 본뜬 것인데, 그 일을 직업으로 한다는 뜻으로 쓰이게 되었다.

參考 '業' 자와 비슷한 글자로 叢(모일 총)이 있다.

活用單語

- 業務(업무) : 직장 따위에서 맡아서 하는 일.
- 業績(업적) : 일의 공적(功績).
- 營業(영업) : 영리(營利)를 목적으로 사업을 경영하는 것, 또는 그러한 행위.
- 家業(가업) : 대대로 물려받는 집안의 생업(生業). 세업(世業). 집 안에서 하는 직업.
- 企業(기업) : 영리를 얻기 위하여 재화(財貨)나 용역(用役)을 생산하고 판매하는 조직체.

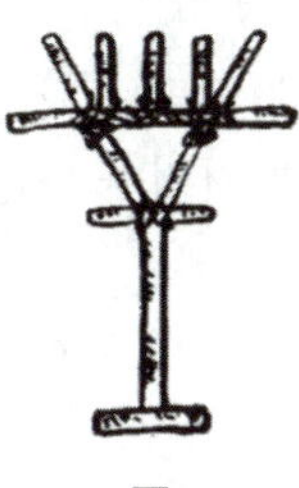

周: 금문

聲符字(業이 음으로 쓰이는 글자)

嶪(높고 험할 업)

秦: 소전체

四字成語

- 自業自得(자업자득) : 자기가 저지른 일의 과보(果報)를 자기 자신이 받음.
- 基礎産業(기초산업) : 국가 산업의 기초가 되는 석탄(石炭), 철강(鐵鋼), 전력(電力) 등의 산업.

漢: 예서체

다할 **진** [皿 부수]

손에 부젓가락을 잡고 화로 속의 불을 휘저으면 불이 꺼진다는 뜻을 나타냈던 것인데, 옛날에는 불씨가 꺼지면 다 끝나버리기 때문에 '다하다'의 뜻으로 변하였다.

殷: 갑골문

秦: 소전체

漢: 예서체

參考 '盡' 자가 '다하다'의 뜻으로 쓰이게 되므로 다시 '燼(꺼질 진 → 재 신)' 자를 만들었다. 「盡」의 자형을 「盡」의 형태로 써서는 안 된다.

活用單語

- 盡力(진력) : 있는 힘을 다함.
- 盡心(진심) : 마음을 다함.
- 極盡(극진) : 마음과 힘을 다하여 애를 쓰는 것이 매우 지극하다.
- 賣盡(매진) : (입장권·차표 따위가) 남김없이 다 팔리는 것.
- 盡終日(진종일) : 온종일. 하루 종일.

四字成語

- 苦盡甘來(고진감래) : '쓴 것이 다하면 달콤한 것이 온다'라는 뜻으로, '고생한 끝에 즐거움이 온다'는 말.
- 無窮無盡(무궁무진) : 끝이 없고 다함이 없음을 형용해 이르는 말.
- 一網打盡(일망타진) : '그물을 한번 쳐서 물고기를 모조리 잡는다'는 뜻으로, 한꺼번에 죄다 잡는다는 말.
- 盡忠報國(진충보국) : 충성을 다하여 나라의 은혜를 갚음.

282

쌍 **쌍** [隹 부수]
본래 손에 새 두 마리를 잡고 있는 것을 본떠
'쌍' 의 뜻을 나타낸 글자이다.

殷: 갑골문

秦: 소전체

漢: 예서체

參考 '雙' 자와 비슷한 글자에 '隻(외짝, 척 척)' 자가
있다.
예 "배가 바다에 두 척(隻)이 떠 있는데, 돛대는 한 쌍
(雙)이다."

活用單語

● 雙方(쌍방) : 양쪽 편.
● 雙璧(쌍벽) : 한 쌍의 구슬. 양자(兩者)가 우열(優劣)을 가릴
수 없을 만큼 훌륭함.
● 雙手(쌍수) : 두 손.
● 雙眼鏡(쌍안경) : 두 개의 망원경(望遠鏡)의 광축(光軸)을
평행 되게 하여 두 눈으로 볼 수 있게 만든 망원경.

四字成語

● 變化無雙(변화무쌍) : 비교할 데 없이 변화가 많거나
심함.
● 文筆雙全(문필쌍전) : 글을 짓는 재주와 글씨를 쓰는
재주를 아울러 갖춤.
● 勇敢無雙(용감무쌍) : 용감하기 짝이 없음.
● 古今無雙(고금무쌍) : 아주 뛰어나서, 예나 이제나
견줄 만한 것이 없음.

兎死狗烹 토사구팽

춘추시대에 이름을 떨쳤던 정치가로서 범려(范蠡)는 월(越)나라 왕 구천(勾踐)을 20여 년 충성으로 보필(輔弼)하여 오(吳)나라를 멸하고 월나라를 크게 부흥시켰다.

월군과 오군이 회계(會稽)에서 격돌하여 월군이 대패하였다. 범려는 월왕 구천에게 권유하여 잠시 욕됨을 참고 투항한 후, 후일을 도모하도록 하였다. 구천은 결국 나라를 부흥하여 범려를 일등공신으로 포상하려 하였다.

그러나 범려는 의연(毅然)히 사양하고, 이름을 바꾸어 치이자피(鴟夷子皮)라 칭하고 제(齊)나라에 가서 거부(巨富)가 되었다.

그때 제나라 조정에 남아 있던 친구 문종(文種)을 잊지 못하여 다음과 같은 서신을 보냈다. "飛鳥盡, 良弓藏, 狡兎死, 走狗烹, 越王爲人長頸鳥喙, 可與共患難, 不可與共樂, 子何不去" (나는 새가 이미 없으면 좋은 활도 감추고, 교활한 토끼가 이미 죽으면 사냥개도 삶아 먹는다. 월왕의 생김이 목은 길고 입은 까마귀 주둥이 같아서 환난을 같이 할 수는 있어도 즐거움은 같이 할 수 없는 관상인데, 그대는 왜 떠나지 않는가.) 과연 뒤에 문종은 구천에게 핍박을 당하여 자살하였다.

이 고사에서 "토사구팽(兎死狗烹)"이라는 성어가 생겼다. 중국책에서는 한국의 5·16 군사 쿠테타의 상황을 '토사구팽'이라고 일컬었다.

20

其他類

기타류

18자

白, 丹, 朱, 黃, 文
字, 由, 以, 卜, 鬼
羽, 尾, 角, 片, 凡
才, 氏, 寸

283

흰 **백** [부수자]

본래는 엄지손가락의 모양을 본뜬 것인데, 뒤에 '희다'의 뜻으로 쓰이게 되었다.

殷: 갑골문

秦: 소전체

漢: 예서체

部首位置

「白」이 위에 　①皇(임금 황)

「白」이 왼쪽에 　①的(과녁 적) 　②皓(흴 호)

「白」이 아래에 　①百(일백 백) 　②皆(다 개)

活用單語

- 白髮(백발) : 하얗게 센 머리털.
- 白眉(백미) : 흰 눈썹. 여럿 가운데서 가장 뛰어난 사람이나 물건을 이름.
- 潔白(결백) : 깨끗하고 흼. 욕심(慾心)이 적고 마음이 맑음.
- 告白(고백) : (숨김없이) 솔직하게 말함.

聲符字(白이 음으로 쓰이는 글자)

伯(맏 백), 柏(측백나무 백), 帛(비단 백), 魄(넋 백)

四字成語

- 白骨難忘(백골난망) : '죽어서 백골이 되어도 잊을 수 없다'는 뜻으로, 남에게 큰 은덕을 입었을 때 고마움을 나타내는 말.
- 白面書生(백면서생) : 희고 고운 얼굴에 글만 읽는 사람이란 뜻으로, 세상일에 조금도 경험(經驗)이 없는 사람.
- 白衣從軍(백의종군) : 벼슬이 없는 사람으로 군대를 따라 전장(戰場)으로 감.

丹

붉을 단 [丶 부수]

붉은 주사(朱沙) 같은 귀한 약을 그릇에 담아 놓은 모양을 본뜬 것인데, '붉다'의 뜻으로 쓰이게 되었다.

參考 ▶ '丹' 자와 비슷한 글자로 '舟(배 주)' 자가 있다.

殷: 갑골문

秦: 소전체

漢: 예서체

活用單語

- 丹國(단국) : 덴마크.
- 丹田(단전) : 배꼽에서 아래로 한 치쯤 되는 곳.
- 丹粧(단장) : 화장(化粧), 또는 모양을 곱게 꾸밈.
- 丹靑(단청) : 집의 벽·기둥·천장 등에 여러 가지 빛깔로 그린 그림과 무늬. 붉은빛과 푸른빛. 채색(彩色).
- 丹忠(단충) : 마음속에서 우러나오는 참다운 충성(忠誠).
- 丹楓(단풍) : 단풍나무. 기후 변화로 식물의 잎이 붉은빛이나 누런빛으로 변하는 현상, 또는 그렇게 변한 잎.
- 仙丹(선단) : 신선이 만든다는 장생불사(長生不死)의 영약(靈藥).

四字成語

- 丹脣皓齒(단순호치) : 붉은 입술과 하얀 이라는 뜻으로, 아름다운 여자를 비유하는 말.
- 一片丹心(일편단심) : 한 조각의 붉은 마음이라는 뜻으로, 진심에서 우러나오는 변치 아니하는 마음을 이르는 말.

붉을 주 [木 부수]

구슬을 실에 꿴 모양을 본뜬 것인데, 구슬의 색깔이 붉기 때문에 '붉다'의 뜻으로 변하여, 다시 「구슬 주(珠)」자를 만들었다.

殷: 갑골문

秦: 소전체

漢: 예서체

參考 '朱' 자와 비슷한 글자로 '未(아닐 미)', '末(끝 말)'이 있다.

活用單語

- 朱紅(주홍) : 연한 붉은색.
- 朱黃(주황) : 주홍색과 노란색의 중간색.
- 朱錫(주석) : 은백색의 광택이 있는 금속 원소.
- 朱雀(주작) : 이십팔수(二十八宿) 가운데 남쪽을 지키는 일곱 별을 통틀어 이르는 말. 사신(四神)의 하나.
- 印朱(인주) : 도장을 찍는 데 쓰는 붉은빛의 재료.
- 紫朱色(자주색) : 자줏빛.

聲符字(朱가 음으로 쓰이는 글자)

株(그루 주), 珠(구슬 주), 誅(벨 주)

四字成語

- 朱欄畫閣(주란화각) : 단청칠을 곱게 하여 화려하게 꾸민 누각(樓閣).
- 朱杖撞間(주장당문): 여러 사람이 홍몽둥이를 들고 일제히 죄인을 때리고 신문(訊問)하는 일.
- 近朱者赤(근주자적) : 붉은빛에 가까이 하면 반드시 붉게 된다는 뜻.

黃

누를 황 [부수자]

본래 황옥띠를 맨 귀인의 모습을 본뜬 것인데, 뒤에 '누런색'을 뜻하게 되었다.

殷: 갑골문

秦: 소전체

漢: 예서체

參考 '黃' 자를 '黄'의 형태로 쓰면 안 된다.

活用單語

- 黃狗(황구) : 누렁이. 누렁개.
- 黃鳥(황조) : 꾀꼬리.
- 黃泉(황천) : 땅속의 샘. 저승.
- 黃昏(황혼) : 해가 져 어둑어둑할 무렵. 쇠퇴하여 종말에 이른 때.
- 黃褐色(황갈색) : 검은빛을 띤 누른 빛깔.

聲符字(黃이 음으로 쓰이는 글자)

橫(비낄 횡), 廣(넓을 광), 鑛(쇳돌 광), 簧(생황 황), 曠(밝을 광)

四字成語

- 黃金萬能(황금만능) : 돈만 있으면 만사(萬事)를 다 마음대로 할 수 있다는 말.
- 黃口乳臭(황구유취) : '어려서 아직 젖내가 난다는 뜻'으로, 남을 어리고 하잘것없다고 욕으로 이르는 말.
- 黃口小兒(황구소아) : 새 새끼의 주둥이가 노랗다는 뜻에서, '어린아이'를 일컬음.

287

글월 **문** [부수자]

본래 사람의 가슴에 문신한 모양을 본뜬 것인데, 뒤에 '글자'의 뜻으로 쓰이게 되었다. 따라서 「紋(무늬 문)」자를 다시 만들었다.

殷: 갑골문

秦: 소전체

漢: 예서체

參考 은(殷)나라 甲骨文에서는 '文'이 '글자'의 뜻으로 쓰이지 않았다.

活用單語

- 文句(문구) : 글의 구절(句節). 글귀.
- 文脈(문맥) : 문장의 맥락(脈絡).
- 文匣(문갑) : 서랍이 여러 개 있거나 문짝이 달려 있는 문서나 문구를 넣어 두는 긴 궤짝.
- 感想文(감상문) : 어떤 사물의 현상을 보거나 겪고서 느낀 생각을 적은 글.

聲符字(文이 음으로 쓰이는 글자)

紋(무늬 문), 蚊(모기 문), 紊(어지러울 문)

四字成語

- 文武兼備(문무겸비) : 학문(學問)과 무예(武藝)를 아울러 갖춤.
- 不立文字(불립문자) : 문자에 의하여 교(敎)를 세우는 것이 아니라는 뜻으로, 불도(佛道)의 깨달음은 마음에서 마음으로 전하는 것이므로 말이나 글에 의지하지 않는다는 말.
- 文房四友(문방사우) : 종이·붓·먹·벼루의 네 가지 문방구(文房具).

글자 **자** [子 부수]

본래 집 안에 아이가 있는 것을 본떠 '아이를 낳다' 또는 '파생하다'의 뜻으로 쓴 것인데, 뒤에 '글자'의 뜻으로 변하였다.

周: 금문

秦: 소전체

漢: 예서체

參考 '字' 자와 비슷한 글자로 '宇(집 우)' 자가 있다.
예 宇宙(우주)

活用單語

- 字源(자원) : 글자가 구성(構成)된 근원(根源).
- 字解(자해) : 글자의 뜻풀이. 문자의 해석.
- 簡體字(간체자) : 중국의 문자 개혁에 의하여 복잡한 한자를 간단하게 고친 약자(略字).
- 僻字(벽자) : 흔히 쓰지 아니하는 야릇하고 까다로운 글자.
- 誤字(오자) : 잘못 쓴 글자. 잘못 꽂은 활자(活字), 또는 그걸로 인쇄(印刷)한 글자.

四字成語

- 同音異字(동음이자) : 소리는 같으나 글자가 다름. 또는 그 글자.
- 象形文字(상형문자) : 물건의 형상(形象)을 본떠서 만든 글자.
- 一字無識(일자무식) : 글자를 한 자도 모를 정도로 무식함, 또는 그런 사람. 어떤 분야에 대하여 아는 바가 하나도 없음을 비유적으로 이르는 말.
- 識字憂患(식자우환) : 글자를 아는 것이 오히려 근심이 된다는 뜻.

289

由

말미암을 유 [田 부수]

본래 술그릇의 모양을 본뜬 것인데, 뒤에 '말미암다'의 뜻으로 쓰이게 되었다.

周: 금문

秦: 소전체

漢: 예서체

參考 '由'자와 비슷한 글자로 '苗(싹 묘)', '申(알릴 신)', '甲(갑옷 갑)' 등이 있다.

活用單語

- 由來(유래) : 사물의 내력(來歷).
- 事由(사유) : 일의 까닭.
- 經由(경유) : (탈것, 특히 일정한 노선을 다니는 탈것이 어느 곳을) 거쳐 지나가는 것.
- 自由(자유) : 다른 사람에게 구속을 받거나 무엇에 얽매이지 아니하고 자기 의지대로 행동함.

聲符字(由가 음으로 쓰이는 글자)

油(기름 유), 宙(집 주), 柚(유자나무 유), 紬(명주 주)

四字成語

- 由我之歎(유아지탄) : 나로 말미암아 남에게 해가 미치게 된 것을 뉘우치는 탄식(歎息).
- 由來之風(유래지풍) : 오랜 옛날부터 전해 내려오는 풍속(風俗).
- 自由自在(자유자재) : 거침새 없이 마음대로 할 수 있음.

써 이　[人 부수]

본래 밭 가는 보습의 모양을 본뜬 것인데, '…로써'의 뜻으로 쓰이게 되어, 다시 「耟(보습 사)」자를 만들었다.

殷: 갑골문

秦: 소전체

漢: 예서체

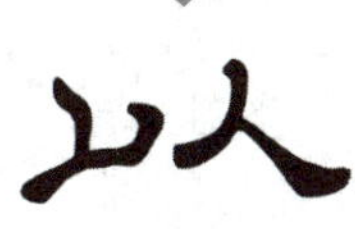

參考 '以'자와 비슷한 글자로 '似(같을 사)'가 있다.
예 近似(근사), 似而非(사이비)

活用單語

- 以來(이래) : 어느 기준이 되는 때부터 그 후.
- 以前(이전) : 그전.
- 所以(소이) : 까닭.
- 以外(이외) : 어떤 범위의 밖.

聲符字(以가 음으로 쓰이는 글자)

苡(질경이 이)

四字成語

- 以管窺天(이관규천) : 대롱을 통해 하늘을 봄. 우물 안 개구리.
- 以實直告(이실직고) : 바른 대로 고함.
- 以熱治熱(이열치열) : 열은 열로써 다스림.
- 以卵投石(이란투석) : 계란으로 바위를 친다는 뜻으로, 약한 것으로 강한 것을 당해 내려는 어리석은 짓.
- 一以貫之(일이관지) : 한 이치(理致)로써 모든 것을 일관함.

291

卜 점 **복** [부수자]

은나라 사람들이 거북의 배 껍데기를 불로 지져서 금이 생긴 모양으로 점을 쳤는데, 그 금의 모양을 본뜬 글자이다. 점괘대로 입으로 떠드는 것이 占(점)이다.

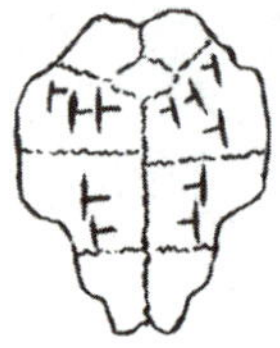

部首位置

「卜」이 위에 　　　①占(점칠 점)
「卜」이 아래에 　　①卞(법 변)
「卜」이 오른쪽에 　①卦(점괘 괘)

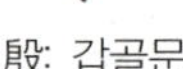

殷: 갑골문

活用單語

- 卜吉(복길) : 좋은 날을 가려서 받음.
- 卜術(복술) : 점을 치는 방법이나 기술.
- 占卜(점복) : 점을 치는 일. 점술(占術)과 복술(卜術).
- 賣卜(매복) : 돈을 받고 점을 쳐 줌.
- 問卜(문복) : 점쟁이에게 길흉(吉凶)을 물음.

秦: 소전체

四字成語

- 醫藥卜筮(의약복서) : 의술(醫術)과 점술.
- 卜晝卜夜(복주복야) : 낮 또는 밤의 길흉을 점침. 술 마시고 노는 것이 절도(節度)가 없이 주야(晝夜)로 계속됨을 일컫는 말.

漢: 예서체

292

귀신 **귀** [부수자]

특별히 큰 머리통의 기이한 모양을 본뜬 것인데, 뒤에 귀신은 못된 짓을 한다는 뜻을 나타내는 「厶」의 부호를 더한 글자이다.

殷: 갑골문

秦: 소전체

漢: 예서체

參考 ▶ '鬼'자와 비슷한 글자로 '蒐(모을 수)'가 있다.
예 蒐集(수집)

活用單語

- 鬼神(귀신) : 죽은 사람의 혼령(魂靈), 또는 조상의 신령(神靈). 신령. 혼백(魂魄).
- 鬼才(귀재) : 세상에 드문 재주, 또는 그 사람.
- 魔鬼(마귀) : 요사스럽고 못된 잡귀(雜鬼)를 통틀어 이르는 말.
- 疫鬼(역귀) : 역병(疫病)을 일으키는 귀신.

聲符字(鬼가 음으로 쓰이는 글자)

塊(덩어리 괴), 愧(부끄러워할 괴), 傀(꼭두각시 괴), 槐(회화나무 괴)

四字成語

- 神出鬼沒(신출귀몰) : '귀신같이 나타났다가 사라진다'는 뜻으로, 자유자재로 출몰하여 그 변화를 쉽사리 알 수 없음.
- 百鬼夜行(백귀야행) : '온갖 잡귀가 밤에 나다닌다'는 뜻으로, '야릇한 꼴이나 흉악한 짓을 하는 무리가 덤벙거리고 돌아다님'을 가리키는 말.

293 羽

깃 **우** [부수자]
깃털 두 개의 모양을 세워서 본뜬 글자이다.

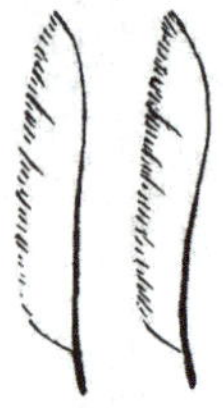

周: 금문

秦: 소전체

漢: 예서체

部首位置

「羽」가 위에　①習(익힐 습)　②翼(날개 익) ③翌(이튿날 익)
　　　　　　　④翠(비취색 취)

「羽」가 아래에　①翁(늙은이 옹)　②翰(날개 한)

活用單語

- 羽毛(우모) : 깃과 털. 깃에 붙어 있는 새의 털을 가리키는
말.
- 白羽扇(백우선) : 새의 흰 깃을 모아서 만든 부채.
- 羽聲(우성) : 五音의 다섯째 소리.
- 羽翼(우익) : 새의 날개. 보좌하는 일. 식물 등의 기관의
좌우에 날개 모양으로 달린 부속물을 통틀어 이르는 말.

聲符字(羽가 음으로 쓰이는 글자)

栩(상수리나무 후), 詡(자랑할 후)

四字成語

- 羽化登仙(우화등선) : 사람이 날개가 돋아서 하늘로
올라가 신선이 된다는 말.
- 項羽壯士(항우장사) : 項羽 같은 장사라는 뜻. 힘이
매우 센 사람을 이르는 말.
- 羽蓋芝輪(우개지륜) : 왕후가 타던, 새털로 뚜껑을
한 귀인이 타는 수레.

294

꼬리 미 [尸 부수]

사람의 꼬리가 실제 있음을 표시한 것이 아니라, 뒤끝을 나타낸 글자이다.

殷: 갑골문

秦: 소전체

漢: 예서체

參考 ▶ 여기서 '尸(주검 시)' 자는 본래 사람의 모습을 나타낸 글자이지, 시체를 나타낸 것이 아니다.

活用單語

- 尾蔘(미삼) : 인삼의 잔뿌리 만으로의 인삼.
- 尾行(미행) : 몰래 뒤를 밟는 일.
- 後尾(후미) : 뒤꼬리나 뒤꽁무니. 늘어선 줄의 맨 끝.
- 大尾(대미) : 마지막 끝.
- 末尾(말미) : 말, 문장, 번호 등의 연속되어 있는 것의 맨 끝.
- 首尾(수미) : 사물의 첫머리와 끄트머리.

四字成語

- 去頭截尾(거두절미) : 머리와 꼬리를 잘라 버림. 사실의 줄거리만 말하고 부차적인 것은 빼어 버림.
- 魚頭肉尾(어두육미) : 물고기는 대가리 쪽이 맛이 있고, 짐승 고기는 꼬리 쪽이 맛이 있다는 말.
- 龍頭蛇尾(용두사미) : 용의 머리와 뱀의 꼬리란 뜻으로 '처음은 좋고 나중은 언짢거나, 처음은 성하고 나중은 쇠하여, 끝으로 갈수록 점점 나빠지는 현상'을 비유하는 말.
- 首尾相應(수미상응) : 서로 응하여 도와 줌. 양끝이 서로 응함.

295

뿔 **각** [부수자]

뿔의 모양을 본뜬 글자이다.

殷: 갑골문

秦: 소전체

漢: 예서체

部首位置

「角」이 왼쪽에 ① 解(풀 해)

活用單語

- 角弓(각궁) : 쇠뿔, 양뿔 따위로 꾸민 활.
- 角度(각도) : 한 점에서 갈려 나간 두 직선의 벌어진 정도. 생각의 방향이나 관점.
- 角力(각력) : 서로 힘을 겨룸. 씨름.
- 角膜(각막) : 눈알의 앞면 겉을 이루는 볼록하고 맑은 막.
- 角質(각질) : 동물의 몸을 보호하는 손톱, 발톱, 뿔, 부리, 깃 등을 형성하는 물질.
- 角逐(각축) : 서로 이기려고 다툼.
- 鼓角(고각) : 군대에서 쓰던 북과 나발.
- 頭角(두각) : 머리 끝. 학식이나 재능이나 하는 일이 여럿 가운데에서 뛰어난 모습.

四字成語

- 互角之勢(호각지세) : 서로 조금도 낫고 못함이 없는 자세(姿勢).
- 矯角殺牛(교각살우) : '뿔을 바로잡으려다 소를 죽인다' 는 뜻으로, 결점이나 흠을 고치려다가 그 정도가 지나쳐서 도리어 일을 그르친다는 말.

조각 **편** [부수자]

나무토막 반쪽의 모양을 본뜬 것인데, '조각'의 뜻으로 쓰이게 되었다.

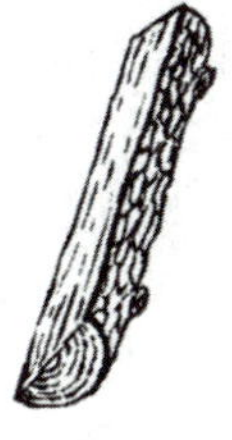

殷: 갑골문

秦: 소전체

漢: 예서체

部首位置

「片」이 왼쪽에 ①版(판목 판) ②牋(장계 전)
　　　　　　　　③牌(패 패)　　④牒(서찰 첩)

※ '片'과 비슷한 글자로 斤(도끼 근), 斥(물리칠 척), 爿(장수장 부수자)이 있다.

活用單語

- 斷片(단편) : 끊어지거나 쪼개진 조각. 토막진 일부분.
- 阿片(아편) : 아직 덜 익은 양귀비 껍질을 칼로 에어서 흘러나오는 진을 모아 말린 갈색 물질.
- 片紙(편지) : 자기의 소식·의사·용무 따위를 어떤 사람에게 알리고자 써서 보내는 글.
- 剝片(박편) : 벗겨져 떨어진 조각.

四字成語

- 一葉片舟(일엽편주) : 한 척의 작은 배.
- 一片丹心(일편단심) : 한 조각의 붉은 마음이란 뜻으로, 한결같은 참된 정성(精誠), 변치 않는 참된 마음을 이름. 오로지 한 곳으로 향한, 한 조각의 붉은 마음. 진정(眞情)에서 우러나오는 충성(忠誠)된 마음.

周: 금문

秦: 소전체

漢: 예서체

參考 凡과 几(책상 궤, 几案)를 구별해야 한다.

活用單語

- 凡事(범사) : 예사로운 일. 이건.
- 凡常(범상) : 대수롭지 않고 예사로움. 尋常.
- 凡俗(범속) : 평범하며 속됨.
- 平凡(평범) : 뛰어나거나 색다른 점이 없이 예사로움.
- 非凡(비범) : 보통 수준보다 훨씬 뛰어남, 혹은 그러한 사람.
- 凡例(범례) : 일러두기.
- 凡百事(범백사) : 가지가지의 모든 일.

聲符字(凡이 음으로 쓰이는 글자)

汎(뜰 범), 帆(돛 범), 梵(범어 범)

四字成語

- 禮儀凡節(예의범절) : 모든 예의와 절차.
- 凡聖一如(범성일여) : 상(相)의 차이는 있으나 이성
  (理性)에 대해서는 범부(凡夫)와 성자(聖者)가 동일하
  다는 말.

재주 재 [手 부수]

본래 식물의 싹이 흙 속에서 처음 돋아나는 모양을 본뜬 것인데, 뒤에 '재주'의 뜻으로 쓰이게 되었다.

殷: 갑골문

秦: 소전체

漢: 예서체

參考 才를 手(扌)부수에 배치한 것은 옳지 않다.
'才' 자와 비슷한 글자
寸(마디 촌, 三寸), 牙(어금니 아, 象牙), 材(재목 재, 材木)

活用單語

- 奇才(기재) : 별난 재주, 또는 그런 재주를 지닌 사람.
- 鈍才(둔재) : 굼뜬 재주, 또는 그런 사람.
- 才氣(재기) : 드러나 보이는 재주의 기운.
- 才媛(재원) : 재주가 있는 젊은 여자.

聲符字(才가 음으로 쓰이는 글자)

材(재목 재), 財(재물 재)

四字成語

- 經國之才(경국지재) : 나랏일을 맡아 다스릴 만한 재주, 또는 그런 재주를 가진 사람.
- 博學多才(박학다재) : 학문이 넓고 재주가 많음.
- 才勝德薄(재승덕박) : 재주는 있으나 덕이 적음.

본래 땅에 심은 씨가 뿌리와 싹을 내민 모양을 본뜬 것인데, 뒤에 사람의 '성씨'의 뜻으로 쓰이게 되었다.

殷: 갑골문

秦: 소전체

漢: 예서체

部首位置

「氏」가 본자로 　 ① 民(백성 민)
「氏」가 위에 　　 ① 氐(낮을 저)
「氏」가 오른쪽에 ① 呡(백성 맹)

活用單語

- 無名氏(무명씨) : 세상에 이름이 드러나지 않은 사람.
- 伯氏(백씨) : 남의 '맏형'에 대한 높임말.
- 釋氏(석씨) : 석가모니. 불가(佛家). 승려(僧侶), 중.
- 氏族(씨족) : 같은 조상을 가진 겨레붙이의 집단.
- 宗氏(종씨) : 같은 성으로서 촌수를 따질 정도가 못 되는 겨레붙이에 대한 일컬음.
- 納氏歌(납씨가) : 조선 초에 정도전이 지은 송축가의 하나. 이성계가 동북 지방에 침입한 원나라의 장수 나하추를 무찌른 공을 칭송한 것이다.
- 季氏(계씨) : 상대방을 높여, 그의 아우를 일컫는 말.

四字成語

- 創氏改名(창씨개명) : 1940년 일제가 우리 겨레 고유의 문화와 전통을 없애려고 강제적으로 우리나라 사람의 성과 이름을 일본식으로 고치게 한 일.

300 寸

마디 **촌** [부수자]

손목에서 팔 쪽으로 만져보면 맥박이 뛰는 곳이 있다. 그 간격이 1치 정도의 길이가 되므로 寸(촌)의 단위를 삼은 것이다.

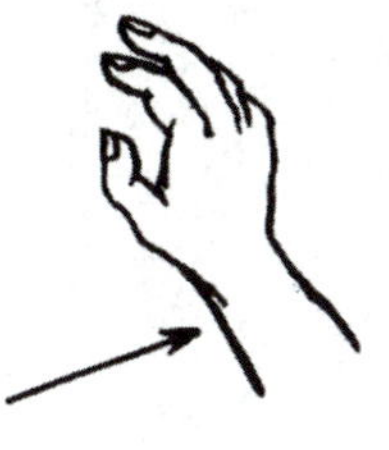

周: 금문

秦: 소전체

漢: 예서체

部首位置

「寸」이 아래에 ① 寺(절 사) ② 專(오로지 전)
　　　　　　　③ 尊(높을 존) ④ 導(이끌 도)

「寸」이 오른쪽에 ① 射(쏠 사) ② 尉(벼슬 위)
　　　　　　　③ 封(봉할 봉) ④ 對(대답할 대)

活用單語

● 四寸(사촌) : 네 치. 어버이의 친형제자매의 아들이나 딸.
● 寸刻(촌각) : 촌음(寸陰).
● 寸劇(촌극) : 아주 짧은 연극.
● 寸蟲(촌충) : 편형동물 촌충류 기생충의 총칭.

聲符字(寸이 음으로 쓰이는 글자)

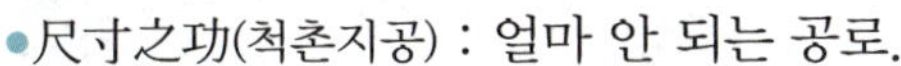

村(마을 촌, 農村), 忖(헤아릴 촌)

四字成語

● 尺寸之功(척촌지공) : 얼마 안 되는 공로.
● 寸鐵殺人(촌철살인) : '작고 날카로운 쇠붙이로도 사람을 죽일 수 있다' 는 뜻으로, '간단한 경구로 사람을 감동시킬 수 있다' 는 말.
● 不失尺寸(불실척촌) : 일상 생활에서 조금도 법도에 벗어나거나 어기거나 하지 않음.